변증법적 실천의 개념

칼 맑스의 「포이어바하에 관한 테제들」에 대한 해석

변증법적 실천의 개념

칼 맑스의 「포이어바하에 관한 테제들」에 대한 해석

인 쇄 2019년 9월 25일
발 행 2019년 9월 30일

저 자 위상복
발행인 정병석
발행처 전남대학교출판문화원

등 록 1981. 5. 21. 제53호
주 소 61186 광주광역시 북구 용봉로 77
전 화 (062) 530-0571~2 마케팅 530-0573
팩 스 (062) 530-0579
홈페이지 http://www.cnup.co.kr
이메일 cnup0571@hanmail.net

값 18,000원

ISBN 978-89-6849-657-8 (93160)

이 도서의 국립중앙도서관 출판예정도서목록(CIP)은
서지정보유통지원시스템 홈페이지(http://seoji.nl.go.kr)와
국가자료종합목록시스템(http://www.nl.go.kr/kolisnet)에서 이용하실 수 있습니다.
(CIP제어번호 : CIP2019038277)

변증법적 실천의 개념

칼 맑스의 「포이어바하에 관한 테제들」에 대한 해석

위상복 지음

전남대학교출판문화원

책을 내면서, 그리고 그 계기들

1.

이 책은 칼 맑스의 「포이어바하에 관한 테제들」을 좀 더 폭넓게, 그리고 좀 더 심도 있게 이해하기 위하여 그에 대한 해석을 시도한 글이다. 이 책은 원래 1990년을 전후로 부분적으로 발표한 이와 관련된 나의 논문들을 기반으로 수정 보완하여 『변증법적 실천의 개념—칼 맑스의 「포이어바하에 관한 테제들」에 대한 해석』이란 제목으로 이제야 출간하게 되었다. 책의 출간이 늦기는 했지만 그러나 아직도 보완해야 할 문제들이 적지 않다는 것을 고려한다면 굳이 늦었다는 탓을 할 필요는 없을 것 같다. 맑스의 연보 및 그에 따른 여러 저서들을 참고했을 때 이 책은 우선 그 철학적인 주제의 범위가 그리 넓지 않다고도 할 수 있을지 모르겠지만, 그럼에도 불구하고 그 동안 맑스의 「포이어바하에 관한 테제들」에 대한 간략한 소개나 간단한 해설들은 꽤 많으면서도 개념들의 풀이나 또는 그 안내의 수준을 벗어나 있지는 않았었던 것 같다. 비록 맑스나 엥겔스의 철학을 깊이, 그리고 포괄적으로 이해하고 있는 것은 아니지만 틈틈이 포이어바하를 곁들여 읽으면서 맑스의 이 테제들을 나 나름으로 해석할 수 있는 기회를 얻게 되었다고 하겠다. 이제는 먼 과거라고 해야 할

지도 모르겠지만 지난 1970년대까지 개인적으로 맑스의 「포이어바하에 관한 테제들」이 있다는 것, 그리고 극히 일부의 한두 구절들만 '귀동냥'으로 들어서 알고 있었을 뿐 그 원문은 물론 어느 문장 하나도 제대로 읽을 수 있는 기회를 갖지 못했었다. 그것은 비단 나만의 부끄러운 경험만은 아닐 것이다. 1979년 초겨울, 우리처럼 찢겨진 분단의 독일, 그리고 동독의 한 가운데에 섬처럼 위치하고 있던 서베를린에서 처음으로 이 맑스의 테제들을 접했을 때 우리들의 참담한 철학의 과거가 마치 지옥에서 벗어나 연옥으로 올라가고 있는 '꼬락서니'처럼 다가왔던 슬픔과 아픔을 잊을 수가 없다. 되돌아보면 그게 우리네의 아픈 냉전적 반공주의 및 전체주의적 독재 권력의 이데올로기 내지는 학문의 역사이기도 했을 터이다. 개인적으로는 그런 경험이 맑스의 「포이어바하에 관한 테제들」을 정리하는 계기가 되었는지도 모르겠다.

우리나라에 맑스주의 철학사상이 본격적으로 소개되기 시작한 것은 일제시기, 즉 1920년을 전후한 시기부터이다. 그러니까 서양철학의 한 흐름으로써 맑스주의 철학사상이 유입되었던 것이며, 일정하게는 어설프게나마 초창기의 터를 잡아가기 시작했었던 시기이기도 하다. 물론 그 이전에도 간헐적으로 소개된 서양철학이 약간 있기는 했지만, 서양, 특히 서구의 문화와 학문이 소개되고 유입되는 무의식적인 우연의 경향이었다고 할 수 있을 것이다. 그러나 바로 거기에 1919년의 3·1혁명운동이 자리하고 있었으며, 3·1혁명이야말로 우리 현대사의 한 획을 긋는 필연적인 의식의 전환점을 이루고 있는 사건이었다. 학문 일반은 물론 서양철학의 유입과 수용도 거기에 위치하고 있다고 해야 할 것이며, 1920년대로 접어들어 서양철학이

3·1혁명을 계기로 본격적으로 수용되는 과정을 밟게 되었다고 말할 수 있을 것이다. 3·1혁명은 사회 역사적인 변혁에만 그치는 것이 아니라 우리의 근·현대적인 사유와 정신적인 변혁의 계기를 마련한 혁명이었다고 해야 하지 않을까 싶다.

3·1혁명운동의 여파 속에서 신문과 다양한 문예잡지들이 출간되면서 서양의 철학사상도 본격적으로 소개되기 시작하였으며, 그중에서도 맑스주의 철학과 사회사상에 대한 소개가 주류를 이루었다. 그러나 맑스주의 철학과 사회사상에 대한 일반적인 경향과 소개와는 달리 좀 더 학문적으로는 1925년을 전후하여 경성제국대학, 곧 경성제대의 출현과 더불어 맑스주의 철학사상을 논의할 수 있는 학문적인 공간이 열리게 되며, 1930년을 전후로 맑스주의 철학사상을 전문적으로 연구한 철학자들도 나타나기 시작한다. 이 무렵, 즉 1920년대 중·후반기에는 '식민지 모국'이라는 일본에서는 맑스의 주저인 『자본론』이 완역되는가 하면, 1928~1935년에는 전체 29권에 이르는 『마르크스·엥겔스전집』이 출간되며, 곧이어 1930년대 초에는 『헤겔전집』도 출간되기 시작한다는 것도 그러한 배경과 관련되어 있는 하나였을 것이다.

일본 제국주의에 의한 경성제대의 설립, 그리고 특히 경성제대 법문학부의 출현은 그 식민주의적 의도나 배경이야 어쨌든 우리에게는 서양철학 일반은 물론 맑스주의 사상에 대한 철학적이고 사회과학적인 논의의 학문적 토대를 마련하는데 있어 매우 중요한 역할을 하게 된다. 예컨대 경성제대 법학과 교수인 미야케 시카노스케(三宅鹿之助)의 맑스주의 정치경제학을 중심으로 한 강의나 독서회를 통한 활동이 바로 그것이었다. 이 독서회나 강의에 참여했던 학생들은 주로 법학과 학생들이었으며, 소수이기는 하지만 문학부의 몇몇 학생들도 거기에 참여한다. 그러나 철학과에서는 신칸트주의 철학이 대학에서의 강의나 세미나의 중심을 이루며, 대학에서 맑스의 철학사상에 대한 강의는 따로 없었다. 그럼에도 불구하고 많은 철학도들이 맑스주의 철학사상을 개별적으로 연구를 하였으며, 이때의 철학사상적인 중심 주제는 단연 '실천(Praxis)'의 개념이고, 그리고 실천 개념과 관련된 변증법이었다. 이 무렵 맑스주의 철학사상의 실천 개념을 이해하기 위한 그 중심 텍스트의 하나가 바로 엥겔스의 『루트비히 포이어바하와 독일 고전철학의 종말』과 그 부록으로 실린 맑스의 「포이어바하에 관한 테제들」이었던 같다. 그 한 예로 경성제대 법문학부 졸업생들을 중심으로 출간된 논문집이라고 할 수 있는 『신흥(新興)』을 들 수 있으며, 그 제6호(저작 겸 발행자: 이강국, 신흥사, 1932.1)에 발표된 진오(陳伍)의 「'추상'과 유물변증법」이나 소철인(蘇哲仁)의 「'포이엘빠흐'철학—'헤-겔'을 기념하는 의미에서」를 들 수도 있다. 이들 논문에서 진오와 소철인은 맑스의 「포이어바하에 관한 테제들」을 직접 인용하고 있으며, 또한 그에 이어지는 신남철(申南澈)의 논문 「신헤-겔주의와 그 비판」에서도 그 한 장을 '포이엘바하와 독일 고전철학의 종언'이란 표제로 엥겔스의 저서에 대해 다루고 있기도 하다.

그러나 어쨌든 1930년대로 접어들어서는 '만주사변'을 전후로 반공주의에 따른 일제의 사상 감시와 탄압이 더욱 혹독해지기 시작하며, 1930년대 말로 접어들어 제2차 세계대전을 전후하여서는 일체의 침묵만이 지배하는 그야말로 어둡고 참담한 시기였다. 일제의 조선에 대한 제국주의적이고 군국주의적인 침탈은 단순한 식민주의적 지배와 착취에만 한정되었던 것이 아니라 조선의 민족과 역사 자체를 제거하고자 하는 포악이었다. 그 단적인 실례가 일본어를 '국어'로 강제하면서 이른바 '한글말살정책'을 펴나가는데서 볼 수 있을 것이며, 또한 '창씨개명(創氏改名)'이라는 민족과 역사의 뿌리에 대한 직·간접적인 말살정책에서도 찾아볼 수 있을 것이다. 그러나 세계대전의 '전범국가' 일제가 물러나고, 그리고 우리는 곧 1945년 8·15해방을 맞게 되었다.

미·소, 즉 미국과 소련을 중심으로 독·이·일의 전체주의적 추축국(樞軸國)에 대항한 연합국(聯合國)의 승리에 따라 불현듯 해방을 맞게 되고, 그 해방과 학문적 자유는 철학적이고 사상적인 의미에서 무엇보다도 일제시기 감시와 탄압의 중심에 있었던 맑스주의 철학과 사회사상에 대한 연구의 자유와 해방을 의미하기도 했다. 그리하여 봇물처럼 쏟아진 많은 글과 책들은 맑스주의 철학과 사회사상에 관련된 것들이 한편의 주류를 이루기도 했다. 이 해방공간에서 맑스의 『자본론』이 최영철·전석담·허동에 의하여 그 일부나마 번역 출간되기에 이른다는 것은 그것을 상징적으로 보여주는 '사건'이기도 할 것이다. 그러나 남과 북의 분단이 차츰 고착되어가면서 각기 다른 정권과 정치체제가 들어서게 되고, 남과 북의 분단체제가 고착화되기 시작한 1948년을 전후하여서는 일제시기보다 오히려 더욱 가혹한 이데올로기적인 갈등에 따른 사상의 감시와 탄압이 자행되며, 결국 6·25전쟁으로 휘말려 들어가면서는 그 모든 것도 잿더미로 화하고 만다. 한국전쟁이 잠정적으로나마 끝나고 곧 휴전으로 접어들면서 이 남한에서 냉전체제가 지배하면서는 더욱 극단적인 반공주의가 기승을 부리게 되고, 분단과 전쟁의 상처는 그 어떤 철학과 사회사상의 자유도 전체주의적 반공주의 이외에는 허락되지 않았다.

한국전쟁이 휴전으로 마감하게 된 1953년 이후 1950년대 중·후반부터는 냉전적 반공주의와 전체주의를 바탕으로 한 혹독하기 그지없는 사상적 감시와 탄압의 시기였다. 그러나 1960년 4·19혁명에 의하여 잠깐 자유가 찾아오는 것 같았지만 그것도 잠시, 1961년에는 5·16군사쿠데타에 의하여 반공을 '국시(國是)'로까지 내건 정권이 들어서게 된다. 아니, 오래도록 혹독하기만 한 반공주의는 '국시'를 넘어 '국시의 제일의(第一義)'로까지 내건 군사정권이 나치(Nazi)의 독일 이외에 세계사 어디에 또 존재하고 있었는지는 알 길이 없다. 또한 1968년을 전후하여 공포한 「국민교육헌장」 역시 반공주의를 기반으로 하였으며, 1972년의 유신체제 역시 여전히 반공주의를 더욱 강화하고 있었던 군사쿠데타 정권의 종신적 연장이었다. 냉전적 반공주의의 청산을 내건 68혁명이라는 구라파를 중심으로 한 세계적인 혁명의 바람이 휩쓸고 있던 시기에, 우리는 오히려 정반대의 폭압적인 반공체제를 강화하고 있었던 것이다. 유신정권의 몰락에 이어서 등장한 1980년대의 '신군부'의 정치권력 기반도 예외가 아니기는 마찬가지였다. 그리고 거기에 1980년 5·18광주항쟁이 자리하고 있었던 것이다.

2.

5월의 광주항쟁은 우리에게 몇 가지 커다란 반성과 교훈을 남겼다. 그것은 무엇보다도 바로 냉전적인 반공주의의 청산이 얼마나 무서운 대가를 치르지 않으면 안 되었던가를 실감하게 한 사건이었다. 해방 이후 우리의 현대사가 파행에 파행을 거듭하면서 이어져온 반공주의는 곧 공공연한 '국시의 국시'로까지 치닫게 된 것이다. '반공 민주정신에 투철한 애국애족이 우리의 삶의 길'이 되어야 한다는 「국민교육헌장」은 철학사상적으로는 자유와 정의에 대한 일반적인 의미를 떠나 교육은 물론 문화 영역에까지 추악한 왜곡과 질곡으로 작용하기도 했다.

진정한 의미에서의 자유가 실현되어가는 과정에서만이 철학사상적인 이해와 비판도 가능할 것이다. 자유란 물론 정당한 비판정신에 있어서의 첫째의 본질적인 조건일 수도 있지만 한 걸음 나아가 자유야말로 우리의 삶과 국가 자체의 존립 목적의 하나란 것을 근대의 철학사상은 가르쳐주고 있다. 유신정권의 몰락과 곧 이어 '신군부' 정권의 등장은 또 한편으로는 저항의 소용돌이가 휘몰아치는 과정에서 민주주의적인 철학사상의 자유가 어둠을 뚫고 실현되어가는 과정이기도 했다. 그것은 해방공간과 한국전쟁에 대한 새로운 이해와 더불어 맑스주의 철학사상에 대한 이해의 비판적 반성도 함께한 경향이 지배적인 흐름으로 자리를 잡아가게 되는 계기로 작동하기도 했다. 그 결과의 하나가 1987년의 6월항쟁으로 이어진 것이며, 그러나 곧이어 동서분단의 극복에 따른 통일 독일의 실현, 그리고 구소련을 중심으로 한 '현실 사회주의의 해체'는 또 다른 충격이었다. 그러나 우리가 맑스의 주저인 고전으로서의 『자본론』을 읽을 수 있기까지는 고난의 연속이었다고 할 수 있다. 우리에게 맑스의 『자본론』은 단순한 하나의 고전인 것이 아니라 우리의 이념과 이데올로기적인 갈등 및 그에 따른 상처와 아픔을 상징적으로 보여주는 현대의 역사성을 고스란히 담고 있는 책자라고 해야 할 것이다.

맑스의 『자본론』이 우리나라에서 최영철 등에 의하여 최초로 번역되기 시작한 것은 1947년을 전후한 시기였다. 그러나 그 일부가 번역되는 것으로 그치고 말며, 곧 중단되고 말았다. 분단이 고착화되어버린 이후 북한에서 『자본론』의 번역이 언제 어떻게 이루어진 것인지 알 길이 없지만, 대개 1957년을 전후하여 번역 출간된 것으로 알려져 있다. 어쨌든 이 남한에서 1980년대 말부터 다시 또 맑스의 『자본』, 또는 『자본론』이 번역되기 시작하며, 맑스와 엥겔스의 철학사상이 본격적으로 소개되기 시작한 것도 그 무렵부터이다. 맑스의 『자본론』이 1867년 출간된 이후 한 세기가 훨씬 넘은 세월이었으니, 그 동안 우리의 이데올로기적인 갈등과 상처가 얼마나 심각한 것이었던가를 반증하고도 남을 것이다. 인문·사회과학을 공부하는 사람이라면 누구나 한두 번쯤은 이에 대한 그 나름의 경험을 간직하고 있을 것이며, 철학사상적인, 또는 사회과학적인 고전으로서 맑스의 『자본론』을 읽기 위하여 얼마나 많은 갈등과 상처를 겪어야 했던가를 되돌아보면 참으로 이해하기 어려운 고통스런 세월의 연속이었다.

근·현대의 갈림길이라고 할 수 있는 19세기, 그 정점에 있는 철학자로 우리는 헤겔과 맑스를 들 수 있다. 헤겔과 맑스를 떠나 19세기의 철학사상을 이해할 수는 없을 것이다. 또한 근·현대 철학사상에서 헤겔철학과 맑스철학 사이에 떨어질 수 없는 깊은 관계를 갖고 있다는 것은 널리 알려진 사실일 테지만, 그럼에도 불구하고 헤겔로부터 맑스를 읽고 맑스철학으로부터 헤겔철학을 읽는다는 것이 생각처럼 쉬운 일만은 아닐 것이다. 그것이 단순히 관념론(Idealismus)과 유물론(Materialismus)의 차이인 것만도 아니다. 그리고 그 두 철학 사이의 교량 역할을 한 철학이 포이어바하의 철학으로 알려져 왔다. 그런 의미에서 일찍이 우리도 1920년대 후반부터는 포이어바하의 철학을 소개하기도 했었다. 헤겔로부터 포이어바하를 거쳐 맑스에 이르는 과정은 19세기 중엽을 전후하여 철학사상적인 큰 흐름의 하나를 형성하였지만, 그러나 서구의 열강들은 이미 제국주의적인 식민지 쟁탈전으로 함몰되어 가던 시기이기도 했다. 어쨌든 후진적인 피식민지 국가들이 전체주의와 반공주의의 압박에 시달리면서도 반제국주의적인 철학사상으로 경도되어가기 마련이었다는 것은 우리나라 또한 예외는 아니었다. 그런 의미에서라면 맑스주의 철학사상의 유입과정은 바로 우리의 서양철학사상의 유입과 수용과정을 적나라하게 보여주고 있는 역사의 한 장이 될 수도 있을 것이다.

그러나 그 동안 사회과학적인 의미를 떠나 철학사상적인 의미에서는 맑스나 엥겔스를 다룬 글들이 그리 많지는 않았다. 간혹 그들의 책이 몇 권 새로 번역되어 출간되거나 그와 관련된 주변적인 글들이 발표되는 것이 고작이었다.

물론 이 시기 우리는 차츰 맑스주의 철학사상에도 접근할 수 있는 학문적인 길이 열리기 시작했다. 그것은 어쨌든 학문과 사상의 자유라는 그 본래적인 의미를 되찾을 수 있는 길이 열리게 되었다는 것을 뜻하며, 그 과정에서 이와 관련된 몇몇 맑스의 원본들을 직접 읽을 수 있는 기회가 다가왔다. 포이어바하의 책들을 읽을 수 있었을 뿐만 아니라 맑스와 엥겔스의 몇몇 책들도 직접 읽을 수 있는 기회를 갖게 된 것이다. 그리고 그것들을 정리하여 발표한 것이 1990년대 초의 앞서 말한 논문이었으며, 한참 뒤늦은 작업이기는 하지만 이제 그것을 얼마간 수정 보완하여 이와 같은 책으로 엮어 출간하기에 이른 것이다.

3.

맑스의 수고본 「포이어바하에 관한 테제들」이든 그에 대한 엥겔스의 수정본이든 언제 우리에게 직접적으로 소개되기 시작한 것인지는 정확하게 알 수 없지만, 아마 맑스주의 철학과 사상이 본격적으로 소개되기 시작한 1920년대 초·중반부터였던 것이 아닐까한다. 경성제대 법문학부 출신들이 중심이 되어 출간하게 된 『신흥』 창간호가 1929년 7월이었으니까, 앞서도 잠깐 언급했지만 그 무렵에는 이미 많은 사회과학적인, 또는 철학사상적인 관심이 맑스주의·레닌주의 철학으로 쏠리게 되면서 엥겔스의 『루트비히 포이어바하와 독일 고전철학의 종말』과 더불어 맑스의 「포이어바하에 관한 테제들」도 상당한 토대 위에서 읽히게 된 것이 아니었던가한다. 또한 맑스철학에 있어서의 실천 개념도 그 대부분이 「포이어바하에 관한 테제들」을 통해 이해하고자 했다. 그것이 1930년대 중반까지 계속되지만, 그러나 후반으로 접어들어서는 일제의 사상탄압이 더욱 가중되면서 더 이상의 연구는 계속될 수 없는 지경이 되고 만다. 그리하여 해방이 되고나서 다시 또 맑스의 철학과 사회사상에 대한 연구가 활발하게 진행되지만 분단체제가 현실화된 1948년을 전후하여서는 그것도 이념적이고 사상적인 갈등으로 말미암아 전면적으로 중단되어야했다. 우리나라에 엥겔스의 『루트비히 포이어바하와 독일 고전철학의 종말』과 함께 엥겔스 수정본의 「포이어바하에 관한 테제들」이 처음 번역되어 출간되기에 이른 것은 아마 1987년 이후였을 것이다.(참조, 프리드리히 엥겔스, 양재혁 옮김, 『포이에르바하와 독일 고전철학의 종말』, 돌베개, 1987) 그 이후 이에 대한 몇몇 번역본들이 다시 출간되며, 「포이어바하에 관한 테제들」의 간략한 해설의 글들도 발표된다. 그럼에도 불구하고 이 책에서 그것들에 대한 충분한 비교와 검토를 비판적으로 대조하여 논구하는 작업을 더 이상 시도하지는 못했으며, 대부분의 인용문과 참고문헌들이 1990년을 전후한 당시와 마찬가지의 독일어의 원본 그대로를 정리할 수밖에 없었다. 맑스와 엥겔스는 물론 헤겔이나 포이어바하 역시 마찬가지이다. 그 불가피성을 떠나서도 앞으로의 좀 더 깊은 연구를 위한 자료로서도 유용하리라는 판단에서 그러했다는 것을 이해해주었으면 좋겠다. 다만 참고문헌에 이어 그 동안 출간된 이들 자료들의 극히 일부를 따로 제시하는데 그쳤으며, 일일이 대조하여 비판적으로 인용하는 것을 포기해야만 했다. 몇몇 책들 이외에는 그와 관련된 많은 책들이 꽤 혼란스럽고 어지러울 뿐만 아니라 정리되어야 할 앞으로의 과제를 남겨놓고 있기도 하다. 물론 오랫동안의 상처인 냉전적 반공주의로부터 벗어나려는 몸부림으로 이해되기도 하지만, 그러나 그것은 또한 앞으로의 과제가 그만큼 높고 깊다는 것을 예시하고 있을 것이다.

더불어 그 무렵 북한의 주체사상이 부분적으로 소개되기도 했으며, 이른바 주체철학이 맑스주의 철학사상과 어떠한 관계 속에 있는가를 비판적으로 고찰할 수 있는 계기가 되기도 했다. 우리가 북한에 대해 깜깜 무지한 상태에서 그나마 주체철학이 무엇인가를 읽을 수 있다는 것도 그저 충격일 뿐이었다.

어쨌든 북한의 주체철학이 소개될 수 있다는 것도 놀랍지만 우리는 세계 유일의 분단국가에서 아직도 살아가고 있는 형편이다. 제2차 세계대전의 '전범국가'였던 독일도 동·서독의 분단을 극복하고 통일을 이룬지가 벌써 30여년이 되었다. 6·25전쟁이라는 세계사 초유의 전란을 겪어야 했던 우리로서 그 전쟁이 도대체 어떤 전쟁이었는지 아직도 까마득한 기억 속에 가물거릴 뿐 피카소의 말처럼 '학살(Massaker)'의 상처를 아직도 지우지 못한 채 살아가고 있다. 차라리 '광란'이란 말이 어울릴지 모르겠다. 우리에게 통일은 여전히 꿈만 같은 가망 없는 희망일 뿐이며, 전쟁의 갈등과 위협으로부터도 전혀 자유롭지 못한 삶이다. 나아가 우리에게 철학사상은 물론 여타의 학문적인 정밀함과 엄밀함은 반공주의의 청산과 함께 여전히 힘든 과제로 남아있다는 것을 다시 한 번 상기했으면 싶다.

4.

마지막으로, 이 책의 구성체계가 약간 산만한 이해와 해석으로 혼란스러울지도 모르겠다. 물론 포이어바하의 철학에 관한 맑스의 테제들이 이미 그 순서에 따라 제시하고 있는 일정한 구성체계로 이루어진 것이기 때문에 형식적으로는 큰 혼란은 없을 것이지만, 그러나 테제들이 함의하고 있는 내용이 결코 단순한 것은 아니기 때문에 포이어바하의 저서들은 물론 맑스와 엥겔스의 몇몇 저서들에서 직·간접적으로 관련된 내용들을 간추려 정리한다고 하는 것이 쉬운 일만은 아니었다. 특히 맑스 자신의 저서들은 난해할 뿐만 아니라 『자본』의 '상품(Ware)' 장을 읽는다는 것 자체가 무척 난해한 내용과 서술형식을 밟고 있어서 문장 하나하나를 인용한다는 것 자체 역시 쉽지만은 않았다. 그리고 모든 인용문은 그때마다 그 원본의 원문과 함께 직역을 위주로 하여 옮겨 적었으며, 다른 연구자들에게 조금이나마 도움이 되었으면 하는 바람에서 약간 번잡하지만 필요에 따라 인용문과 관련된 대부분의 원문도 번역문과 함께 후주에다 옮겨 놓았다. 그러다보니 꽤 많은 분량의 후주를 덧붙이게 되었다. 다시 한 번 말하지만, 사실 맑스와 엥겔스의 저서들에 대한 우리의 많은 원본 번역서들이 전거 자체가 불분명할 뿐만 아니라 내용 또한 산만해서 참고하거나 촘촘히 읽을 수가 없었으며, 앞으로도 학문적인 엄밀한 계승성이 고려되었으면 하는 아쉬움이 남았었다. 물론 학문성을 망가지게 한 그 주범이 그 동안 오래도록 우리네가 겪어왔던 전체주의적 독재 권력과 반공주의의 이데올로기란 것을 잊지 않으면서 말이다.

누가 플라톤이나 아리스토텔레스철학이 절대적으로 옳다고, 또는 칸트철학이나 헤겔철학이 절대적인 정당성을 갖는다고 말하는 사람이 있을 것인가! 맑스나 엥겔스의 철학사상이라고 예외는 아닐 것이다. 지난 1970·80년대에도 이미 분단 독일의 대학에서는 맑스철학에 대한 강의가 수시로 이루어지고 있었다는 것을 우리로서는 상상이나 할 수 있었겠는가. 맑스가 세상을 떠난 지도 150여년이 훌쩍 넘었다. 현대로 접어드는 초입에 맑스철학이 던진 비판적 의미와 교훈은 지대한 것이었으며, 그럼에도 불구하고 우리에게는 오래도록 강요된 침묵과 히틀러보다 더 지독한 '분서(焚書)'의 시대가 지배하고 있었다. 우리는 지금도 그와 같은 방황을 계속하고 있는 교육체제와 왜곡된 문화에서 벗어나고 있지 못하고 있는 것은 아닐까. 이른바 '레드컴플렉스'나 '빨갱이'이란 비웃음도 그런 과거의 아픔 및 상처와 결코 무관하지만은 않을 것이다. 일제의 식민지 시기는 물론 해방공간과 그리고 우리의 현대사에 있어 반공주의라는 이데올로기를 도외시한 채 역사와 철학사상을 바라본다는 것은 악의적인 왜곡이라고밖에 말할 수 없지 않을까 싶다.

끝으로, 「포이어바하에 관한 테제들」의 맑스 수고본과 엥겔스의 수정본을 원문 그대로 부록으로 실었으며, 또한 맑스와 엥겔스의 청년기, 즉 맑스의 「포이어바하에 관한 테제들」을 메모하였던 시기의 전후, 아울러 맑스와 엥겔스의 공동저작인 유명한 『공산당 선언(*Manifest der Kommunistischen Partei*)』이 발표되던 1848년 3월 전후의 시기까지 생애와 활동에 관한 연보를 여기 번역 정리하여 부록으로 실었다. 즉, 맑스와 엥겔스의 청년기의 생애와 활동 연보가 『칼 맑스·프리드리히 엥겔스 저작집(K.Marx · F.Engels Werke, MEW)』 제1권과 제2권, 그리고 제4권에 역시 부록으로 실려 있으며, 그것은 맑스가 「포이어바하에 관한 테제들」에 대한 초고를 작성하게 된 전후의 시기이기도 하다. 『칼 맑스·프리드리히 엥겔스 저작집』, 곧 MEW에 대해서는 「포이어바하에 관한 테제들」과 관련하여 다음에 좀 더 자세히 언급할 기회가 있을 것이다. 또 하나의 부록으로는 맑스가 1883년 3월 세상을 떠나고 묻히게 된 런던의 하이게이트 공동묘지의 무덤 앞에서 엥겔스가 했던 추도 연설문을 번역하여 옮겨 실었다. 물론 맑스와 엥겔스는 절친한 사이였지만, 그러나 이 엥겔스의 연설문을 통해 우리는 맑스의 생애가 어떠한 삶으로 이어졌던가를 압축적으로 이해할 수 있을 것이다. 이어서 맑스와 엥겔스의 초상화를 비롯한 그 주변의 정황들을 그린 11점의 그림을 첨부하였다.

우리나라에 『자본』, 또는 『자본론』이 번역 출간되고, 그 이후 오늘에 이르기까지 꽤 많은 맑스주의 관련 저서 및 번역서들이 출간되었지만, 그러나 아쉽게도 그 후 출간된 맑스나 엥겔스의 원전 번역들이나 그에 따른 참고문헌들을 일부나마 정리할 수 있는 기회와 여유를 갖지 못했다. 학문이 단순히 흥미 위주의 유행만은 아닐 것이다. 모든 철학적 저서들도 그러하겠지만 좀 더 그 학문성에 대한 체계적인 연구와 번역 및 그 출간이 이루어졌으면 싶고, 출판 또한 그에 상응한 문화로 자리를 잡았으면 싶다.

아울러 다시 한번 말하지만, 꽤 번잡스럽기는 하면서도 맑스나 엥겔스 및 헤겔이나 포이어바하 등의 원전의 인용문에 대해 그 원문을 번역문과 함께 대부분 옮겨 실었다. 그 때문에 후주가 적지 않은 분량이 되고 말았다. 물론 그 이유는 다른 연구자들과 후학들의 보다 심도 있는 작업에 조금이라도 도움이 되었으면 하는 기대감 때문이었으며, 비판적 논쟁을 통해 기왕의 오류들을 차츰 바로잡아가는 계기가 되었으면 하는 바람 때문이었다. 맑스와 엥겔스의 철학에 대한 좀 더 다듬어진 체계적인 정리가 필요할 것이다.

혹시 그것들에 대한, 즉 맑스와 엥겔스의 「포이어바하에 관한 테제들」에 대한 자료나 그 이해와 해석에 오류나 착오가 있다면 연구자들의 질정을 바랄 뿐이며, 이 미진한 책을 흔쾌히 받아들여 출간을 맡아준 전남대학교출판문화원에도 고마움을 전한다.

2019년 2월 무등을 바라보며

| 차례 |

들어가는 말

0.1.

지난 1980년대 후반, 맑스의 철학, 또는 맑스주의 철학이 우리에게 본격적으로 소개되면서 칼 맑스의 「포이어바하에 관한 테제들」[1]은 그의 어느 문건보다도 많이 번역되고, 또한 많이 소개되었다. 아마 그 최초의 번역은 앞에서도 잠깐 언급한 것처럼 1987년 출간된 양재혁의 『포이에르바하와 독일 고전철학의 종말』과 그 부록으로 실린 엥겔스의 수정본 「포이에르바하에 관한 테제」일 것이다.[2]

그 이유, 즉 「포이에르바하에 관한 테제들」이 많이 언급되고 논의되는 이유는 우선 이 경구형식으로 쓰인 11개 테제들의 극히 적은 분량 때문일 것이고, 그 다음 11개 테제들이 포함하고 있는 맑스의 철학사상의 핵심을 정형화하고 있다는데 있을 것이다. 물론 말할 필요 없이 맑스의 「포이어바하에 관한 테제들」은 맑스의 철학사상 전체를 일정하게 요약하고 있을 뿐만 아니라 특히 그의 전반기 철학사상을 완결된 형태로 집약하여 표현하고 있다는 것은 엥겔스가 그의 『루트비히 포이어바하와 독일 고전철학의 종말』 '머리말(Vorbemerkung)'의 맨 끝에 언급하고 있는 그대로일 것이다.

> 포이어바하의 교설 자체에 대한 비판은 여기에서는 빠졌다. 현재의 목적으로는 불필요하겠기 때문이다. 그 대신에 나는 맑스의 옛 노트에서 여기 부록으로 인쇄하여 덧붙인 포이어바하에 관한 11개 테제들을 발견하였다. 그것은 나중에 정리하기 위하여 급박하게 써 놓은 메모여서 전혀 인쇄를 고려하고 있지는 않지만, 그러나 새로운 세계관의 천재적인 씨앗(der geniale Keim der neuen Weltanschauung)이 깃들어 있는 최초의 문건으로 더없이 귀중한 것이다.[3]

엥겔스가 이렇게 특별한 관심으로 「포이어바하에 관한 테제들」을 정리하여 출간하게 된 이유는 맑스의 철학사상에 있어 이 테제들이 갖는 중요성은 물론 맑스의 철학사상 전체를 일정하게 요약하고 있다는 점을 충분히 감안했을 것이고, 그것을 엥겔스는 '새로운 세계관의 천재적인 씨앗이 깃들어 있는 최초의 문건'이라고 말하고 있는 것이다. 즉 맑스의 철학사상이 그 씨앗의 형태로 일정하게 요약되어 있는 최초의 문건이 곧 그의 「포이어바하에 관한 테제들」인 것이다. 따라서 우리는 맑스의 「포이어바하에 관한 테제들」을 이해할 때 곧잘 '새로운 세계관의 천재적인 씨앗'이란 엥겔스의 말을 토대로 출발하곤 한다.

0.2.

「포이어바하에 관한 테제들」의 중심 내용의 하나가 포이어바하 철학에 대한 비판이란 것은 상대적으로 포이어바하의 철학사적 위치를 확인시켜준다. 이 테제들 속에는 얼마간 관념론 철학, 특히 헤겔 철학에 대한 비판도 깃들어 있지만, 포이어바하에 이르기까지의 종래 유물론에 대한 비판과 포이어바하의 유물론에 대한 비판이 그 중심 내용을 이룬다. 물론 이와 같은 비판을 통해 맑스는 그 자신의 철학사상을 제시하고자 하며, 따라서 각각의 테제들 자체가 함축하고 있는 그 진정한 의미가 비판과 동시에 이루어지고 있는 것이다.

11개 테제들의 전반적인 구성 체제와 그 형식을 살펴보면 각각의 테제들은 독립적 정형으로 완결된 듯이 보이지만, 또 몇 개의 테제들은 서로 연결된 의미로 묶여져 이해되면서 전체적으로는 하나의 완결된 구성 체계를 이루고 있기도 한다. 즉, 제1테제와 제2테제, 그리고 제3테제는 포이어바하철학에만 국한된 테제들이 아니고 종래의 관념론 및 유물론 일반에 대한 비판과 그 비판으로부터 맑스 자신의 새로운 유물론과 그 철학사상적 세계관을 제시하는 형태를 띠고 있다. 그에 대해 제4테제, 제5테제, 제6테제, 그리고 제7테제는 포이어바하에 대한 보다 직접적인 비판 형태를 띠면서 앞선 제1테제와 제2테제, 그리고 제3테제에 대한 내재적 연관을 갖는 형식을 취한다. 제8테제와 제9테제, 그리고 제10테제는 새로운 유물론, 즉 맑스 자신의 유물론 철학에 대해 좀 더 구체적으로 제시되면서 그것이 주로는 '사회형식(Gesellschaftsform)', 또는 '사회형태'와의 연관된 규정으로 표현된다. 마지막 제11테제는 언뜻 앞선 테제들과는 완전히 독립된 형태를 띠고 있는 것처럼 보이지만 앞의 10개 테제들을 총괄하여 철학사상의 방향을 제시하면서 동시에 '철학자의 책무'를 제시하고 있는 것이다. 물론 그것은 철학자에게만 한정된 것은 아니며, 좀 더 일반적으로는 학문에 종사하는 지식인들에게 지식인으로서의 '지식인의 책무'를 제시한 테제이기도 할 것이다. 그러니까 맑스의 「포이어바하에 관한 테제들」의 전체적인 구성 체계는 4개의 주제로 이루어져 있다고 하겠으며, 그것은 곧 맑스철학 자체의 포괄적인 구성 체계이기도 하다.

첫째, 제1테제부터 제3테제까지는 종래의 관념론과 유물론에 대한 비판을 통해 맑스 자신의 변증법적 유물론의 토대를 제시한다.

둘째, 제4테제부터 제7테제까지는 포이어바하에 대한 보다 직접적인 이해를 통해 새로운 변증법적 유물론의 내재적 비판 근거를 제시한다.

셋째, 제8테제부터 제10테제까지는 역사적 유물론으로서의 사회형식에 대한 관점의 근거를 제시하고자 한다.

넷째, 제11테제는 철학, 곧 보편적 학문으로서의 그 세계관의 근거가 어디에 있어야 하는가를 정형화하여 제시한다.

물론 전체 11개의 테제들은 엥겔스가 그렇게 불렀던 것처럼 모두 순수하게 '포이어바하에 관한 테제들'이라고 하기에는 그 표제가 표현하고 있는 것과는 달리 좀 더 포괄적인 보편성과 전체성을 함의하고 있다고 하겠다. 맑스 자신이 포이어바하의 철학과 관련하여 썼던 테제들인 이상 각각의 테제들이 얼마간 포이어바하와 관련되어 있다는 것은 사실일 테지만, 그러나 이미 포이어바하를 넘어서 철학과 학문 전반에 대한 유물론적 세계관에 대한 규정을 내포하고 있으며, 특히 제11테제는 맑스 이전의 철학사상과 맑스 자신의 철학을 구별 짓는 차이점을 명시적으로 제시하고 있다. 그 때문에 맑스의 「포이어바하에 관한 테제들」을 엥겔스는 '새로운 세계관의 천재적인 씨앗'이라고 하는 표현의 결정적 준거로 삼았을 것이다.

0.3.

맑스의 「포이어바하에 관한 테제들」을 이와 같은 네 부류의 범주적 구성 체계로 구별하는 것은 물론 맑스와 엥겔스가 각각의 테제들에 붙인 일련번호의 순서에 따르는 구별이기는 하지만, 각각의 테제들 상호간의 내재적 연관성들을 무시하지 않는다면 그 전체적 의미와 체계에 있어 선차적 보편성을 갖는 구별이란 것은 비교적 분명하게 드러나 있는 그대로일 것이다. 그러나 테제들 상호간의 순서에 따르는 체제 및 그 내재적 연관성과는 달리 그들의 독자성에 관련된 개별 테제들의 의미는 맑스철학 전체의 맥락에서 재검토될 수 있는 성질의 것이며, 그것은 또 다른 준거를 바탕으로 하여 구별할 수도 있을 뿐만 아니라, 또 다른 이해 방식을 적용할 수도 있을 것이다. 아마 그것은 엥겔스가 말한 '새로운 세계관의 천재적인 씨앗'이란 의미에 대한 전체적인 조망과 맑스의 철학사상 자체의 핵심에 접근해 가는 하나의 통로라는 점에서 주제 자체의 범위도 훨씬 광범위한 문제가 될 것이다.

그러나 여기서 다루고자 하는 제1테제로부터 제11테제에 이르는 그 순서에 따르는 일련의 해석과 이해 방식은 앞서 말한 바와 같은 네 부류의 범주로 구분하여 묶을 수 있다는 점에서 가장 평이한 접근의 통로가 되는 것이겠다.

물론 여기에서 다루게 되는 「포이어바하에 관한 테제들」은 맑스가 쓴 원래의 수고본을 대상으로 하여 이해하고 해석하게 될 것이다. 그리고 거기에 덧붙여 엥겔스의 수정본을 참고로 하여 비교하게 될 것이며, 가능한 한 맑스 자신의 수고본을 중심으로 해석하고 이해하게 될 것이지만, 그러나 엥겔스가 왜 그렇게 수정할 수밖에 없었던가 하는 이유도 아울러 고려하게 될 것이다. 맑스가 「포이어바하에 관한 테제들」을 쓴 것이 1845년 초이니까 그로부터 약 45년이 지난

1888년을 전후하여 엥겔스가 그에 대해 약간의 문장을 수정하게 된 것이며, 따라서 거기에는 내용적으로도 그럴만한 시차에 따른 역사성도 함께 적용되었을 것이다. 특히 '사회형식', 또는 '사회형태'에 대한 이해는 그러한 엥겔스의 견해가 반영되었을 것이며, 그럼에도 불구하고 그것을 전체적으로 구명한다는 것은 또 다른 과제일 것이다.

0.4.

이 「포이어바하에 관한 테제들」이 갖는 맑스철학 내에서의 위치는 비록 그것이 메모나 경구 형식의 짧은 글이기는 하지만 엥겔스가 이미 말한 바와 같이 맑스 자신의 철학사상을 정리하는 데 있어 더없이 소중한 의미를 갖는다. 맑스의 철학이 그 이전의 모든 철학, 즉 관념론 철학은 물론 유물론 철학과의 경계선이 그어진 채 이 테제들 속에 확연히 구별되어 있으며, 맑스의 철학이 종래의 철학과 무엇이 다른가를 결정적으로 보여주는 문건으로서 이 테제들에서 우리는 그것을 확인할 수가 있다. 그와 같은 맑스의 작업은 주로 헤겔의 철학과 포이어바하철학에 대한 이해와 비판을 통해서 이루어지며, 그리하여 그 결론으로 철학자들이, 또는 지식인들이 세계와 현실에 대한 해석에만 매달릴 것이 아니라 그 실천적 변혁에 뛰어들어야 한다는 것을 강조하게 된 것이다. 그런 의미에서는 1848년의 혁명에 대한 예비적인 문건이면서도 곧 『공산당 선언(*Manifest der Kommunistischen Partei*)』을 공포하기 이전의 철학사상적인 문건으로서 뿐만 아니라 맑스 자신의 철학사상적 세계관을 전체적으로 일정하게 요약하고 있는 문건이기도 할 것이다.

I

변증법적 유물론의 철학적 토대

: 관념론 및 유물론 비판

1. 제1테제

칼 맑스

〔포이어바하에 관한 테제들〕[4]

1. 포이어바하에 관하여

1

이제까지의 모든 유물론(포이어바하의 유물론까지 포함하여)의 주요 결함은 대상, 즉 현실성 및 감성이 단지 **객체**[5]의, **또는 직관**[6]**의** 형식 아래서만 파악되고 있다는 것이다. 그러나 **감성적인 인간의 활동**[7]으로는, 곧 **실천**으로는 파악하지 못한 것인바, 이를테면 주체적으로 파악하지 못한 것이다. 따라서 **활동적인** 측면이 유물론과는 반대로 관념론에 의해 - 물론 현실적이고 감성적인 활동 그 자체를 알지 못한 관념론에 의해 - 추상적으로 전개되기에 이른다.[8] 포이어바하는 감성적인 객체들을 - 즉, 사유의 객체들과는 현실적으로 구별되는 객체들을 필요로 한다. 그러나 그는 인간의 활동 그 자체를 **대상적인** 활동으로 파악하지 못한다. 따라서 그는 『기독교의 본질』에서 오직 이론적인 태도만을 진정한 인간적인 태도로 간주하며, 다른 한편 실천은 단지 그것의 더러운 유대인적인 현상 형식 속에서만 파악되고 고착되기에 이른다. 그리하여 그는 "혁명적인" 활동의 의미, 곧 "실천적·비판적" 활동의 의미를 개념적으로 포착하지 못하고 만다.

칼 맑스

〔포이어바하에 관한 테제들〕[9]

이제까지의 모든 유물론(포이어바하의 유물론까지 포함하여)의 주요 결함은 대상과 현실, 그리고 감성을 단지 **객체**의 형식 아래서만, 또는 **직관**의 형식 아래서만 파악한다는 것이다. 그러나 **인간의 감성적인 활동**으로는, 즉 **실천**으로는 파악하지 못한 것인바, 이를테면 주체적으로 파악하지 못한 것이다. 따라서 **활동적인** 측면이 유물론과는 반대로 관념론에 의해 전개되었던 것이며, 그러나 그것은 단지 추상적으로만 전개되기에 이르렀다고 하는 사태가 일어나게 되었던 것인바, 왜냐하면 관념론은 물론 현실적이고 감성적인 활동 그 자체를 알지 못하기 때문이다. 포이어바하는 감성적인 객체들을, 즉 사유의 객체들과는 현실적으로 구별되는 객체들을 필요로 한다. 그러나 그는 인간의 활동 그 자체를 **대상적인** 활동으로 파악하지 못한다. 따라서 그는 『기독교의 본질』에서 오직 이론적인 태도만을 진정한 인간적인 태도로 간주하며, 다른 한편 실천은 단지 그것의 더러운 유대인적인 현상 형식 속에서만 파악되고 고착되기에 이른다. 그리하여 그는 "혁명적인" 활동의 의미, 곧 "실천적·비판적" 활동의 의미를 개념적으로 포착하지 못하고 만다.

1.1.

제1테제에 의하면 맑스 이전의 모든 유물론의 주요 결함은 '대상, 즉 현실성 및 감성'을 '단지 **객체**의, **또는 직관의** 형식 아래서만 파악'한다는 데 있다. 다시 말해 '**감성적인 인간의 활동**으로는, 곧 **실천**으로는' 파악하지 않고 있으며, '주체적으로' 파악하지 못했다는 것이다. 이 내용이 제1테제의 첫 문장이다. 이는 맑스철학이 그 이전의 유물론과 구별되는 근본적인 차이가 '감성적인 인간의 활동', 또는 '인간의 감성적인 활동'으로서 실천 개념에 있다는 것을 명시한 것이다.

맑스에 의하면 대상으로서의 현실, 또는 감성은 단순히 소여(所與)되어 있는 것(das Gegebene)으로서의 객체는 아니다. 대상, 즉 현실이 인식 대상으로 소여되어 있는 것이 아니고, 그 자체가 감성적인 인간의 활동의 산물, 곧 실천의 산물이란 것을 맑스 이전의 유물론은 간과하고 있었다. 그 때문에 대상, 즉 현실은 인식 대상으로서 객체로만 파악되는 것이 아니고 무엇보다도 주체의 활동인 실천의 산물로서 소여된다고 하는 주체와 객체의 변증법적인 연관적 인식 대상이 문제가 된다는 것이다.

맑스의 변증법적 인식론은 실천론과 유리되지 않는다. 인식 대상이 실천을 매개로 한 주체와 객체의, 또는 주관과 객관의 변증법적 통일로서 소여되어 있고, 따라서 소여는 인식 대상에 대한 주체의 수동성을 의미하지 않는다. 어떠한 대상도 자연적 즉자태, 또는 즉자적 존재(Ansichsein)[10]로 인식되어지게끔 주어져있는 인식론적 단초의 사실이 확인될 수 없다. 그것은 철학은 물론 자연과학에 있어서조차도 마찬가지이다.

> (…); 그러나 도대체 산업과 상업이 없이 어디에 자연과학이 존재하겠는가? 이와 같은 '순수한' 자연과학조차도 상업과 산업을 통해, 즉 인간의 감성적 활동을 통해 비로소 그 소재는 물론 그 목적마저도 획득하게 되는 것이다. 그리하여 이와 같은 활동, 즉 이와 같은 지속적인 감성적 노동과 창조 및 생산 활동은 지금 존재하고 있는 감성적 세계 전체의 토대인 것이며, 그와 같은 활동이 단 일 년만이라도 중단된다면 포이어바하는 자연세계에 있어 엄청난 변화를 발견하게 될 뿐만 아니라 인간세계 전체와 그 자신의 고유한 직관능력, 아니 바로 그 자신의 고유한 실존마저도 당장 상실하게 되는 지경이 될 것이다.[11]

소여, 곧 주어져 있는 대상이 그것을 인식하고자 하는 주체로서의 인간과 무관한 것이 아니라 주어져 있는 대상 그 자체가 주체로서의 인간에 의해 이미 주어져 있는 대상이고 현실이며, 그러한 인식 대상은 주체의 실천적 산물로서 객체 상태에 있는 현재적 소여의 의미를 갖는다. 자연과학이 탐구하는 대상으로서의 자연마저도 인간과 무관한 대상이 아니라 인간의 노동이나 창조활동 및 생산 활동 속에, 그리고 보다 넓은 영역으로서의 상업이나 산업 속에 포함되어 있는 자연일 뿐이다.

1.2.

실천을 매개로 한 주체와 객체의, 또는 주관과 객관의 변증법적 통일은 실천 개념의 인식론적 이론과의 변증법적 통일에서 비롯된다. 이때 대상으로서의 현실이나 그 객체에 대한 인식은 인식 주체와 분리된 직관의, 또는 관조의 대상이 아니다. 대상 그 자체가 실천의 산물이란 점에서 실천적 주체가 이미 인식 대상에 외화 되어있는 대상 인식인 셈이다. 대상을 중심으로 한 실천과 인식의 변증법적 원환운동은 목적론적 발전과 통일되어 있다. 목적론적 발전은 인식 대상의 자기 전개가 아니라 인식 주체의 대상 지배로서 나타나는 욕구실현의 일환이다. 그 때문에 인식 대상은 주체의 지배 욕구를 반영하는 전유성(專有性, Aneignung)[12]을 갖는다. 어떠한 대상도 그것을 자기화하고자 하는 인간의 전유성에서 벗어나 있지 않으며, '인간에게 있어서' 이 한계를 벗어난 어떠한 자연조차도 그것의 자립성과는 관계없이 순전한 인식 대상으로만 존재한다는 것은 상상할 수 없는 일이다. 인식 대상의 목적론적 발전은 주체의 능동성이 반영된 목적론적 자기 발전에 지나지 않으며, 인간의 자기외화(Selbstentäußerung)와 그 실현의 대상화로서 인식 대상은 대상이 인식 그 자체의 구체물이란 점에서 실천적이다. 작용은 작용 대상과 분리되지 않으며, 마찬가지로 인식은 인식 대상과 분리되어 있는 것이 아니라 통일되어 있다. 이 통일은 인식 대상이 이미 과거의 실천적 산물인 것만이 아니라 인식의 현재적 소여 대상으로서 실천성을 의미한다. 인식 주체의 '자기로의 귀환', 즉 전유성으로서 인식 대상의 획득은 주체의 활동성이 대상과 통일되어 있으므로 대상에서 실현된 인식 주체의 객관성(Objektivität)에 다름 아니다. 인식 대상에서 주체의 실현은 전유성으로서 자기 욕구와 통일되어 있는 활동성이며, 이 활동성이 대상 인식이다.

1.3.

맑스는 실천을 단정적 표현형식으로는 '감성적인 인간의 활동'으로 보며, 엥겔스는 그것을 '인간의 감성적 활동'이라고 수정하고 있다. 엥겔스의 이와 같은 수정은 맑스의 표현을 좀 더 명확히 한다는 의도로 받아들여진다. 엥겔스의 의도가 명확한 것이라면, 실천은 인간의 감성 영역에서 활동만을 뜻한다. 즉, 인간의 활동 영역은 비(非)감성적 영역도 있는 바, 이는 맑스의 실천 개념과는 다르다. 비감성적 활동은 오히려 관념론에 의하여 전개되었으며, 이는 실천으로부터 유리된, 따라서 추상적으로 전개될 수밖에 없는 인식을 위한 인식, 이론을 위한 이론에 속한다. 관념론의 인식론적 결함은 활동을 비감성적 영역에 한정하는 것이며, 이 한정 자체가 관념론의 한계로 지적된다. 그러므로 인간의 감성적 활동으로서 실천은 과거 유물론에 대한 맑스 유물론의 철학적 토대 개념이며, 관념론과도 구별되는 맑스철학의 핵심의 하나가 되는 개념이다.

포이어바하의 관념론 비판은 주체에 대한 객체의 감성적 관계를 복권시키려는 데 있다. 감성적 객체에 대한 관념론의 탈권은 포이어바하에 의해 극복되지만, 그럼에도 불구하고 그는 '인간의 활동 그 자체를 대상적 활동으로 파악하지 않는다.' 다시 말해 포이어바하가 실천을 대상적 활동으로 파악하지 못한 것은 실천에 대한 극히 제한된 이해 수준에 머무르게 된 이유이며, 포이어바하의 유물론이 사회와 역사의 유물론적 이해에로 나갈 수 없었던 그 한계이기도 하다.

1.4.

포이어바하는 객체를 사유 대상으로가 아니라 감성적 대상으로 파악한다. 그것은 개체의 실재성을 복권시키고 사유의 인식론적 왜곡을 극복하려는 데 있다. 그럼에도 불구하고 맑스에 의하면 포이어바하는 감성적 객체를 실천적으로 파악하지 못하고 있으며, 그 이유는 인간의 활동을 대상적 활동으로 파악하지 않았기 때문이다. 인간의 활동은 대상의 산출 활동이다.

포이어바하에 대한 비판과는 달리 맑스의 헤겔철학에 대한 비판은 주로 헤겔이 대상적 활동을 의식이나 정신의 영역으로 환원하여 정신의 산물, 또는 의식의 산물로 간주한다는데 있다.

> 인간에 있어 대상적 세계의 반환청구는 - 예컨대 **감성적** 의식이 그 어떤 **추상적인** 감성적 의식이 아니라 **인간적인** 감성적 의식이라는 인식, 그리고 종교나 부 등등이 **인간적인** 대상화의 소외된 현실일

뿐, 즉 작품을 산출하게 되는 **인간의** 본질적인 힘들의 소외된 현실일 뿐이며, 따라서 참된 **인간적인** 현실에 이르는 **도정**에 지나지 않을 뿐이라는 인식 -, 그리하여 헤겔에 있어 이와 같은 자기화의 획득 또는 이와 같은 과정에 있어서의 통찰은 **감성**, **종교**, 국가권력 등등이 **정신적** 존재들에 불과한 것으로 나타나는 바 - 왜냐하면 **정신**만이 인간의 참다운 **본질**이며, 그리고 정신의 참다운 형태는 사유적인 정신, 곧 논리적인, 사변적인 정신이기 때문이다. 자연의 **인간성**, 그리고 역사에 의해 산출된 자연의, 곧 인간에 의한 생산물들의 **인간성**은 그것들이 추상적인 정신의 **생산물들**이며, 그리하여 그런 한에서 **정신적인** 계기들이자 **사유물들**(*Gedankenwesen*)이라는 것으로 나타난다.[13]

맑스에 의하면 헤겔의 주체로서의 정신 또는 사유와 그 대상 간의 전도 현상은 인간을 오직 정신적인 존재로 규정하는 인간에 대한 일면적인 오해에서 비롯된다. 감성 또한 헤겔은 정신의 일부로만 규정한다.

포이어바하의 헤겔 비판도 맑스의 비판처럼 대상적 객체에 대한 인식론적 감성의 복권에 근거를 두고 있지만, 이와 같은 감성을 인식론적 이론에만 고착시키기 때문에 맑스의 지적처럼 인간의 대상적 활동에로 나아가지 못한다. 그것은 인간의 대상적 활동을 보다 직접적으로는 생산 활동과 노동(Arbeit)으로 파악하지 못한 것과도 관계된다. 대상적 활동은 감성에 의한 대상 자체의 인식론적 복권으로부터 인간의 감성적 활동의 실재성을 적시한다. 대상으로서 감성적 객체는 또 다른 감성적 객체와 대상적 활동으로서 생산력의 산물이 되며, 생산 활동 자체가 감성적 대상을 초월해 있는 사유 활동일 수는 없다. 물론 맑스는 '사유 객체와 현실적으로 구별되는 감성적 객체'

라는 말에서 사유 활동을 고려하고 있지만, "실천을 이념으로 해명하는 것이 아니고, 이념의 구성체들을 물질적 실천으로 해명"[14]함으로써 실천의 혁명적 역사성을 파악하는 관점으로 나아가게 된다.

대상적 활동은 대상에 대한 주체의 감성적 활동이며, 정신이나 의식을 산출하고 지배하는 대상에 있어서의 활동이다. 그러나 주체의 대상적 활동에 있어서 주체의 의식과 정신이 대상의 산물이고 대상에 의하여 지배되는 반영이라면 주체의 자발성과 능동성은 어디에 있는가? 맑스는 물질적 대상의 필연성에 의해서 현실 변혁의 객관성을 파악한다. 그러나 그는 혁명적 실천을 그러한 객관성의 수동적 활동으로 보지는 않는다. 북한의 주체철학[15]이 제기하는 '의식성'에는 맑스철학에 있어 실천 개념의 능동성과 수동성 사이의 변증법적 통일에 대한 해석의 차이와 관련된다. 주체철학은 사람의 본질적 속성으로서 의식성에 의한 실천의 능동성을 강조하고자 한다.[16] 이와 관련하여서는 다음에 좀 더 자세히 언급하게 될 것이다.

1.5.

맑스가 「포이어바하에 관한 테제들」의 제1테제에서 실천을 인간의 감성적 활동, 대상적 활동, 그리고 '혁명적 활동', 즉 '실천적·비판적 활동'이라고 정리하고 있는 구도는 포이어바하의 철학에 대한 극복일 뿐만 아니라 관념론을 포함한 그 이전의 모든 철학에 대한 극복으로 제시된 맑스철학의 토대 개념에 속한다. 맑스의 「포이어바하에 관한 테제들」 전체가 실천 개념을 중심으로 일관되어 있음은 제1테제와 제11테제로서 시작과 끝이 연관되어 있는 원환적 통일성으로 이해된다.

혁명적 활동, 즉 실천적·비판적 활동으로서 실천 개념은 포이어바하가 '이론적 태도만을 진정한 인간의 태도'로 간주하고 '실천을 더러운 유대인적인 현상 형식'으로 파악하고 있다는 데로부터 이끌어 낸 제1테제의 마지막 문장에로 나아가는 계기이다. 그리하여 포이어바하는 '혁명적 활동', 즉 '실천적·비판적 활동'의 의미를 파악하지 못한 것이다.

포이어바하는 그의 『기독교의 본질』, 특히 '유대교에 있어 창조의 의미(Die Bedeutung der Kreation im Judentum)'라는 장에서 유대인들의 실천관을 다음과 같이 비판한다.

> 유대인들은 그들의 고유성을 오늘날에 이르기까지 보존하고 있다. 그들의 원리, 그들의 신은 세계에 대한 **가장 실천적인** 원리 - 즉 이기주의이며, 나아가 **종교의 형식 속에 있는 이기주의**인 것이다. 이기주의란 자신을 섬기는 자를 버리지 않는 신을 말한다. 이기주의는 본질적으로 **일신론적**인 바, 왜냐하면 이기주의는 오직 **하나의 것**만을, 곧 오직 **자기 자신**만을 그 목적으로 간직하는 것이기 때문이다.[17]

이러한 포이어바하의 실천 개념은 혁명적 활동으로서 실천과는 거리가 먼 것이었으며, 그는 나아가 종교 자체를 실천이란 개념으로 이해하면서 종교란 그 본질적인 입장이 언제나 '실천적'이라고 말한다. 그럼에도 불구하고 그의 실천 개념은 극히 제한적인 의미를 벗어나있지 않은 것이다. 즉, 자기 속에 갇혀 있는 폐쇄적 이기주의(Egoismus)가 종교에 있어서 실천인 것이며, 포이어바하는 그러한 일신론(Monotheismus)을 비판하면서도 실천 개념을 거기에 한정하고 있을 뿐이다.

또한 '종교의 본질적 입장(Der wesentliche Standpunkt der Religion)'이란 장에서는 실천에 대해 다음과 같이 말한다.

> 하나의 다른 본질로서의 신에 대한 이와 같은 태도는 한편으로는 자연적이고 무의지적이자 무의식적인 태도이며, 다른 한편으로는 의식적이고 반성을 통한 매개적인 태도이다. 무의식적인 태도는 종교 자체의 근원에 뿌리를 두고 있으며, 종교의 본질적인 입장에 근거하고 있다. 이러한 입장이 곧 **실천적** 입장인 것이다.[18]

포이어바하가 말하고 있는 종교의 무의식성, 또는 그 실천성과는 관계없이 맑스의 실천 개념은 오히려 의식적이고, 목적의식적이다. 이 제1테제에서 맑스는 혁명적 활동, 즉 실천적·비판적 활동으로서 실천 개념을 명시하면서, 이론적·비판적 활동과는 구별되는 대칭적 의미를 이미 제1테제가 보여주고 있는 것이다. 그는 『독일 이데올로기』에서 오히려 '정신적 비판이 아니라 혁명'[19]으로서 실천을 말하며, 비판 또한 이론적 활동이 아니라 물질적 실천 활동이어야 함을 언급하고 있다.

대상적 활동을 뛰어넘어 혁명 활동으로서 실천 개념의 변증법적 통일은 혁명이 긍정과 부정의 가장 첨예한 비(非)교차적 대립과 모순(Widerspruch)을 구체화시킨다는 데 있다. 혁명은 낡은 것에 대한 부정 자체에 새로운 긍정이 통일되어 있고, 새로운 것에 대한 긍정 자체에 낡은 것에 대한 부정이 통일되어 있다.

혁명적 활동의 주체는 주체에 대한 객체적 유보를 허여하지 않는다. 물론 맑스에 있어 혁명적 주체는 역사적 보편성으로서 프롤레타리아트(Proletariat), 즉 프롤레타리아계급이다. '나'의 이론은 프롤레타리아계급의 객관성과 보편성에 있어서만 실천적이고 혁명적이다. 따라서 혁명적 활동은 실천을 주체적이게 하는 이론 활동의 척도이다. 이론 활동의 척도는 실천적 수준에서 제약되며, 주체는 결코 이러한 조건과 제약을 초월할 수는 없다.

2. 제2테제

2

대상적인 진리가 인간의 사유에 속하는가, 속하지 않는가 하는 문제는 - 이를테면 이론의 문제가 아니라 **실천적** 문제이다. 인간은 실천 속에서 진리를, 즉 그 자신의 사유의 현실성과 위력[20]을, 다시 말해 그 자신의 사유의 차안성[21]을 증명하지 않으면 안 된다. 그러한 사유의 - 실천과는 유리되어 있는 사유의 - 현실성이나 또는 비현실성에 대한 논쟁은 순전히 **스콜라주의적인** 문제[22]이다.

(엥겔스 수정본)

대상적인 진리가 인간의 사유에 속하는가, 속하지 않는가 하는 문제는 이론의 문제가 아니라 **실천적** 문제이다. 인간은 실천 속에서 진리를, 즉 그 자신의 사유의 현실성과 위력을, 다시 말해 그 자신의 사유의 차안성을 증명하지 않으면 안 된다. 실천과는 유리되어 있는 어떠한 사유의 현실성이나 또는 비현실성에 대한 논쟁도 순전히 **스콜라주의적인** 문제이다.[23]

2.1.

제2테제는 모든 이론이 실천적 제약 하에 놓여 있음을 말한다. 실천을 담보하지 못하거나 담보해 낼 수 없는 이론이 환상적임은 물론이다. 실천을 매개로 한 대상과 주체의 변증법적 통일은 비(非)대상적 사유의 허구를 폭로한다. 왜냐하면 증명할 수 없는 이론은 '순전한 공리공담'이나 '교조적인 궤변'에 지나지 않기 때문이다. '실천과 유리된 사유', 그리고 그러한 이론은 비록 이론으로 파악된 실천이라고 하더라도 그것이 결코 실천으로 파악되고 검증된 이론이 아닌 경우 '대상적 진리'일 수는 없다. 실천이 배제된 이론 영역에 있어 대상적 진리에 대한 검증은 불가능하다.

진리의 구체성은 감성적 대상에서 실현됨으로써 그 '현실성과 위력'으로 나타나며, 실천은 진리의 구체성에 이르는 사유와 대상간의 물질적 과정이다. 사유나 의식이 물질을 산출하는 것이 아니라 물질이 사유나 의식을 산출한다. 엥겔스는 이것을 물질의 '근원성(Ursprünglichkeit)'이라고 부른다. 다시 말해 정신이나 의식이 근원적인 것이 아니라 물질, 또는 자연이 근원적인 것이다.

> 물질이 정신의 산물이 아니라, 정신 그 자체가 물질의 최고 생산물일 뿐이다. 이것은 물론 순수한 유물론이다. 여기에 이르고 나서 포이어바하는 주춤거린다. 그는 통상적인 철학적 편견을, 즉 유물론이라는 사태에 대한 편견이 아니라 그 명칭에 대한 편견을 극복할 수 없었다.[24]

엥겔스에 의하면 포이어바하는 속류 유물론(Vulgärmaterialismus), 또는 기계론적 유물론(Mechanischer Materialismus)으로부터 벗어나고자 했지만, 그러나 한편으로는 그로부터 완전히 벗어날 수는 없었다. 정신과 자연의 관계문제, 곧 사유와 존재의 관계문제는 중세로부터 벗어나면서 동시에 보다 더 대립적인 양상으로 치닫게 되며, 그리하여 근대 후기, 특히 19세기에 이르러 차츰 자연의, 또는 물질의 근원성이 확립되어 가게 된다.

> 존재에 대한 사유의 위치에 대한 문제, 또한 중세의 스콜라철학에서도 큰 역할을 했던 문제, 즉 근원적인 것은 무엇인가, 정신인가 아니면 자연인가 하는 문제 - 이와 같은 문제가 교회와 대립하면서 다음과 같이 첨예화하게 되었다. 즉, 신이 세계를 창조한 것인가, 아니면 세계는 영원히 거기에 존재하고 있는 것인가?[25]

그리하여 물질적 과정으로서 실천이 진리를 그 현실성에 있어 입증하고 판정하는 기준이란 것은 '뒤를 향해서만 유물론자'일 뿐인 포이어바하의 철학을 극복하고 '앞을 향해서도 유물론자'[26]인 맑스철학의 유물론적 진리 개념에 대한 중심 내용이 된다. 다시 말해 어떤 특수한 학문 영역에만 한정된 유물론이 아니라 철학은 물론 사회과학이나 자연과학 전반에 걸친 유물론적 토대를 목적으로 맑스철학은 나아가게 된 것이다.

포이어바하가 "**진리는 오직 인간의 삶과 본질의 총체성**"[27]이라고 말할 때도 감성적 직관에 의한 객관적 진리에 이르는 사유 그 이상은 결코 나아가지 못한다.

> **감성적 직관**에 의해 **규정되고 수정되는 사유**만이 **실제적이고 객관적인** 사유이며 - **객관적 진리**의 사유이다.
>
> 절대적인 사유, 즉 감성으로부터 유리되어 고립된 사유는 **형식적인 동일성을** - 즉 **사유의 자기 동일성을 넘어서** 벗어나지 **못한다는** 것을 인식하는 것이 가장 중요한 일이다; (…)[28]

흡사 포이어바하의 이 말을 옮겨 놓은 듯한 맑스의 제2테제는 감성과 실천, 그 두 개념의 차이에 의해서 뚜렷이 구별되는 진리관을 보여주고 있다.

2.2.

이론과 실천 간의 계열적 과정은 실천에 의한 이론화의 과정과 이론으로부터 실천으로 나아가는 변증법적 과정이 있다. 이론의 실천적 검증은 이 두 계열적 과정을 포괄한다. 검증이나 증명은 원래 이론의 작업에 해당되는 것 같다. 그러나 실천의 이론에 의한 검증과 증명은 다시금 실천에 의한 변증법적 통일에 의해서만 검증되고 증명된다. 왜냐하면 실천만이 진리의 현실성과 위력을 매개해낼 수 있는 과정적 운동이기 때문이다.

맑스는 감성적 직관에 의하여 파악되는 대상으로서 인간의 기초적 생활 조건을 규정한다. 그것은 물질적 대상이며 인간의 물질적 생활 조건이다. 따라서 감성적 직관은 단순히 인식 이론적 사유 기능에만 해당되는 것이 아니고 그 자체 감성적 대상과의 '물질적 교섭(Stoffwechsel)', 또는 '소재적 교섭'의 과정이다.

> 노동은 무엇보다도 인간과 자연 사이의 한 과정이며, 즉 인간이 그 자신의 자연과의 물질적 교섭을 자기 자신의 고유한 행위를 통하여 매개하고 규지하며 통제하는 한 과정이다. 인간은 하나의 자연적인 체력으로서 자연소재 그 자체와 마주하게 된다.[29]

이런 의미에서 맑스의 경우 추상적 대상은 배제된다. 대상화의 과정은 물질적 과정에 다름 아니다. 헤겔이 대상성을 의식의 외화, 그리고 그것의 복귀로서 자기의식에 지나지 않은 대상 의식으로 간주하는 것은 맑스에 의하면 대상의 비대상적인 추상적 의식의 변증법적 과정에 지나지 않으며, 이것이 헤겔의 '거꾸로 서 있는 변증법'의 일단이다.

> 나의 변증법적 방법은 헤겔의 그것과는 근본적으로 다를 뿐만 아니라 그의 정반대이다. 헤겔에 있어 그가 이념이라는 이름 아래 하나의 자립적 주체로까지 전화시킨 사유과정이란 현실적인 것의 조물주(Demiurg)이며, 현실적인 것은 이 조물주의 외적 현상을 형성하고 있는데 지나지 않는다. 그와는 반대로 나에게 있어 이념적인 것이란 단지 인간의 두뇌 속에서 전환되고 번역된 물질적인 것 이외에 다른 것이 아니다.[30]

헤겔에 있어 대상은 추상적 의식의 영역에서만 문제가 된다. 맑스가 "**포이어바하**는 헤겔의 변증법에 대해 **진지하고도 비판적인** 관계를 갖고서 이와 같은 영역에서 진정한 발견을 한 유일한 사람이며, 일반적으로 말해 진실로 낡은 철학을 극복한 유일한 사람"[31]이라고 말할 때도 그것은 주로는 대상 인식에 대한 감성적 직관과 더불어 실천으로서 물질적 과정을 염두에 둔 것이었다.

> 인간적 본질이 **비인간적**으로, 즉 자기 자신에 대립하여 스스로를 **대상화 하는** 것이 아니라 인간적 본질이 추상적 사유와의 **구별**과 **대립** 속에서 스스로를 **대상화 하는** 것은 소외의 정립된 본질로, 그리고 소외의 지양되어야 할 본질로 간주된다.[32]

헤겔의 소외 개념에 대한 맑스의 비판은 추상적 사유에 대립되는 인간 본질의 대상화로서 물질적 대상성을 지적한다. 소외는 맑스에 의하면 무엇보다도 인식론적으로 감성적 직관과 결부되어 있는 현실적 대상성의 상실이며, 또한 실천적으로는 노동의 부정적 측면이 지배하는 "**인간**의 **대자화**(對自化, Fürsichwerden)"[33]로서 물질적 교섭 과정의 파탄인가 하면, "공동체적인 인간적 본질의 보편적인 착취"[34]와 결부된다.

포이어바하의 감성적 직관은 주체와 대상의 인식론적 복권으로서 현실성을 획득하고 있음에도 불구하고 그것이 형성되어 온 역사성에 대한 파악을 결여하고 있음으로 해서 실천적으로는 인간의 본질에 대한 부실한 이해를 면하지 못한다. 맑스에 의하면 인간에 있어 감각의 형성 자체가 "이제까지의 세계사 전체가 이룩한 노동"[35]의 결과이다. 실천으로서 "인간적 본질의 대상화"는 "인간의 감각들을 인간적"[36]이게 한다. 이론적 대립이 이론 그 자체에 있어 결코 지양될 수 없음은 실천의 변증법적 통일에 있어서만 진리 규정이 가능하다는 맑스의 감성 영역에 대한 이해를 바탕으로 제11테제에서 철학자에 대한 실천적 임무를 규정하는 이론의 한정적 부정이 내포된다. 따라서 제2테제와 제11테제 사이의 관계에는 다음과 같은 맑스의 말에서 좀 더 명료한 이해가 가능하게 된다.

> 우리는 **이론적** 대립 자체의 해결이 어떻게 **오직 실천적** 방식에 있어서만, 오직 인간의 실천적 힘(Energie)에 의해서만 가능하며, 따라서 그 해결이 결코 인식의 과제인 것이 아니라 **철학**이 **오직** 이론적 과제로만 파악했기 때문에 해결할 수 없었던 **현실적인** 생활의 과제란 것을 알고 있다.[37]

맑스에 의하면 이론은 실천과의 변증법적 관계를 통해 그 진리가 검증될 수 있다. 이론과 이론의 대립은 지양될 수 없으며, 따라서 실천을 떠난 그러한 지양은 무의미한 공론에 불과하다.

3. 제3테제

3

환경의, 그리고 교육의 변화에 관한 유물론적 학설은 환경이 인간에 의하여 변화되어야 하고, 교육자 자신이 교육되어야 한다는 것을 망각하고 있다. 따라서 이 학설은 사회를 두 부분으로 - 그 두 부분 중의 한 부분은 사회를 초월하여 있는바 - 나누어 분리하지 않으면 안 된다.[38]

환경의 변화와 인간 활동의 변화와의, 또는 자기변화와의 합치는 오직 **혁명적 실천**으로서만 파악될 수 있고, 합리적으로 이해될 수 있을 뿐이다.[39]

(엥겔스 수정본)

인간은 환경과 교육의 산물이며, 그리하여 변화된 인간은 다른 환경과 달라진 교육의 산물이라고 하는 유물론적 학설은 환경이 바로 인간에 의하여 변화되어야 하고, 그리고 교육자 자신이 교육되어야 한다는 것을 망각하고 있다. 따라서 이 학설은 필연적으로 사회를 두 부분으로 나누어 분리하는 방향으로 나아가게 되는바, 그 두 부분 중의 한 부분은 사회를 초월하여 있는 것이다.(예컨대 로버트 오언의 경우처럼)

환경의 변화와 인간 활동의 변화와의 합치는 오직 **변혁적 실천**으로서만 파악될 수 있으며, 합리적으로 이해될 수 있을 뿐이다.

3.1.

맑스의 수고본의 제3테제는 다른 테제들에 비해서 엥겔스의 수정본과 비교적 큰 차이를 갖는다. 눈에 들어 난 차이는 맑스의 수고본에는 '환경의, 그리고 교육의 변화에 관한 유물론적 학설은 (……)'으로 시작되는 데 비해 엥겔스의 수정본은 '인간이 환경과 교육의 산물이며, 따라서 변화된 인간은 다른 환경과 달라진 교육의 산물이라는 유물론적 학설은 (……)'으로 시작되고 있다. 또 하나는 '**혁명적 실천**(*revolutionäre Praxis*)'이란 말도 엥겔스는 '**변혁적 실천**(*umwälzende Praxis*)'이란 말로 수정한다.

만일 엥겔스의 수정본이 좀 더 분명한 표현으로 이해된다면 인간이 환경과 교육의 산물이라는 종래 유물론의 학설은 주체와 객체의 변증법적 통일을 망각한 것이며, 따라서 객관주의(Objektivismus)에만 매몰된 것으로 이해될 수 있다. 그 예로 엥겔스는 로버트 오언[40]을 든다.

인간이 환경과 교육의 산물이라는 객관주의적 인간 규정은 그와 대립되는 환경이 또한 인간의 산물이고 교육자 자신이 교육을 받고 있고, 받아야 한다는 등가적 반대급부를 망각한 것으로 비판될 수 있으며, 그것들의 변증법적 통일은 '**혁명적 실천**에 있어서만 파악될 수 있고 합리적으로 이해될 수 있다.'고 맑스는 말한다. 좀 더 엄밀한 의미에서는 환경이 인간에 의하여 변화되면서 동시에 인간은 그 변화된 환경의 산물이라는 것, 그리고 또한 인간은 교육을 하면서 동시에 교육자 자신이 교육을 받고 있다는 그 교육의 산물이라고 이해할 수 있다.

순수한 의미의 자연환경은 역사과정에서 끊임없이 사회적 환경에 포섭되어 왔고, 역사 그 자체가 인간의 주동적 사회화 과정이라면 자연환경이 어떤 태고적 순수 형태의 선재성(Priorität)으로 존립하고 있어 인간에게 소여 되고 있을 뿐이라는 상상은 인식론적 대상성을 규정할 때 오류에 빠지는 근거이기도 하다. 따라서 맑스에 있어 환경은 단순히 자연적 환경에만 머물러 있는 것이 아니고 동시에 사회적 환경으로도 이해되며 혁명적 실천은 이러한 사회적 환경에서 교육되는 진리 검증의 변증법적 통일을 담보한다. 때문에 교육이 환경의 요소이기는 하지만 그 교육은 주어진 환경의 요소를 떠나 교육 주체가 교육되었던 전승적 의미 이상의 현실적 실천 활동이 동시적으로 상호작용(Wechselwirkung)하는 교육 주체와 교육 대상의 변증법적 통일에 있어서만 올바로 파악될 수 있다. 환경과 교육에 대한 객관주의적 규정은 공상적 이상사회론에서 흔히 저지르는 오류이기도 하다. 환경과 교육의 변화에는 이미 인간의 주체가 개입되어 있을 뿐만 아니라 환경과 교육의 변화 자체가 인간의 산물이기도 하겠기 때문이다. 인간이 환경과 교육의 산물이기도 하지만 동시에 환경과 교육이 인간에 의하여 변화된 산물이기도 한 것이다. 이를 망각한 공상적 사회주의자들의 유물론은 사회적 환경의 변동과정을 도외시한 채 사회적 현실을 초월해 있는 이상사회를 가정하게 되고 그로부터 주어지게 되는 환경과 교육을 통해, 또는 주어질 수 있다고 믿는 환경과 교육을 통해 이상사회의 실현을 주장한다.

인간이 환경을 변화시킨다는 것, 그것은 동시에 인간의 활동이 환경에 의하여 변화한다는 것을 의미하며, 변화된 환경과 변화된 인간의 활동이 일치하고 합치한다는 것은 '**혁명적 실천**'으로서만 이해될 수 있고 파악될 수 있다. 즉 변화된 환경이 인간의 활동을 변화시키는 것만이 아니라 인간의 변화된 활동이 환경을 변화시키며, 이와 같은 모순의 동시성이 바로 혁명적 실천으로서만 파악되고 합리적으로 이해된다. 그것은 교육에 있어서도 마찬가지이다. 즉 인간이 교육을 변화시킬 때 바로 그와 같은 교육의 변화 속에서 인간 그 자신이 변화되는 교육을 받게 되는 것이다. 교육을 변화시키는 혁명적 실천, 그것이 동시에 교육자 자신이 피교육자이기도 한, 곧 교육되어지는 과정이기도 하다.

교육자 자신이 교육되어 왔고, 교육되어야 한다는 사실과 그에 따른 목적의 일치는 단순히 혁명적 실천의 전략 개념인 것만은 아니다. 실천에 대한 맑스의 주체적 능동성은 전략적 요구로써 포괄되는 개념이기도 하지만, 그러나 이러한 개념의 주권은 그 대상으로서의 사회적 환경이나 교육에 대한 합리적 파악에서 출발한다. 그것은 곧 한편으로는 혁명적 실천의 이성적 주권을 의미하기도 한다. 물론 이 때 이성적 주권이 인식론에만 한정되지 않는다는 의미에서이다.

3.2.

엥겔스는 존재와 사유의 관계에 있어 존재의 일차적 근원성(Ursprünglichkeit)을 말하며, 이때 사유는 정신을 의미하고 존재는 물질적 자연을 의미한다.[41] 그럼에도 불구하고 일차적인 근원성을 전제한다면 존재와 사유의 관계문제에 있어서 사유가 존재에 의해서만 규정되는 것이 아니고 존재가 사유에 의해서 규정된다고 해야 할 것이다. 즉 사유가 존재에 의해서 규정된다고 하더라도 이미 그 존재 속에는 사유가 개입되어 있으며, 사유가 개입되어 있지 않은 존재란 있을 수 없겠기 때문이다. 물론 이와 같은 헤겔에 있어 존재와 사유의 동일성이나, 또는 존재에 대한 사유의 일차적 근원성을 주장하는 기존적인 관념론은 엥겔스에 의하면 '철학적 망상'에 불과하였다.

> 다른 모든 철학적 망상들과 마찬가지로 이와 같은 철학의 망상에 대한 가장 결정적인 반박은 실천, 곧 실험과 산업이다.[42]

근대로 접어들어 실천으로서 산업과 과학적 실험의 발달은 사유에 대한 존재의 근원성을 입증하고 있다는 엥겔스의 말을 떠나 주체적 실천의 능동성은 자연환경이나 사회환경과도 밀접한 관계 속에 있을 것이다. 다시 말해 환경의 변화에 따라 인간의 활동이 변화하는 것만이 아니라 환경을 변화시키려는 인간의 활동의 변화 그 자체가 이미 자기 변화를 가져오며, 그와 같은 두 변화의 동시적인 합치는 관념에 머무르지 않는 현실적이고도 '물질적인 실천'으로서만 가능하다. 그것이 곧 혁명적 실천으로서의 주체의 능동성을 의미할 것이다.

그러나 또한 다른 한편으로 북한의 '주체철학'은 상대적으로 맑스의 객관주의를 비판한다. 주체철학에서 인간은 환경세계의 주체(주인)이며, 인간의 사상의식은 주체의 요구를 방향 짓는 출발점이다.[43] 주체철학은 사람에 대한 철학적 규정과 세계에 대한 철학적 규정으로 구성된다. 주관주의로부터 주체의 분리가 맑스의 객관주의에 대한 비판 근거로서 세계에 대한 철학적 규정에 어떻게 등치되는가는 변증법적 통일의 개념으로서 혁명적 실천에 대한 올바른 이해에 상응한다. 실천으로서 혁명에 대한 전략적 요구는 객관세계에 대한 과학적 분석과 그 합리적 이해에 바탕을 둔 필연성의 규명에서 나온다.

맑스는 제3테제에서 주체와 객체, 또는 주관과 객관의 변증법적 통일을 혁명적 실천 개념으로 정식화하며, 객관세계로서의 사회에 대한 구조적 이해는 자연으로부터 인간사회의 자립적 역사과정에 있어서 그 물질적 인식근거에 바탕을 둔 혁명의 필연성에 의한 주관적인 능동성의 규정 계기이다. 주체철학이 주관주의와 구별되는 것처럼 맑스의 혁명적 실천 개념 역시 주관의 능동성, 곧 주체를 결코 배제하지 않는다.

그럼에도 불구하고 주체철학은 맑스의 관점에서 혁명적 실천 개념에 대한 그의 현실성에서는 벗어나 있으며, 그것은 다른 철학적 범주 규정으로서, '사람'과 '세계'에 대한 주체철학적 이해만이 주체철학의 비(非)주관주의화를 파악할 수 있게 한다. 주체철학은 '유일적인' 주체의 철학이며, 변증법적인 유물론과는 일정하게 구별된다. 주체철학은 맑스의 혁명적 실천 개념에 있어 주체, 곧 주관적 능동성을 강조한다. 그러한 주관적 능동성이 주체철학의 자주성, 창조성, 의식성으로서 주체성을 구성하는 중심 내용이 된다.[44]

3.3.

일상적인 의미에서 환경은 자연적 환경과 사회적 환경으로 구분할 수도 있다. 물론 물질적 자연환경과 사회적 환경은 분리되어 있지 않으며, 자연환경과 사회환경은 생산력이나 자본, 또는 사회적 교류형태들(soziale Verkehrsformen)로 나타난다.

> (……) - 그리하여 인간이 환경을 만드는 것과 마찬가지로 환경이 인간을 만든다는 것을 보여준다. 모든 개인과 모든 세대가 소여된 어떤 것으로 알고 있는 생산력들, 자본들, 그리고 사회적 교류형태들의 이와 같은 총체는 철학자들이 "실체"와 "인간의 본질"로 생각했던 것의, 곧 그들이 신격화하고 투쟁했던 것의 실재적 근거이며, 이 실재적 근거는 이들 철학자들이 "자기의식"과 "유일자"로서 거기에 대항한다 하더라도 인간의 발전에 대한 그 효과와 영향에 있어 전혀

방해를 받지 않는다.[45]

맑스에 의하면 철학자들이 흔히 말하고 있는 '인간의 본질'이나 '실체'가 결코 사회적 교류형태들을 떠나 있는 것이 아니며, 자연환경이나 사회환경을 응집하고 있는 사회적 교류형태들, 또는 사회의 물질적 교류형태들이야말로 인간 본질의 실재적 근거이다. 그 때문에 맑스 자신이 후반생을 정치경제학에 대한 비판적 연구에 몰두하게 된 하나의 배경이기도 할 것이며,[46] 그리하여 상품, 화폐, 그리고 자본의 물질적 교류형태들에 대한 비판적 연구는 의식이나 사유의 토대를 규명하는 작업이며, 의식이나 사유는 그러한 물질적 교류형태들의 반영에 지나지 않는다.

맑스에 의하면 기존의 유물론은 환경과 교육을 변증법적으로 파악하지 못했다. 물질적 환경이 의식을 형성하는 기초라는 것만 파악할 뿐이었다. 따라서 거기에는 의식이 '혁명적 실천'에로 나아가는 전환을 망각하고 있으며, 그와 같은 전환은 수동적이면서 또한 동시에 능동적인 자각의 실천이기도 하다.

> 〔…〕 현실적으로, 그리고 **실천적** 유물론자들에게 있어, 즉 **공산주의자들**에게 있어 기존적인 세계를 혁명하는 것, 다시 말해 현존하는 사물들을 실천적으로 붙잡고서 변화시키는 것, 그것이 중요한 과제이다.[47]

우선 맑스는 기존의 유물론자와 구별되는 자신의 유물론을 담보하는 유물론자를 '실천적 유물론자(der praktische Materialist)', 곧 '공산주의자'라고 부른다.

II

변증법적 유물론의 내재적 비판근거

: 포이어바하의 철학 비판

4. 제4테제

4

포이어바하는 종교적 자기소외라는 사실로부터, 즉 세계가 종교적 세계와 현세적 세계로 이원화된다는 사실로부터 출발한다.[48] 그의 작업은 종교적 세계를 그것의 현세적 토대에로 해소시키는데 있다. 그러나 현세적 토대를 자기 자신으로부터 떼어내 어떤 자립적 영역으로 구름 속에 고착시킨다고 하는 것은 이와 같은 현세적 토대의 자기분열과 자기모순에 의해서만 해명될 수 있을 뿐이다. 그리하여 이 현세적 토대 그 자체가 자기 자신 속에서, 마찬가지로 그 자신의 모순 속에서 이해되지 않으면 안 되며, 또한 실천적으로 혁명화 되지 않으면 안 된다.[49] 따라서 예컨대 세속가족이 신성가족의 비밀로서 폭로된 그 다음에는, 이제 전자, 곧 세속가족 그 자체가 이론적으로, 그리고 실천적으로 폐기되지 않으면 안 된다.[50]

(엥겔스 수정본)

포이어바하는 종교적 자기소외라는 사실로부터, 즉 세계가 종교적인 표상적 세계와 현실적인 세계로 이원화된다는 사실로부터 출발한다. 그의 작업은 종교적 세계를 그것의 현세적 토대로 해소시키는데 있다. 그는 이와 같은 작업을 성취한 이후에도 여전히 수행해야 할 중요한 과제가 남아 있다는 것을 간과하고 있다. 이를테면 현세적 토대를 자기 자신으로부터 떼어내 어떤 자립적인 영역으로서 구름 속에 고착시킨다고 하는 사실은 바로 이와 같은 현세적 토대의 자기분열과 자기모순에 의해서만 해명될 수 있을 뿐이라고 하는 것이다. 그리하여 이 현세적 토대 자체가 먼저 그 자신의 모순 속에서 이해되지 않으면 안 되며, 그 다음 모순의 제거를 통하여 실천적으로 혁명화 되지 않으면 안 된다. 따라서 예컨대 세속가족이 신성가족의 비밀로서 폭로된 그 다음에는, 이제 전자, 즉 세속가족 그 자체가 이론적으로 비판되어야 하며, 그리고 실천적으로 변혁되지 않으면 안 된다.

4.1.

제4테제부터 제5테제, 제6테제, 그리고 제7테제까지는 포이어바하의 철학에 대한 직접적인 비판 형태를 취하고 있다는 점에서 앞의 테제들은 물론 그 뒤의 테제들과도 구분될 수 있다. 즉, 이들 테제들은 포이어바하를 직접 언급하면서 그의 철학이 안고 있는 실천에 대한 몰이해, 또는 왜곡된 이해를 비판하는 형태를 취한다.

포이어바하의 철학과 관련하여 개괄하면, 제4테제는 포이어바하의 종교 비판에 대한 반비판으로서 '종교적 자기소외(religiöse Selbstentfremdung)'의 문제를 다루며, 제5테제는 제1테제에서 언급된 종래 유물론의 인식론적 한계를 포이어바하의 인식론적 한계에 초점을 맞춰 다시 요약한다. 제6테제는 포이어바하의 인간관, 즉 종교적이고 생물학적인 인간관을 비판하며, 제7테제는 제6테제를 다시 요약하여 포이어바하의 인간관에 있어 결정적인 결함이 무엇인가를 대안적으로 비판한다. 그리하여 제7테제에서 제시된 '특정한 사회형식', 또는 '특정한 사회형태'와의 관계에서 파악된 인간관은 제8테제, 제9테제, 그리고 제10테제에서는 그러한 사회형식과 대비된 새로운 사회형식에서의 인식론과 철학이 언급된다. 그로부터 제11테제는 앞선 테제들을 전체적으로 총괄하면서 결국은 실천이 무엇으로 지향되어야 하는가를 독자적인 테제 형태로 짤막하게 제시하고 있다.

4.2.

제4테제에서 맑스는 포이어바하의 종교 비판이 '종교적 자기소외', 즉 '세계가 종교적 세계와 현세적 세계로 이원화되어 있다는 사실'에서 출발함으로써 '종교적 세계를 현세적 토대에로 해소시키는 일'에만 머무르고 말았다고 지적한다. 이에 대해 엥겔스는 수정본에서 '포이어바하는 이와 같은 작업이 끝난 후에도 여전히 중요한 과제가 남는다는 것을 간과하고 있다.'라고 덧붙여 쓰고 있다. 포이어바하가 간과해버린 것이란 종교가 현실 세계의 반영이라고 하면서도, 그리고 그 때문에 현실적 토대를 분석하는 것이 아니라 종교적 세계 그 자체를 분석하여 현실적 토대에로 끌어들여 해소시키려는 데 있으며, 그런 의미에서 혁명적 실천, 또는 '실천적 혁명화'는 그 대상이 '구름 속에 있는' 환상세계일 수밖에 없게 된 것이라고 지적한다.

맑스는 종교세계 자체가 현실세계의 자기분열과 자기모순에 의한 소외에 지나지 않으며, 그것의 반영이라고 한다. 따라서 실천적 혁명의 대상은 종교세계가 아니라 현실세계, 곧 그 현실적 토대인 것이며, '신성가족의 비밀'을 간직하고 있는 '세속가족', 곧 그 현세적인 가족인 것이다. 맑스의 이와 같은 비판은 「헤겔 법철학 비판에 대하여. 서론」에 한층 선명하게 요약되어 있다.

> 비종교적 비판의 기반은 다음과 같다. 즉, **인간이 종교를 만들며**, 종교가 인간을 만든 것이 아니라는 것이다. 나아가 종교란 자기 자신을 아직 획득하지 못했거나 또는 이미 자기 자신을 다시 상실해버린 인간의 자기의식이자 자기감정이다. 그러나 **인간**, 그것은 세계 외부에 웅크리고 앉아있는 추상적인 본질이 결코 아니다. 인간, 그것은

> **인간의 세계**, 곧 국가이고 공동체(Sozietät)이다. 이와 같은 국가, 이와 같은 공동체가 종교를, 곧 **전도된 세계의식**을 산출하는바, 왜냐하면 이 국가나 공동체가 **전도된 세계**이겠기 때문이다.[51]

종교적 환상세계에 대한 비판의 토대는 종교가 인간을 만든 것이 아니라 인간이 종교를 만들었다는 것, 그리고 인간은 국가와 같은 현실적인 공동체를 이루며 생활한다는 것이다. 그리하여 인간이 추상적 본질이 결코 아님에도 불구하고 '전도된 세계(eine verkehrte Welt)'로서의 국가나 인간이 군락을 이루고 사는 공동체 자체가 '전도된 세계의식(ein verkehrtes Weltbewußtsein)'으로서의 종교를 산출하게 되는 것이다. 국가나 인간의 공동체 자체가 비록 종교는 아니지만 종교와 마찬가지의 전도된 세계에 불과하며, 따라서 전도된 세계의식을 산출하는 기구에 지나지 않는다. 이 단순하고 명쾌한 맑스의 표현은 포이어바하에 있어서는 오히려 좀 더 평이하면서도 정교한 표현으로 다듬어져 있었던 것 같다. 물론 그 비판이 맑스처럼 국가나 인간세계에로 나아가지는 못하고 있다는 점에서는 큰 차이가 있기도 하다.

> 신이 인간의 **객체**로부터 인간의 **주체**가 되는, 다시 말해 **인간의 사유적인 자아가** 되는 내적인 필연성은 이미 전개된 것에서 다음과 같이 좀 더 확연하게 드러난다. 즉, 신은 인간의 대상이겨, 오직 인간만의 대상일 뿐, 동물의 대상이 아니라는 것이다.[52]

신은 다른 동물과 관계되어 있는 대상이 아니라 오직 인간과 관계되어 있는 대상일 뿐이다. 애초에 신은 인간의 사유가 만들어낸 하나의 형상에 불과하다. 그러나 사유는 다시 인간이 신에 의하여 창조된 창조물로 전도되기에 이른다. 인간의 객체였던 신이 인간 자신의 주체로 전도되기에 이른 것이다. 이와 같은 주체와 객체의 대치상태에서 전도되는 이른바 주객전도의 현상과 그 비밀은 어디에 있는 것일까?

> 따라서 신은 인간 이외의 그 어떤 다른 본질에 속하는 대상이 아니라는 것, 신은 특수한 인간적 대상, 즉 인간의 비밀이라는 것은 신의 본질 자체에 속한다. 그러나 신이 오직 인간 속에서만 계시되는 것이라면, 신의 본질 속에서 무엇이 우리에게 계시되는 것인가? 인간의 본질 이외에 다른 아무 것도 아닐 것이다.[53]

포이어바하에 의하면 종교적인 신이란 본질적으로 인간의 외부에 존재하는 것이 아니라 인간 그 자체 속에 존재하는 인간의 본질 이외에 다른 것이 아니며, 따라서 인간이 자기 자신의 본질을 신이란 이름으로 대상화한 것에 지나지 않는다. 이 대상화 과정이 곧 주객전도의 현상이다. 물론 맑스는 이미 앞서 말한 것처럼 종교에 있어서 주객전도 현상은 종교를 산출한 국가나 인간 공동체의 '전도된 세계의식'을 반영하며, 종교란 국가와 마찬가지로 '하나의 전도된 세계'에 지나지 않을 뿐이다.

맑스는 그러나 역시 포이어바하를 훨씬 뛰어넘어 종교에 대한 비판적 분석의 현실적 뿌리로 나아가며, 포이어바하의 경구에 대비되는 열정적인 표현을 구사한다.

> 종교는 인간 본질의 **환상적인 실현**인바, 왜냐하면 **인간의 본질**은 아무런 진정한 현실성도 지니고 있지 않기 때문이다. 그리하여 종교에 대한 투쟁은 간접적으로는, 곧 그 정신적인 **향기**가 종교인 것이라고 하는 **저쪽 세계**에 대한 투쟁이기도 하다.[54]

물론 포이어바하도 종교의 현실적 토대를 얼마간 암시하고는 있다.

> 신은 오직 인간의 비참 속에서만 자기의 탄생지를 갖는다. 인간에 의해서만 오직 신은 그 자신의 모든 규정들을 얻게 되는 것이며, 인간이 **원하고자** 하는 바의 그것, - 곧 현실적인 본질로서 표상된 인간 그 자신의 본질, 인간 그 자신의 목표가 신의 **존재인** 것이다.[55]

맑스는 포이어바하의 이러한 암시를 더욱 격렬하게 표현한다. 맑스의 종교 비판에 대한 그 핵심을 요약하고 있는 다음과 같은 유명한 구절이 그것이다.

> **종교적** 비참은 한편으로는 현실적 비참의 **표현**이고, 또 한편으로는 현실적 비참에 대한 **항의**이다. 종교는 곤궁한 피조물의 한숨이며, 정신없는 상태의 정신인 것처럼, 무정한 세계의 감정이다. 종교는 인민의 **아편**이다.
>
> 인민의 **환상적** 행복으로서의 종교의 지양은 인민의 **현실적** 행복의 요구이다. 인민 자신의 상태에 대한 환상을 포기하라는 요구는 **환상을 필요로 하는 상태를 포기하라는 요구**이다. 따라서 종교의 비판은 그 **맹아**에 있어서 종교가 그 **후광**인 **속세에 대한 비판**이다.[56]

물론 이 제4테제는 맑스의 의도가 포이어바하의 종교 비판에 대한 반비판에만 국한되는 것이 아니고 종교 비판의 토대로서 현실세계에 대한 비판에 있다는 것을 예시한다. 맑스는 곧 이어 제4테제와 관련하여 보다 직접적으로 다음과 같이 해명하고 있다.

> 그러므로 **진리의 피안**이 사라진 후에는 **차안의 진리**를 확립하는 것이 **역사의 과제**이다. 인간의 자기소외의 **신성한 형태**가 폭로된 후에 **신성하지 않은 형태들** 속에서 자기소외를 폭로하는 것은 무엇보다도 역사에 봉사하는 **철학의 과제**이다. 그리하여 천상의 비판은 지상의 비판으로, 즉 **종교 비판**은 **법률 비판**으로, **신학의 비판**은 **정치의 비판**으로 전환되는 것이다.[57]

종교 역시 인간의 자기소외의 한 현상일 뿐이다. 현실세계에서의 인간의 자기소외를 종교는 일정하게 반영하고 있는 것이다. 따라서 종교에 대한 비판은 곧 현실세계에 대한 비판으로 나아가야 하며, 현실세계에 있어서의 진리의 확립이 역사적 과제이자 철학의 과제인 것이다.

4.3.

종교적인 세계 역시 그 뿌리는 현실세계이며, 피안의 세계의 뿌리는 차안의 세계이다. 그럼에도 불구하고 종교세계는 마치 그의 현실세계로부터 떠난 자립적인 영역으로 구름 속에 떠돌고 있는 또 다른 어떤 세계인 것처럼 보인다. 종교세계는 현실세계의 자기모순과 자기분열을 통해 나타나는 현실세계의 자기소외 현상에서 비롯된다.

따라서 종교세계를 이해하고 분석하기 위해서는 그 뿌리로서의 현실세계를 이해하고 분석하지 않으면 안 되며, 종교세계에 대한 비판은 현실세계에 대한 비판으로 지향되지 않으면 안 된다.

그렇다면 왜 현실세계는 자기분열과 자기모순 속에 빠져들게 되는가? 그 이유는 물질적인 곤궁과 비참에 있다. 그리하여 인간은 현실세계를 떠나 또 다른 구름 속을 떠돌아다니는 환상의 세계로 날아가게 되고, 곤궁과 비참을 잊기 위하여 현실세계와 무관한 것처럼 보이는 자립적인 세계로서의 종교세계를 열망하게 된다. 그러나 그것은 맑스에게 곧 현실세계로 되돌아오지 않으면 안 되는 환상적인 도취에 빠진 아편의 세계에 지나지 않는다. 종교적인 세계에서는 현실세계의 비참과 곤궁이 결코 해결되지 않으며, 잠시 감정적으로 망각과 환상의 그늘 속에서 잊혀지고 있을 뿐이다.

종교세계가 분열되어 그로부터 현실세계가 나타나는 것이 아니라 현실세계가 분열되고 소외되어 종교세계가 나타난다. 종교세계는 현실세계의 자기소외 현상에 지나지 않는다. 호소할 곳이 없는 현실세계의 물질적인 곤궁과 비참을 호소하고 항의하기 위하여 종교세계의 문이 열리게 된다. 제왕은, 또는 국가는 종교세계의 문을 활짝 열어젖히며, 종교세계가 때로는 대중의 반란과 항쟁에 결부되는 것도 그런 이유에서이다. 16세기, 사제 토마스 뮌처(Th.Müntzer, 1490?~1525)가 이끌었던 독일의 농민전쟁이나 19세기 조선의 동학농민전쟁도 마찬가지였다. 그러나 종교세계에는 대중의 빈곤과 비참을 풀어주는 열쇄는 없다. 다만 아편과 같은 도취와 환상이 있을 뿐이다.

종교세계의 비밀은 현실세계 속에 숨겨져 있다. 현실세계의 자기모순으로서 빈곤과 비참에 따른 갈등과 분열이 종교세계의 문을 열게 되는 비밀이다. 따라서 현실세계가 비참하면 비참할수록, 빈곤하면 빈곤할수록 종교세계는 현실세계로부터 더욱 멀리 떠나간다. 종교세계에서는 물론 현실세계의 곤궁과 비참을 해결할 수 없다. 현실세계의 곤궁과 비참을 실천적으로, 그리고 혁명적으로 해결함으로써만이 현실세계의 자기소외로서의 종교세계를 폐기하고 지양할 수 있다. 그것은 신성가족과 세속가족에 있어서도 마찬가지이다. 신성가족의 비밀은 세속가족 속에 숨겨져 있다. 신성가족의 비밀이 세속가족 속에 숨겨져 있다는 것을 폭로하고 비판함으로써 그에 따라 신성가족 뿐만이 아니라 세속가족 그 자체도 변혁되어야 하며, 지양되어야 한다.

그러나 맑스는 종교세계의 지양을 위해 현실세계가 폐기되고 지양되어야 한다고 말하면서도 어디로 지양되어야 한다는 것에 대해서는 여기서는 아직 말하고 있지 않다. 마찬가지로 세속가족이 폐기되고 지양되어야 한다고 말하면서도 그 세속가족이 어디로 지양되어야 한다는 것에 대해서는 이 제4테제에서는 아직 말하고 있지 않는 것이다. 맑스에게 종교세계의 지양은 현실세계의 곤궁과 비참이 지양되는 것으로 가능하다. 왜냐하면 앞서 말한 것처럼 종교세계의 출생지가 바로 현실세계의 곤궁이고 비참이기 때문이다. 곤궁과 비참이 지양된 현실세계, 거기에서는 종교세계가 지양되는 것이지만 그러나 종교세계를 부단히 산출하는 현실세계로부터 더 이상 종교세계를 산출하지 않는, 즉 곤궁과 비참이 지양되어야 하는 새로운 현실세계는 우리 앞에 실천적인 혁명을 기다리고 있는 세계일 것이다. 현실세계의 자기소외로서의 종교세계가 지양된 이 새로운 현실세계의 개념은 아직 이 제4테제에서는 제시되어 있지 않고 있다.

종교세계가 지양된 현실세계의 모습은 종교세계를 산출하는 현실세계의 모습과는 다른 세계일 것이다. 마찬가지로 신성가족을 산출하는 세속가족과 신성가족을 지양한 세속가족의 모습은 전혀 다른 가족일 것이다. 따라서 이들 종교세계를 산출하는 현실세계나 신성가족을 산출하는 세속가족은 실천적인 혁명을 필요로 하며, 혁명을 통해 실현된 새로운 현실세계, 새로운 세속가족이 어떠한 세계이고 어떠한 가족일 것인지에 대해서는 그 개념적 파악이 보류되어 있는 셈이다.

신성가족 속에서 신성가족을 지양한다는 것은 또 다른 신성가족의 출현에 지나지 않는 것처럼 종교세계에서 종교세계를 지양한다는 것은 또 다른 종교세계의 창출에 지나지 않다. 따라서 신성가족의 지양은 세속가족의 지양을 통해 이루어지며, 종교세계의 지양은 현실세계의 지양을 통해 이루어진다. 그리하여 세속가족의 지양을 통해 나아간 세속가족은 어떠한 가족일 것이며, 그리고 또한 그렇게 실현된 현실세계는 과연 어떠한 세계일 것인가?

5. 제5테제

5

포이어바하는 **추상적 사유**에 만족하지 못하고 **직관**[58]을 필요로 한다. 그러나 그는 감성을 **실천적인**, 인간의 감성적인 활동으로는 파악하지 못한다.

(엥겔스 수정본)

포이어바하는 **추상적 사유**에 만족하지 못하고 **감성적 직관**에 호소한다. 그러나 그는 감성을 **실천적인**, 인간의 감성적인 활동으로는 파악하지 못한다.

5.1.

제5테제는 이미 제1테제 속에 맑스 이전의 유물론 일반에 대한 인식론 비판으로 언급했던 것을 포이어바하에만 국한하여 다시 언급하고 있다.

포이어바하의 인식론은 주로 헤겔철학에 대한 비판으로 이루어진다. "**헤겔**의 철학은 근대철학의 **완성**"[59]이며, "새로운 철학의 **역사적 필연성**과 **그 정당성**은 주로 **헤겔 비판**과 결부"[60]되어있기 때문이다. 그리하여 헤겔철학은 근대철학의 완성이자 현대철학의 출발점이기도 하다.

포이어바하에 의하면 헤겔에 있어 존재는 사유 속에서의 존재이고, 사유 그 자체의 존재에 불과하다.

> 사유는 존재를 자기 자신에 대립시키지만, 그러나 **사유 그 자체 내부**에서이며, 그럼으로써 그 자신에 대한 존재의 대립을 아무런 어려움 없이 직접적으로 지양해버린다. 왜냐하면 **사유 속에서** 사유의 대립으로써 존재는 그 자체 사유된 것 이외에 다른 것이 아니기 때문이다. 존재가 직접적인 것에 불과하고, 이 직접성만이 사유와 구별될 뿐이라면, 직접성의 규정, 곧 존재가 또한 사유에 해당된다는 것을 증명하는 일은 얼마나 용이한가! 단순한 **사유된 것의 규정성**이 존재의 본질을 형성하는 것이라면 존재가 어떻게 사유와 구분될 수 있겠는가?[61]

포이어바하에 의하면 존재의 직접성을 규정하는 것, 그것이 바로 헤겔에 있어서의 사유인 것이다. 이를테면 존재의 규정, 그것은 사유의 자기규정에 불과할 뿐이다.

> 따라서 사유와 존재의 동일성은 **사유의 자기 자신과의 동일성**을 표현한 것에 불과할 뿐이다. 다시 말해 절대적 사유는 **자기 자신으로부터 떠나는** 것이 **아니며, 자기 자신에서 벗어나 존재로** 나아가는 것이 **아니다**.[62]

헤겔은 주관적인 사유 외부에 있는 존재를 존재로서 복권시키지 못하고 사유 내부에 있는 존재로, 나아가 사유 그 자체의 존재로 해소시킴으로서 존재의 현실적 구체성이 박탈된다. 포이어바하에 있어 사유 내부의 존재는 오직 사유된 존재로서의 사유에 지나지 않으며, 그런 의미에서 주관적일 뿐이다. 그러나 사유 외부에 있는 존재는 '나'에게 해당되는 존재이기도 하지만 다른 사람에게도 해당되는 존재이다. 예컨대 사유 속에 있는 꽃은 오직 나에게만 해당되는 꽃이지만 사유 외부에 있는 실재적인 꽃은 나의 꽃일 수도 있고 다른 사람의 꽃일 수도 있다. 이때 나만이 아니라 다른 사람도 관여되어 있는 존재, 즉 이 사유 외부에 있는 존재는 감관과 직관에 의하여 그 존재성이 증명된다. 존재의 증인은 감관과 직관이다. 사유나 상상 속의 존재가 아무리 가치 있는 것이라 하더라도 그것은 다른 사람들이 관여할 수 없을 뿐만 아니라 그것은 오직 나의 주관에만 해당된다. 그러나 사유 외부의 실재적인 존재는 그렇지 않다.

실재적인 존재에 대한 인식은 그 욕구의 표현에서 더욱 두드러지게 나타나며, 법률의 기초는 이와 같은 욕구를 표현하는 형태로 이루어진다. 포이어바하는 실재적인 존재를 현실적으로 증거 하는 인식형태로 법률적 소유권 문제와도 관련시킨다.[63] 만일 존재가 오직 나에게만 해당되는 사유적인 존재라면 거기에는 어떠한 소유권도 주장될 수 없으려니와 주장할 필요조차 느끼지 않을 것이다. 포이어바하에 의하면 실재적 존재는 그것이 실재적인 한 부분을 지닌다는 뜻이고, '이' 존재, 또는 '저' 존재의 구분은 존재에 대한 법률적 소유권의 인식론적 기초가 되며, 이런 의미에서 법률적 소유권은 실재적 존재를 증거 하는 인식 형태의 하나이다. 인식은 욕구의 현실적 충족을 위한 물질적 소유권과 관련되며, 그러므로 '이것'과 '저것'이라고 하는 실재적 존재에 대한 구분이 나타난다.

5.2.

포이어바하는 물론 어느 면에서는 존재 문제를 실천적인 문제로 파악한다.

> 존재에 관한 문제는 곧 실천적인 문제이며, 우리의 존재가 관여되어 있는 문제이고, 생사가 달린 문제인 것이다.[64]

그러나 그는 존재에 대한 실천적인 관점을, 삶과 죽음에 대한 관점 역시 그러하듯이 빵을 먹고 물을 마심으로써 삶과 죽음이 빵과 물에 관계된다고 하는 것과 같은 통속적인 견해 이상을 벗어나지 못한다. 이에 대해 일정하게는 맑스의 다음과 같은 지적이 잘 말해주고 있다.

> 감성적 세계에 대한 포이어바하의 "파악"은 한편으로는 그와 같은 세계에 대한 단순한 직관에 한정되고, 다른 한편으로는 단순한 감각에 한정되어 있으며, 그는 "현실적인 역사적 인간"을 말하는 대신 "**특정한 그** 인간"을 말하고 있다. "**그 특정한** 인간"이란 사실은 "독일인"인 것이다.[65]

포이어바하의 존재에 대한 실천적 관점은 맑스의 표현대로 '예감' 이상을 벗어나지 못한다. 그 필연적인 귀결로 인간에 대한 관점 또한 어떤 '특정한 인간'에만 한정되며, '현실적인 역사적 인간'에 주의를 돌리지 못한다. 포이어바하가 인간을 생물학적, 생리학적 관점에서 자주 고찰하는 것이 결코 우연만은 아니다.

> 배고픔의 고통은 위 속에 아무런 대상적인 것이 없다는 것, 위 그 자체가 서로 같은 객체라는 것, 텅 빈 위벽들이 음식물 대신에 자기들끼리 서로 마찰하고 있다는 사실에 있을 뿐이다.[66]

위의 즐거움은 위 그 자체의 '고독한' 마찰에 있는 것이 아니라 위가 소화할 수 있는 대상적 존재로서의 음식물에 대한 감각에 있다. 눈이 그 대상을 볼 수 없는 컴컴한 밤이라면 고통스러울 것이다. 대상적 존재에 대한 감각적 즐거움의 총화가 포이어바하에게는 '사랑'의 개념이다. 포이어바하는 사랑을 대상적 존재의 구체성과 그러한 구체성의 감각적 지각을 연관시키는 척도라고 한다. 그런 의미에서 "객관적으로나 주관적으로나 사랑은 존재의 표지이고, 진리와 현실성의 표지이다."[67]

포이어바하에 있어 대상적 존재의 이론과 감각적 인식의 이론은 실천적인 사랑의 이론으로 통일된다. 그리하여 그의 새로운 미래철학은 "사랑의 진리, 감각의 진리에 의존하게 되며,"[68] "사랑 받지 않고, 사랑 받을 수 없는 것은 존재하지 않는다."[69]라고 선언하게 되는 것이다.

그러나 맑스도 지적하고 있는바와 같이 포이어바하의 탁월함은 감성적 대상으로서 대상적 존재를 인간 외부의 사물적인 존재에만 한정하고 있는 것이 아니라는 점이다. 맑스는 다음과 같이 말한다.

> 물론 포이어바하는 인간도 역시 "감성적 대상"이라는 것을 통찰하고 있다는 점에서 "순수한" 유물론자들보다 훨씬 우위에 서있다. 그러나 그는 인간을 "감성적 활동"으로서가 아니라 "감성적 대상"으로서만 파악하고 있다는 점은 차치하고서라도, 또한 이론에 머무름으로써 인간들을 그들의 주어진 사회적 연관 속에서 파악하지 못하며, 인간들이 존재하기 위하여 만들어 냈던 현존하는 생활 조건들 속에서 인간들을 파악하지 못했기 때문에 그는 결코 현실적으로 생존하며 활동하는 인간들에 도달하지 못하고 "인간"이라는 추상개념에 머

물러서 "현실적, 개별적, 육체적인 인간"을 감각 속에서 인정하는 데에만 그쳤다. 다시 말해 그는 사랑과 우애와는 달리 "인간에 대한 인간의" "인간적인 관계들"을 알지 못했으며, 나아가 그것을 관념화시켰다.[70]

그러니까 맑스에 의하면 포이어바하는 그 이전의 유물론자들에 비해 인간을 감각적으로 파악한다는 점에서는 훨씬 뛰어나지만, 그럼에도 불구하고 인간을 개별적인 존재로만 파악함으로써 인간들이 서로 그 생존을 위해 활동하는 관계 속에서 살아야 한다는 점을 간과하고 있었던 것이다. 사랑이나 우애도 거기에서 결코 예외가 아니다. 인간들이 존재하기 위해 만들어내는 생활의 조건들이 곧 인간이 무엇인가를 파악하기 위한 전제가 되는 것이다.

5.3.

포이어바하에 있어 현실적이고 구체적인 존재의 복권은 인식론적으로는 감각, 감성적 직관의 복권과 관계된다. 그러나 대상적 존재의 복권은 사물적 존재의 복권에만 한정되지 않고 오히려 인간적 존재의 복권에 그 초점이 모아진다. 그런 의미에서 포이어바하의 철학은 스스로 그렇게 부르고 있는 것처럼 '인간학(Anthropologie)'이며, 따라서 '인간학적 유물론', 또는 '유물론적 인간학'이라고 부를 수 있다.[71] 인간의 인간에 대한 인식, 인간의 인간에 대한 관계는 근본적으로 감각에 터전을 둔 인식, 감각에 터전을 둔 관계이다.

≫**외면적인**≪ 사물들만이 **감관들**에게 대상인 것은 아니다. **인간**은 **자기 자신에 있어 오직 감관을 통해서만 주어지는 것**이며, - 인간은

자기 자신이 감관의 객체로서 대상인 것이다. **주관과 객관의 동일성**은 **자기의식** 속에서는 **추상적인 사상**(*abstrakter Gedanke*)에 지나지 않을 뿐이며, **인간에 대한 인간의 감성적 직관**에 있어서만 **진리**이고 **현실**이다.[72]

인간에 대한 인간의 인식은 대상으로서의 사물적인 존재에 대한 인식과 마찬가지로 감관이나 감각, 또는 감성적 인식이다. 인간은 인간에 대해서도, 더 나아가 자기 자신마저도 감성적 인식을 통한 감성적 대상이다. 즉 인간은 자기 자신마저도 감성적 대상인 것이다. 그러나 사물적인 존재에 대한 감성적 인식과는 달리 인간적 존재에 대한 인식은 대등한 상호관계적인 감성적 인식이다.

> 우리는 돌이나 나무토막을 느끼고, 살이나 뼈를 느낄 뿐만 아니라 느끼고 있는 존재의 손이나 입술을 누르면서 또한 그 감정도 느끼는 것이다.[73]

인간이 나무토막을 만질 때 나무토막도 인간을 만지고 있다고 느끼지는 않을 것이다. 물론 생명체 자체의 교감은 식물이라고 예외는 아닐지 모르겠지만, 그러나 동물로서의 고양이를 만진다면 고양이는 인간에 대한 어떤 감각과 감정을 갖게 될 것이다. 존재와 존재의 감성에 있어 상승적 관계는 인간의 감성적 관계에 포섭되는 특수성의 단계에 지나지 않는다. 이와 같은 감성에 있어 존재의 상승적 관계는 인간과 인간의 관계, 인간의 자기 자신과의 관계에 있어서는 보다 보편적인 단계로 나아간다. 내가 어떤 사람의 손을 만진다면 나는 나의 손의 접촉을 느끼는 그 사람의 감정까지도 느낀다. 내가 타인의 감정을 느끼듯이 타인도 물론 동시에 나의 감정을 느낀다. 나와 사물적인 존재의 인식론적 관계, 나와 타인의 인식론적 관계, 이러한 관계들도 감각이나 감성적 직관의 관계이다. 아울러, 그러나 더 나아가 포이어바하는 나와 나 자신의 인식론적 관계 또한 감성적 관계라고 말한다.

> 그리하여 외면적인 것뿐만 아니라 - 또한 **내면적인 것**도, 육체뿐만 아니라 - 또한 **정신**도, 사물뿐만 아니라 - 또한 **자아**도 감관의 대상이다.[74]

이와 같은 포이어바하의 인간에 대한 관점은 그의 경험론(Empirismus)과 관념론 비판에서도 비판의 준거로 되고 있다. 경험론은 관념의 발생이 감관에 근거한다는 것은 정당하나 "인간의 가장 중요하고도 가장 본질적인 감관의 대상이 인간 그 자신"[75]이란 것을 망각하고 있으며, 그와는 달리 관념론은 다음과 같은 점에서는 정당하면서도, 다른 한편으로는 부당한 것이다.

> 따라서 관념론이 인간 **속에서** 관념의 근원을 찾는다면 그것은 정당하나, 그러나 그 자체로 존재하는 본질로, 곧 영혼으로 고착되어 있는 고립된 인간으로부터 관념을 도출한다면, 한 마디로 말해 감성적으로 주어진 네가 없이 나에게서 관념을 도출하고자 한다면 그것은 부당하다.[76]

인간이 그 자신에 있어 감성적 대상이라고 한 포이어바하의 말은 인간 상호간의 관계가 감성적 관계라는 것과 통일되어 있다. 경험론과 관념론에 대한 그의 비판은 가장 본질적인 대상관계로서 인간관계는 상호간의 감성적 관계이기 때문에 이와 같은 상호성을 부정하면 관념이나 의식은 부적절하고 부당하다는 것이다. 그는 생리학적 인 예를 들어 인간관계의 상호성과 '사회성'을 설명하려고 한다.

> 우리는 혼자가 아니라 둘이서 만이 개념들이나 이성 일반에 도달한다. 인간을 산출하기 위해서는 – 정신적인 인간이든 육체적인 인간이든, 두 인간이 필요하다. 즉 인간과 인간의 공동체적 연대는 진리와 보편성의 제일원리이고 표지이다.[77]

인간의 감성적 대상으로서의 상호관계는 곧 인간의 감성적 대상으로서의 자기관계이다. 인간이 고립되어 있는 상태에서의 자기관계란 있을 수 없다. 나의 나 자신에 대한 관계는 나의 타인에 대한 관계 속에 포섭된다. 내가 나를 사랑한다고 하는 것은 무의미하다. 왜냐하면 내가 타인을 사랑함으로서만이 내가 나를 사랑하는 실재성(Realität)을 획득하기 때문이다.

> 인간의 실재성은 오직 그의 대상의 실재성에 의존한다. 그대가 아무 것도 **가진 것**이 없다면, 그대는 아무 것도 아닌 **존재이다**.[78]

어떤 대상으로부터 내가 의식되고, 너로부터 내가 의식된다. 자기의식이 그것이다.

> 그리하여 인간은 대상에서 **자기 자신**을 의식하게 된다. 즉 대상의 의식은 인간의 **자기의식**이다. 대상으로부터 너는 인간을 인식한다. 대상에 있어 인간의 본질이 **너에게 현상하게 된다**. 즉 대상은 인간의 **드러난** 본질, 곧 인간의 **참다운 객관적인** 자아이다.[79]

인간 그 자신의 현실성은 대상과 관련된 현실성이며, 대상 그 자체의 현실성에 있어서만 실재한다. 화가는 화폭에 담을 대상의 실재성과 더불어 그 자신의 대상적 실천이 매개된 그림의 실재성에 일치해서만 화가이며, 목수는 그 자신이 지을 집으로서의 대상적 실재성과 더불어 실천이 매개된 대상적 현실성에 있어서만 목수로서 실재한다.

그것은 인간과 사물의 관계에 있어서만이 아니라 인간과 인간의 관계에 있어서도 마찬가지이다. 인간 일반에 있어서 자기 자신의 실재성은 타인의 실재성에 의존되어 있으며, 이러한 실재성 또한 대상적 감관에 일치해서만 자기 자신이 감관 대상이 되는 것이다. 그러나 포이어바하는 인간과 인간의 상호관계에 있어서, 그리고 자기관계에 있어서 인식론적 대상성으로서 감성적 규정 이상을 벗어나지 못하며, 실천론적으로는 감관 대상적 사랑에 머물고 만다. 그것은 '교감' 이상의 관계가 아니다. 그 때문에 포이어바하는 자연과 인간(사회)을 실천을 매개로 한 통일적 관점에서 바라보지 못했으며, 통일적으로 바라보려고 하면 할수록 혼란과 모순에 빠지게 된 것이다. 이에 대해 맑스는 다음과 같이 말한다.

> 포이어바하는 그를 에워싸고 있는 감성적 세계가 오래전부터 직접적으로 주어져 있는 언제나 동일한 사물로 이루어진 것이 아니고, 산업과 사회 상태의 산물이란 것을 보지 못하고 있으며, 나아가 감성적 세계가 역사적인 산물, 곧 각각의 세대는 이전 세대의 바탕 위에서 있고, 그들의 산업과 교류를 폭넓게 발전시키며, 그들의 사회적인 질서를 변화된 욕구에 따라 조절해 가는 전체 세대들의 활동의 결과물이란 의미를 갖는다는 것을 알지 못한다.[80]

맑스에 의하면 포이어바하는 인간의 상호관계는 물론 자연적 대상마저도 전체 세대에 걸친 인간의 감성적 활동으로서 실천에 의해 주어지는 것임을 보지 못한다. 그리고 이러한 감성적 활동은 욕구와 분리된 순수한 인식 활동이 아니라 역사와 사회발전의 변화에 상응하는 산업과 상업적 교통의 실천성에 포괄되는 구체적인 인간의 물질적 생활과 관련되어 있는 것이다. 즉 인간은 물질적 자연이나 다른 인간뿐만 아니라 자기 자신마저도 역사적이고 사회적인 감성적 실천의 산물, 곧 산업과 상업적 교통의 산물을 그 대상으로서 인식하게 되는 것이며, 그리고 또한 이와 같은 인식 자체가 산업과 상업적 교통 속에서 이루어지는 자기 자신의 감성적 실천의 행위인 것이다.

6. 제6테제

6

포이어바하는 종교적 본질을 **인간적** 본질에로 해소시킨다. 그러나 인간적 본질은 개별적인 개체에 내재하는 어떠한 추상개념이 결코 아니다. 인간적 본질은 그것의 현실성에 있어서 사회적 관계들의 총체성이다.

따라서 포이어바하는 이와 같은 현실적인 본질의 비판에로 나아가지 못한 채, 다음과 같은 것들에 매달릴 수밖에 없었다.

1. 그 역사적인 과정을 사상하고서 종교적 심성을 그 자체로 고착시키면서, 하나의 추상적인 – **고립적인** – 인간의 개체를 전제하지 않을 수 없었다.

2. 그리하여 본질은[81] 다만 "유(類, Gattung)"로서만, 곧 수많은 개체들을 **자연적으로** 결합하는 내적인 무언의 보편성으로서만 파악될 수 있을 뿐이다.

(엥겔스 수정본)

포이어바하는 종교적 본질을 **인간적** 본질에로 해소시킨다. 그러나 인간적 본질은 개별적인 개체에 내재하는 어떠한 추상물도 아니다. 인간적 본질은 그 자신의 현실성에 있어서 사회적 관계들의 총체성이다.

따라서 포이어바하는 이와 같은 현실적 본질의 비판에로 나아가지 못한 채, 다음과 같이 매달릴 수밖에 없었다.

1. 그 역사적인 과정을 사상하고서 종교적 심성을 그 자체로 고착시키면서, 하나의 추상적인 – **고립적인** – 인간의 개체를 전제로 하지 않을 수 없었다.

2. 그리하여 그에게 있어 인간적 본질은 다만 "**유**(類, *Gattung*)"로서만, 곧 수많은 개체들을 한낱 **자연적으로** 결합하는 내적인 무언의 보편성으로서만 파악될 수 있을 뿐이다.

6.1.

'변증법이란 무엇인가?'라는 물음에 대한 대답은 간단하지는 않다. 포이어바하가 변증법에 대해 특별한 주의를 돌리지 않았다는 것은 그의 헤겔철학 비판과 관련해 볼 때 의아스런 문제이다. 그는 변증법을 기껏 어의적 규정 이상의 의미를 두지 않았던 것 같다.

> **참다운 변증법은 고독한 사색인의 자기 자신과의 독백이 아니고, 나와 너 사이의 대화이다.**[82]

물론 변증법이란 말은 독백이 아니고 대화를 뜻한다. 포이어바하의 헤겔 비판은 변증법에 대한 문제가 아니고 주로는 존재와 사유의 관계 문제, 즉 사유를 주어로, 존재를 술어로 하는 헤겔의 사유와 존재에 대한 전도 문제였다. 포이어바하는 '존재가 주어이고 사유는 술어'[83]라고 말하며, 그리고 이때 존재는 감성적 실재성을 갖는 존재이면서 무엇보다도 인간 그 자체의 존재이다.

포이어바하의 인간에 대한 관점이 신학과 사변철학적 관점을 비판하면서도 생물학적 관점에 매달린다는 것은 그가 변증법에 대해 사려를 돌리지 않은 것과도 무관하지 않다. 그는 헤겔이 실재를 사유 속에서의 실재로 대치시켰다고 비판하며, 특히 '무(Nichts)'에 대한 그의 비판은 헤겔과의 차이를 확연하게 보여 준다. 그는 다음과 같이 말한다.

> 무는 오직 인간의 표상방식의 한계일 뿐이다. 즉 무는 사유에서 유래하는 것이 아니라 **비**(非)사유에서 유래하는 것이다. 무는 곧 아무것도 아닌 것이고 – 그리하여 사유에 대해서도 아무것도 아닌 것이다. 무가 자기 자신을 부정하는 것, 그것에 대해 더 이상 아무것도 말한 것이 없다. 다만 환상만이 무를 명사화하는 것이며, 그리하여 환상은 무 자체를 유령적인, 비본질적인 본질로 변형시키는 것이다. 따라서 헤겔은 무의 기원을 탐구했던 것이 아니다. 즉 그는 무를 현금(bare Münze)으로 믿고 있었던 것이다.[84]

헤겔 변증법의 기본 구도의 하나는 '존재·무-생성(Sein·Nichts-Werden)'으로 요약된다. 헤겔이 실재로서 무를 도외시한 것이 아니라면 포이어바하가 비판하고 있는 헤겔의 무에 대한 개념은 감성적 실재의 무에만 국한되어 있을 것이다. 헤겔은 포이어바하가 비판하고 있는 것처럼 감성적 실재로서 무를 말하고 있는 것이 아니며, 또한 포이어바하가 감성적 실재로서 존재만을 언급한다고 하더라도 사유가 없이 어떻게 존재를 '말할 수 있는 것'인지 모른다. 무에 대해 '그것이 스스로를 부정하는 어떤 것도 말해서는 안 되는 것'이라면, 마찬가지로 존재에 대해서도 어떤 것도 말해서는 안 된다. 헤겔에 있어 실재란 존재나 무가 아니라 오히려 생성이었던 것이고, 생성의 관점에서 존재와 무라는 모순의 변증법은 파악되고 있다.

> **그리하여 순수 존재와 순수 무는 동일한 것이다.** 진리라고 하는 그것은 존재도 아니고 무도 아니며 존재가 무로, 그리고 무가 존재로

> – 이행해 가는 것이 아니고, – 이행되어 있는 그것인 것이다. 그러나 그와 마찬가지로 진리는 그 양자의 무구별성이 아니라 **그 양자가 동일한 것이 아니라는** 것, 즉 그 양자가 **절대적으로 구별되어 있다는** 것이지만 그러나 따로 분리되어 있지 않고 분리될 수도 없다는 것이며, 직접적으로는 **각자 그 자신의 반대물 속에서 소멸한다는** 것이다. 따라서 그 양자의 진리는 그 하나의 그 타자 속에서의 직접적인 소멸의 이와 같은 **운동**인바, 곧 **생성**이다. 즉 그 양자가 구별되어 있으면서도 또한 직접적으로 해소되는 구별에 의하여 이루어진 운동인 것이다.[85]

생물학이나 생리학이 실재하지 않은 용을 다룰 수는 없다. 용은 감성적 직관의 대상이 아니기 때문에 포이어바하에 의하면 무인 셈이고, 사유에 있어서도 그것은 무이다. 환상이나 상상이 그 자체 사실로서 실재하며 존재해왔다는 것만으로도 그것은 사회 역사적 배경을 지닌다. 포이어바하가 종교의 실재적 사실을 인정하고 비판하면서도 그 사회 역사적 현실의 뿌리에로 나아가지 못한 것은 예컨대 용에 대한 환상의 전승적 실재와 용의 실재를 구분하지 않은 것과 비교될 수 있다. 헤겔의 변증법적 무의 개념은 감성적 실재로서 무의 비존재를 말하는 것이 아니고 사유사적 논리의 단초로서 무의 개념인 것이다. 무의 비실재성에 대한 포이어바하의 견해는 헤겔의 변증법에 대한 제한된 이해 내지는 몰이해를 보여준다.

엥겔스의 말대로 "변증법의 법칙들은 자연의 역사 및 인간사회의 역사에서 추상화된 것"[86]이라면, 포이어바하의 사유로부터 존재의 복권은 헤겔 변증법에 대한 이해의 결여 때문에 존재로서의 인간에 대한 한정된 유물론적 관점밖에 가질 수 없었다고 할 수 있다. 포이어바하의 인식론적 존재 복권은 인간에 대한 몰역사적·비사회적 관점에서 감성적 대상으로서 존재에 한정되어 있을 뿐이며, 생성과 운동의 감성적 활동 주체로서 변증법에 대한 이해에는 이를 수 없었다. 그런 한계 내에서 헤겔의 변증법적 사유 주권을 존재 주권으로 전환시키려 했을 뿐이다.

6.2.

제6테제는 맑스의 인간관을 '총체적으로' 집약하고 있는 것으로 이해된다. '인간적 본질은 그것의 현실성에 있어서 사회적 관계들의 총체성'이라는 말이 그것이다. 그러나 이 말의 의미는 무엇보다도 포이어바하의 인간관에 대비되는 표현으로 이해되며, 아울러 맑스 자신의 유물론적 변증법의 관점에서 파악된 인간관으로 이해된다. 포이어바하의 인간관은 헤겔의 사유 주권에 대한 비판으로서 존재 주권의 확립에 있으며, 맑스의 포이어바하 비판은 비변증법적(undialektisch) 인간관에 대한 비판인 것이다.

포이어바하는 종교 속에서 인간의 본질을 파악한다. 왜냐하면 "종교는 인간의 무의식적인 자기의식"[87]이자 "종교 속에서 인간은 그 자신의 고유하고도 신비스런 본질을 대상화"[88]하기 때문이다.

> 그러나 인간이 의식하고 있는 바의 인간의 본질이란 도대체 무엇이며, 다시 말해 인간에 있어 그 본래적인 인간성, 곧 유(類, Gattung)를 형성하는 것은 무엇인가? 그것은 **이성**, **의지**, **심장**이다. 완전한 인간에게는 사유의 힘, 의지의 힘, 심장의 힘이 필요한 것이다. 사유의 힘은 인식의 빛이고, 의지의 힘은 성격의 기력이며, 심장의 힘은 사랑이다.[89]

포이어바하는 신과 종교의 본질을 이성, 의지, 심장(Herz)의 통일체로 보며, 이는 곧 인간의 본질이기도 하다. 따라서 그의 인간학은 이성, 의지, 심장의 통일체로서 인간을 규명하는 것이 된다. 신은 인간의 이성과 사유의 표현이며, 의지와 소망의 표현이고, 심장과 사랑의 표현이다. 신이라는 명칭은 "인간에게 있어 최고의 힘이자 최고의 본질, 즉 최고의 감정이자 최고의 사상에 해당되는 명칭"[90]일 뿐이다.

포이어바하의 몰역사적·비사회적 인간관은 인간을 개별적 개체로서 파악한 것이며, 인간의 보편적 본질로서의 유(類, Gattung)도 이러한 개별적 개체들의 비연관적 집합의 추상체이다. 추상이란 의미는 '개별적, 고립적(isoliert)'이란 의미와 결코 무관하지만은 않다. 이를테면 포이어바하는 인간을 변증법적인 연관운동 속에서 파악한 것이 아니며, 따라서 그는 인간을 추상적으로 파악하고 있을 뿐 구체적으로 파악하지 못한 것이다.

맑스에 있어 구체적으로, 즉 변증법적 연관운동 속에서 파악된 인간관은 사회적 관계들의 총체성으로서 인간의 본질을 그의 현실성 속에서 파악하는 것이며, 불변적인 어떤 '순수한' 추상적인 인간성을 파악하고자 한 것은 아니다. 불변적인 순수한 인간성이 있느냐 없느냐 하는 문제는 문제제기 자체가 이미 비변증법적인 관점에서의 문제이다. 인간의 본질은 언제나 그 현실성에 있어서 본질인 것이고, 그것은 사회 역사적 과정의 부단한 생성과 변화의 과정 속에 있는 현실성인 것이다.

맑스의 인간관은 곧 변증법적 인간관이며, 인간의 본질로서 사회관계의 총체성을 변증법적 실천 개념이 의미하는 노동과 생산 활동 속에서 이루어지는 관계의 총체성으로서 파악된 인간관이다. 그것은 생명의 생산 활동에서조차도 예외가 아니다.

> 생명의 생산, 다시 말해 노동 속에서 자기 자신의 생명을, 생식 속에서 다른 생명을 생산하는 것은 이제 이중적인 관계르 나타나는바 - 그 하나는 자연적인 관계이고, 다른 하나는 사회적인 관계이며 -, 이때 사회적이란 어떠한 조건 하에서, 어떠한 양식으로, 그리고 어떠한 목적을 위해서 다수의 개인들의 협업(Zusammenwirken)이란 의미로 이해된다.[91]

인간의 인식은 자연적인 관계에서만이 감성적인 것이 아니라 그 사회적인 관계에 있어서도 감성적이다. 그러나 이와 같은 인식은 인간의 생명 활동으로서 실천적 활동에 포섭되어 있다. 인간의 생명 활동은 자기 생명을 순간순간 보존해야 하고, 그럼으로써 그것이 현실적일 수밖에 없는 자기 생명의, 자기 생명을 위한 생산 활동과, 또한 생식 활동 속에서 타인의 생명을 생산하는 활동으로 구별된다. 이 두 생명 활동은 어느 경우에나 타인과의 관계에서 이루어지는 감성적인 활동이다. 보다 자연적인 관계로서 생명 활동인 생식 활동조차도 자연에만 고착되어 있는 활동인 것이 아니라 사회적인 관계 속에서의 생명 활동인 것이며, 노동 속에서 이루어지는 자기 자신의 생명을 생산하는 생명 활동도 자연적인 관계이기도 하지만 그러나 보다 본질적으로는 사회적인 관계 속에서 이루어진다. 그것은 그때마다 상대적인 의미의 차이만 있을 따름이다.

이를테면 자연적인, 또는 사회적인 생명 활동으로서 부단히 생명을 산출하고 생산하는 활동은 노동을 통한 자기 생명의 생산 활동과 생식을 통한 타인의 생명을 생산하는 활동이 있는 것이다. 그러나 이 때 사회적인 관계는 자연적인 관계를 포섭하면서 오히려 자립적인 자기 영역으로까지 확대되기 마련이며, 그와 같은 영역의 총체성으로서 사회적인 관계가 보다 규제적인 실천 활동의 영역으로 나타나게 된다. 타인의 생명을 생산하고 양육하는 부부 사이의 '협업(Zusammenwirken)'은 말할 것도 없지만, 자기 자신의 생명을 생산하는 노동 또한 수많은 사람들의 협업을 통해 이루어진다는 것은 사회 그것의 본질적 의미이다. 그리하여 인간은 그 때마다 역사적이고도 사회적인 생산연관의 총체성으로서 감성적 실천 활동의 현실성 속에 존재하고 있는 것이다.

7. 제7테제

7

포이어바하는 그 때문에 "종교적 심성(das religiöse Gemüt)" 그 자체가 하나의 사회적 산물[92]이란 것을 보지 못하며, 그가 분석한 추상적 개체[93]는 어떤 특정한 사회형식(Gesellschftsform)[94]에 속한다는 것을 보지 못한 것이다.

(엥겔스 수정본)

포이어바하는 그 때문에 "종교적 심성" 그 자체가 하나의 **사회적 산물**이란 것을 보지 못하며, 그가 분석한 추상적 개체는 현실적으로 어떤 특정한 사회형식(Gesellschftsform)에 속한다는 것을 보지 못한 것이다.

7.1.

제4테제로부터 제5테제, 그리고 제6테제에 이어 제7테제 또한 포이어바하를 직접 지칭하면서 선언적으로 독립하여 언급하고 있는 그 마지막 테제이다. 그럼에도 불구하고 이 제7테제는 제6테제에 밀착되어 있다. 그렇다면 왜 제6테제와 제7테제는 독립적인 테제로 분리된 것인가 하는 의문이 생긴다. 이 의문에 대한 대답은 제6테제와 제7테제의 내용이 다르다는 점에서 찾아질 수 있겠다. 제6테제와 제7테제는 개별화된 각각의 테제들과는 달리 그 내용이 연관되어 있으면서도 구별되어 있다는 특징을 갖는다. 그것은 이미 제6테제와 제7테제의 문맥 자체가 그렇게 구성되어 있기도 하다.

제6테제에서 맑스는 포이어바하가 인간의 현실적인 본질에 대한 비판으로 나아가지 못한 채 매달리게 되는 두 가지 관점을 정리하고 있다. 종교적 심성을 사회와의 연관 관계 속에서 파악하지 않은 채 그 자체로서 고착화시킨다고 하는 것, 그리고 인간의 본질을 개체들의 자연적인 집합에 지나지 않는 보편성으로 파악한다고 하는 것이 그것이다. 그리하여 제7테제에서 이들 두 가지 관점을 정리하여 포이어바하가 종교적 심성이 사회적 산물일 뿐만 아니라 개체로서의 인간 또한 특정한 '사회형식', 또는 '사회형태'에 속해 있는 존재라는 것을 알지 못했다고 비판한다. 맑스에 의하면 종교적 심성 자체가 사회적 산물이며, 인간 개개인, 즉 '추상적 개체' 또한 일정한 사회형식에 속한 존재에 지나지 않는다. 곧 제7테제에서 맑스는 종교는 물론 인간의 개체 역시 현실적인 사회의 산물이자 그 사회형식에 속한 것임을 제시하고자 한다.

7.2.

제7테제에서 '종교적 심성(das religiöse Gemüt)'이 포이어바하로부터 빌려온 개념이란 것은 확실하게 표시되어 있다. 그러나 제7테제 전체의 주된 내용은 포이어바하의 '종교적 심성'이란 개념에 대한 어떤 비판인 것은 아니다. 그것은 이미 인간의 일반적인 의식 형태의 근거에 관한 문제이며, 제6테제에 관련되어 있는 포이어바하의 '종교적 심성'도 그 중의 하나에 지나지 않는다.

제7테제는 포이어바하철학에 대한 직접적인 비판을 지양하려는 의도를 갖는다. 그 때문에 제7테제를 맑스 자신의 철학사상적 의미에 따라 보다 보편적인 원칙으로 일반화할 수 있게 된다. 즉 '인간의 의식이란 사회적 산물'이라고 하는 것이 그것이다. 물론 '사회적 산물'의 개념이 '사회형식'이란 개념과 함께 제7테제의 중심 의미를 이루고 있기도 하다.

그렇다면 '인간은 사회적 산물'이라고 이해되는 의미는 무엇인가? 맑스 자신이 직접적으로 '인간은 사회적 산물'이라고 말한 것 같지는 않다. 제7테제의 선언적 의미를 좀 더 정확하게 말한다면 '인간의 의식은 사회적 산물이며, 인간의 개체는 특정한 사회형식에 속해 있다'라고 할 수 있다. 맑스철학이 갖는 객관주의에 대한 비판은 주로는 '인간은 사회적 산물'이라고 이해된 인간 활동의 수동성과 관련된다.

주체철학은 맑스철학의 그와 같은 책임의 일단을 묻고 있다.

> 종래의 변증법적 및 역사적 유물론 교정체계에서는 세계를 지배하고 개조해 나가는 주인으로서의 사람의 본질적 속성과 그의 활동에 관한 문제는 시야 밖에 있었다. 그러므로 종래의 변증법적 및 역사적 유물론 교정체계에서는 사람에 대한 견해가 구성부분의 하나를 이루지 못하였으며 더욱이 시발적 위치를 차지하지 못하였다.[95]

주체철학의 맑스철학에 대한 비판은 '산 사람'의 실천 활동으로서 능동성의 관점에서 사회적 관계의 운동 형태를 고찰하는 것이 아니라는 것이다.

> 선행 노동계급의 철학은 현실적으로 활동하는 산 사람을 역사의 출발점으로, 철학적 사유의 출발점으로 삼았다. 그러나 철학체계는 사람에 대한 견해가 아니라 물질이 1차적이라는 유물론적 원리에 기초하여 세계의 물질성을 논하는 데로부터 출발하여 전개되었다.[96]

주체철학의 이 비판은 맑스 자신이 '인간은 사회적 산물'이라고는 하지 않았다고 하더라도, 또 당연히 제6테제에서 '사회적 관계의 총체성'이라고 말하고 있음에도 불구하고 목적에 매몰된 실천적 능동성의 방법적 위기를 끌어들인다고 할 수 있다. 그것이 곧 주체철학에서 변증법의 의미가 축소되는 이유가 된다. 그러나 주체철학이 비판하고 있는 맑스철학의 의식의 수동성은 제7테제가 안고 있는 의미내용을 이룬다. 특정한 사회형태 속에 살고 있는 개체는 그 의식이 그러한 특정한 사회의 산물이기 때문이다.

> 의식이 생활을 규정하는 것이 아니라 생활이 의식을 규정한다. 우리는 첫 번째 고찰방식에서 생활하고 있는 개인으로서의 의식에서 출발하고, 현실적 생활에 상응하는 두 번째 고찰방식에서는 현실적으로 생활하고 있는 개인들 자신으로부터 출발하며, 그리고 의식을 단지 **그들 개인의** 의식으로만 간주한다.[97]

그렇다면 혁명적 실천이 담보하는 능동성은 어디에 근거하는가? 그것은 사회형태의 분석에 의한 필연의 객관성을 의식하는 데 있다. 그 때문에 맑스는 인간의 사회적 존재에 의해 규정되는 의식이 경제적 사회구성체의 분석을 통해 도달하게 되는 역사과정의 필연성을 의식하게 됨으로써 제기된 과제를 해결해 나간다고 말한다.

> 그러므로 인류는 언제나 그가 해결할 수 있는 과제만을 제기하는 것인 바, 왜냐하면 보다 정확히 고찰해 볼 때 과제 해결의 물질적 조건이 이미 현존해 있거나 또는 적어도 과제의 생성 과정에서 그러한 물질적 조건이 파악되어 있을 때만이 그 과제 자체가 제기된다고 하

는 것을 알게 되기 때문이다.[98]

맑스는 의식의 능동성으로서 필연성의 의식을 의식 자체에서 찾지는 않는다. "의식은 의식된 존재 이외에 다른 어떤 것이 아니기" 때문이며, "인간들의 존재란 그들의 생활과정"에 불과하기 때문이다.[99] 다시 말해 인간들의 의식은 그들의 존재로서의 생활과정을 통해 형성되는 것이다. 그렇다면 '변혁의 시기'에 대한 의식은 무엇으로부터 해명되지 않으면 안 되는가?

> 우리가 한 개인이란 무엇인가를 개인 그 자신이 무엇을 생각하고 있는가에 따라 판단하지 않는 것처럼, 우리는 그러한 어떤 변혁의 시기를 그것의 의식으로부터 판단할 수는 없으며, 오히려 이 의식을 물질적 생활의 모순들로부터, 즉 사회적 생산력들과 사회적 생산관계들 사이의 현존적인 갈등으로부터 해명하지 않으면 안 된다.[100]

그러니까 사회의 물질적 생활의 갈등과 모순에 대한 자각적인 통찰을 통해 변혁에 참여하는 능동적인 의식이 형성될 수 있다는 것을 말하고 있는 것이다.

III

역사적 유물론과 사회형식

8. 제8테제

8

모든 사회적인 생활[101]이란 본질적으로 **실천적**이다. 이론을 신비주의[102]에로 유인하는 모든 신비적인 것들이란 인간의 실천 속에서, 그리고 이 실천의 파악 속에서 그 합리적인 해답을 발견하게 된다.

(엥겔스 수정본)

사회적인 생활이란 본질적으로 **실천적**이다. 이론을 신비주의에로 유혹하는 모든 신비적인 것들이란 인간의 실천 속에서, 그리고 이 실천의 파악 속에서 그 합리적인 해답을 발견하게 된다.

8.1.

제8테제는 '모든 사회적인 삶', 곧 '모든 사회생활'이 '본질적으로 **실천적**'이라고 규정하며, '모든 신비적인 것들의 합리적 해결'은 '인간의 실천과 이러한 실천의 파악'에서 찾아지는 것이라고 한다.

제1테제에서 실천을 '인간의 활동'이라고 했을 때 그것은 인간의 개별적 개체라는 관점에서 '감성적'이라는 말이 덧붙여졌으며, 이러한 실천의 관념론적 전개에 대한 부분적인 긍정과 그로부터 종래의 유물론적 실천관에 대한 맑스의 비판은 이 제8테제에서는 오히려 사회적 활동이란 의미로 지양되고 있다. 이미 언급했었듯이 제1테제에서 맑스가 표현한 '감성적인 인간의 활동'을 엥겔스는 '인간의 감성적 활동'으로 수정하여 표현한 것의 차이를 이 제8테제는 암시해주고 있는 것 같다.

그것은 첫째, 인간 그 자체가 감성적인가 하는 문제 둘째, 인간의 활동이 감성적인가 하는 문제로 요약될 수 있으며, 그렇지 않다면 셋째, 인간 그 자체와 그의 활동이 모두 감성적인가 하는 문제가 제기되어야 할 것이다.

엥겔스의 수정이 시차적으로 포이어바하에 대한 비판을 더 이상 고려할 필요가 없을 때의 표현이란 점을 감안해보면 맑스가 포이어바하의 인간에 대한 존재론적 관점을 빌려 '감성적'이라고 표현한 것이라는 오해를 없애겠다는 의도에서라고 할 수 있다. 그렇다면 초기의, 특히 적어도 「포이어바하에 관한 테제들」을 쓸 무렵에는 맑스가 포이어바하와는 달리 인간에 대한 존재론적인 규정을 떠나 인간이 감성적이라고 하는 인간에 대한 어떤 본질 규정도 이미 전혀 고려하고 있지 않았다는 것을 의미한다. 맑스 자신의 철학적 발전과정에서는 엥겔스의 수정이 더욱 분명한 표현이라고 하더라도 제1테제가 포이어바하와의 관련 속에서 씌어져야 했고, 또한 맑스철학의 그러한 단계적 표현이 어떠한 단절적 이해를 가져오는 오해로 받아들여질 필요는 없는 것이라고 한다면 엥겔스의 수정은 잘못이라고 할 수 있다. 왜냐하면 맑스는 인간에 대한 존재론적인 일반적 규정을 무의미한 공론이라고 도외시했을지라도 인간이 감성적인 존재라는 것을 부분적으로는 포이어바하로부터 받아들이고 있는 터전 위에 실천을 감성적 활동이라고 하고 있기 때문이다.

맑스는 포이어바하가 인간관계를 감성적 관계로 파악한 것을 높이 평가하면서도 앞에서 잠깐 말한 것처럼 "'인간에 대한 인간의' '인간적인 관계들'을 알지 못했다."[103]고 비판한다. 그러나 그러한 비판이 나의 나에 대한 관계, 나아가 나의 너에 대한 관계를 인간관계라는 말로 대신하여 해소시킬 수 있는 것인지는 분명하지 않다. 포이어바하에 있어 인간관계란 말은 개체로서의 나와 나, 나와 너의 관계란 의미에서 감성적 관계라고 하고 있으며, 그것을 주체철학에서는 감성적이란 의미가 배제된 주체로서의 인간에 대한 사회적 존재 규정으로 사용하고 있다.[104]

포이어바하는 인간을 개별적 개체로 고찰하며, 이러한 개체들의 감성적 관계가 인간관계일 뿐이다. 따라서 인간의 사회생활, 곧 사회적 삶이란 감성을 기초로 한 자연 생물학적이고 유적인 교감에 지나지 않으며, 실천으로서 사회적 활동은 인간의 자연 생물학적인 본질을 표현하는 활동에 지나지 않는다.

포이어바하의 인간에 대한 시각 속에 실천 개념이 분명하게 들어오지 못했던 것과는 또 다른 관점에서 주체철학은 인간이 감성적 존재라든가 실천적 존재라든가 하는 규정에서 크게 벗어나 있다. 주체철학에서는 실천이란 개념을 철학의 역사성과 관련하여 거의 사용하고 있지 않다.[105] 주체철학은 인간관계의 사회적 규정을 인간의 자주성 실현의 실천적 활동에 의한 정치적 생명의 목적론적 당위로서 맺어지는 인간 일반의 관계, 즉 그 "연계"만을 말하고자 한다.[106] 그러나 어쨌든 만일 맑스가 제8테제에서 인간에 대한 포이어바하의 존재론적 규정을 실천이란 개념으로 지양하고자 한 것이라면, 포이어바하가 종교의 비밀을 폭로하고 그 신비를 벗긴 것과 마찬가지로 맑스는 사변철학 일반의 비밀과 신비를 폭로하고 벗겨내지 않으면 안 되었을 것이다.

8.2.

제8테제는 인간은 실천에 의해서, 그리고 이러한 실천의 파악에 의해서 신비주의에 빠지지 않으며, 문제의 합리적 해결을 발견할 수 있다는 것으로 요약된다.

맑스는 신비, 또는 비밀이란 말을 자주 쓴다. 아마 이 제8테제는 맑스의 실천 개념에 대한 이해의 방향과 또 하나의 다른 방향으로는 실천과 뗄 수 없는 관계 속에서 신비라는 용어의 의미에 대한 이해 방향을 제시하고 있는 것으로 보인다. 맑스의 「포이어바하에 관한 테제들」의 전체 주제가 실천 개념으로 포괄된다면 그러한 관계 속에서 그에 대척적인 신비라는 용어의 의미는 이 제8테제에서 다루어져야 할 것이다.

포이어바하는 비밀(Geheimnis), 또는 신비란 말을 무척 많이 사용하고 있으며, 맑스 역시 이미 제4테제에서 '신성가족의 비밀'이란 표현을 사용했었다. 포이어바하의 주저의 하나이기도 한 『기독교의 본질』은 '기독교의 비밀을 폭로하는 것'이라고 할 만큼 그 작은 주제들이 거의 비밀이란 명칭을 달고 있다. 그는 이 비밀 폭로로부터 기독교의 본질에 대한 이해에 이르게 되며, 그리하여 "종교의 **비밀의** 본질은 신적인 본질과 인간적인 본질의 **동일성**"[107]인가하면 "신은 인간성의 신비적인 유개념(der mystische Gattungsbegriff der Menschheit)"[108]에 지나지 않으며, "**신학의 비밀**은 **인간학**이고, 절대정신의 비밀은 이른바 유한적인 주관적 정신"[109]이라는 포이어바하 철학의 핵심을 간파하게 된다. 포이어바하에 있어 새로운 미래철학은 신학의 비밀을 지양하며, 사변철학의 비밀을 지양한 철학으로서의 인간학(Anthropologie)이다.

> **신학**의 비밀은 **인간학**이지만, 그러나 **사변철학**의 비밀은 - **신학** - 곧 **사변**신학이며, 이 사변신학은 공포와 무지 때문에 신학으로부터 떼어내 피안의 세계에다 옮겨놓은 신적 본질을 차안의 세계에다 옮겨놓은 것, 다시 말해 그렇게 **현재화하고, 규정하고, 실현하는** 것을 통해서 **세속적인** 신학과 구별되는 것이다.[110]

포이어바하는 신학의 비밀에 대한 이해로부터 인간학에 이르게 되지만 동시에 그로부터 사변철학의 비밀이 신학, 곧 사변신학에 있다는 것까지도 이해하게 된다. 그리하여 철학의 과제는 신학을 인간학에로 해소시키는 작업에 있는 것이다.

> 새로운 철학은 **신학을 완전히, 절대적으로, 무모순적으로 인간학에로 해소시키는 것**에 있다. 왜냐하면 새로운 철학은 신학의 해소뿐만 아니라 과거의 철학이 이성 속에서 그랬던 것처럼 **심장 속에서**, 곧 인간의 **전체적인 현실적** 본질 속에서 해소시키는 것에 있기 때문이다.[111]

포이어바하의 사변철학 비판, 주로는 헤겔철학 비판은 어떤 면에서 보면 자연철학적 비판의 관점이라고 할 수도 있으며, 헤겔의 자연과 인간에 대한 생리학적 실재성의 편협한 이해에 초점을 맞추기도 한다. 그는 예술 일반은 물론 시조차도 그 "최고의 것은 인간의 **형체**"[112]에 지나지 않으며, 철학 역시 그 "최고의 것은 인간의 **본질**"[113]이라고 하여 마치 예술이나 철학이 종교에서 신을 그러한 형태로 표출하고 파악했던 것처럼 결국은 관념이나 사변을 통하여 인간의 본질을 생리학적 실재성대로 응결시킨 형태로 표출하고 파악하려 한다. 그리하여 이러한 응결의 실재성은 자연이다.

> 철학은 그의 진리와 총체성에 있어 현실성의 학문이다. 그러나 현실성의 총체 개념은 **자연**이다.(가장 보편적 낱말의 의미에 있어서의 자연) 피안에서 허덕이고 있는 환상적 사변가가 두발로 밟고 있는 가장 단순한 자연적 사물들 속에 가장 깊은 비밀들이 숨어 있다. 자연으로 되돌아가는 것만이 구원의 원천이다. 자연을 윤리적 자유와 모순되는 것으로 파악하는 것은 오류이다.[114]

포이어바하에 의하면 철학은 인간의 내적 자연을 외적 자연에 그대로 일치시키는 것이며, 사변이나 사유가 철학의 이름으로 그러한 일을 손상시켜서는 안 된다. 그가 헤겔을 비판할 때도, 즉 사유와 존재를 동일한 것으로 파악하고, 오히려 "사유를 주어로, 존재를 술어"[115]로 파악하고 있다고 비판할 때도 그것은 인간이 자연적 존재라는 사실을 확인시키는 과정에서 이루어진다. 앞서 이미 인용했었던 포이어바하의 말을 다시 한 번 상기하는 것이 좋을 것 같다.

> 사유와 존재의 참된 관계는 오직 다음과 같을 뿐이다. 즉 **존재**는 **주어**이고 **사유**는 **술어**이며, 그러나 그러한 술어는 그 자신의 주어의 **본질**을 포함하고 있다. 사유는 존재에서 비롯되지만, 존재는 사유에서 비롯되는 것이 아니다.[116]

물론 포이어바하는 헤겔의 사변철학 비판을 통하여 무엇보다도 사유로부터 존재를, 그리고 인간의 존재, 곧 자연으로서의 인간 존재를 복권시키고자 하며, 그리고 그것이 그의 새로운 미래철학으로 제시된다.

8.3.

포이어바하의 헤겔철학 비판은 체계적인 포괄적 서술이라기보다는 직접적이고 선언적이다. 그는 먼저 헤겔이 그 자신의 철학적 출발점으로 삼았던 존재 문제와 관련하여 비판한다. 포이어바하에 의하면 헤겔철학은 사유와 존재의 동일성에서 출발하는바, 그러나 그것은 이미 사유가 존재에서 비롯되는 것이라고 한다면 그 자체 넘어설 수 없는 모순을 안고 있다. 헤겔의 『정신현상학』이나 『논리학』이 출발점으로 삼고 있는 존재는 "**현실적인 존재와 가장 직접적인 모순**"[117]을 안고 있다. 그리하여 이러한 모순이 "**현상학**에서 '이것', 그리고 '보편자'의 형식으로 나타나는바, 왜냐하면 개별자는 존재에 속하고 보편자는 사유에 속하기 때문이다."[118]

> **헤겔의 논리학**에서의 **존재**는 모든 사물에 대해 **아무런 구별 없이** 표현되는 **고대 형이상학의 존재**인바, 왜냐하면 그에 따른다면 **모든 것들이 존재하고 있는 그대로 합치하겠기** 때문이다. 그러나 이 **구별 없는 존재는 추상적인 사상**(ein *abstrakter Gedanke*), 곧 **실재성 없는 사상**이다. **존재란 존재하고 있는 사물들로서 서로 상이하게 존재하는 것이다.**[119]

포이어바하에 의하면 헤겔의 존재 개념은 보다 실재적 의미에서의 자연으로서 존재가 아니고 사유 속에 들어와 있는, 따라서 개념으로서의 추상성과 그에 따르는 보편성을 지닌 사유로서의 존재에 지나지 않는다. 헤겔의 존재 개념은 언어로서의 존재, 사유된 것으로서의 존재일 뿐이기 때문에, "낱말이 사물이 아닌 것처럼, **말해지거나** 또는 **사유되어진** 존재가 현실적인 존재는 아니다."[120]라고 비판한다. 그리하여 이미 앞에서 얼마간 언급한 것처럼 포이어바하에 있어 "존재의 문제는 실천적인 문제이며, 죽음과 삶의 문제"[121]라고 말한 것이다. 포이어바하에 있어 현실이나 실천은 자연, 또는 자연적인 사물일 뿐이며, 그것은 무엇보다도 인간의 존재로서 자연적 사실을 확인하는 수준에 머무른다.

인간의 내적 자연이라고 할 존재의 사실은 자연으로서도 어떤 관계를 필요로 하고, 무엇보다도 인간관계를 필요로 한다. 그러나 이러한 관계란 인간의 사회적 관계나 사회적 생활의 관계는 아니다. 그것은 오히려 자연적인 관계이고, 차라리 본능적인 관계에 더 가깝다. 맑스는 포이어바하의 인간관계에 대한 이러한 자연적인 사실의 확인에 머물러 있을 뿐인 인간관계를 비판하면서, 다음과 같이 말한다.

> (…); 우리는 현실적으로 활동하는 인간으로부터 출발하며, 또한 인간의 현실적인 생활 과정으로부터 이 생활과정의 이데올로기적 반영과 반향의 발전을 서술하는 것이다. 인간의 두뇌 속에 있는 환영 또한 그의 물질적인, 경험적으로 확인할 수 있는 생활과정의 필연적인 승화물이며, 곧 물질적 전제들에 결부되어 있는 생활과정의 필연적인 승화물이다.[122]

물론 맑스는 포이어바하의 인간 존재에 대한 자연적인 사실의 확인을 두고 '신비'라든가 '비밀'이라는 말을 빌려 그 비판적 해명을 가하지는 않는다. 맑스에 의하면 인간의 존재에 대한 자연적 사실의 확인보다는 그 의식의 과정이 신비나 비밀로서 나타난다. 따라서 그에 의하면 의식에 대한 분석과 그 파악은 의식에 반영된 물질적 토대, 즉 물질적 생활과 생활과정에 대한 분석과 파악으로 환원되지 않으면 안 된다. 의식은 물론 그 자체의 물질적 토대에 대해 무의식적일 수 있다. 이 무의식적으로 행해지는 의식의 자기 산출이 신비이기도 하다.

역사의 세계사적 전환은 세계시장으로 드러나는 보편적 유(Gattung)의 현실성인 것이지만, 그것은 동시에 의식에 있어서는 다음과 같은 현상으로 나타나기도 한다.

> 이제 이러한 관점은 다시금 사변적, 관념적으로, 다시 말해 환상적으로 "유의 자기 산출"("주체로서의 사회")로 파악될 수 있으며, 그리고 그를 통해 일련의 연속적인 상호연관을 맺고 있는 개체들을 자기 자신을 산출하는 신비성을 성취하게 되는 하나의 유일한 개체로 표상하게 된다.[123]

의식은 의식 그 자체로는 신비성을 산출하고 그러한 신비스러운 일을 수행하는 유령과 마찬가지이다. 의식의 신비성은 물질적 현실생활의 무의식적인 반영이며, 역사적 생활과정의 무의식적 환영으로 나타난다.

> 이러한 역사관은 각각의 시기에 있어 관념론적 역사관처럼 어떤 범주에 따라 추구해서는 안 되고 언제나 현실적인 역사적 **지반** 위에 있고, 이념에 의해서 실천을 해명하는 것이 아니라 물질적 실천에 의해서 이념의 구성체들을 해명하는 것이며, 그에 따라 모든 의식의 형

태와 산물이 정신적인 비판에 의해서가 아니라, 또는 "자기의식"에로의 해소나 "요괴", "유령", "망상" 등등으로의 전화에 의해서가 아니라 오직 관념론적 허풍들이 발원하게 되는 실제적인 사회적 관계의 실천적 전복에 의해서만 해소될 수 있다는 결론에 - 즉 역사의 추동력이, 마찬가지로 종교, 철학, 그 밖의 이론들의 추동력이 비판이 아니라 혁명이라는 결론에 이르게 된다.[124]

8.4.

포이어바하가 그의 『기독교의 본질』에서 기독교의 비밀을 벗기고 폭로하는 반복적인 형식으로 '비밀'이란 말을 썼던 것처럼 맑스는 『독일 이데올로기』에서, 그리고 특히 『신성가족』[125]에서 관념론의 신비와 비밀을 벗기고 폭로하기 위해서 포이어바하처럼 반복적인 형식으로 '비밀'이란 말을 사용한다. 아마 『신성가족』 제5장, 제2절 '사변적 구성의 비밀'[126]에서 맑스 자신이 다루고 있는 문제는 그의 관념론 및 헤겔철학에 대한 가장 확실한 그 비판의 준거를 제시하고 있을 것이다.

내가 만일 현실적인 사과, 배, 딸기, 아몬드로부터 "**과일**"이라는 보편적인 표상을 형성하게 되고, 나아가 현실적인 과일들로부터 얻게 되었던 "**그** 과일"이라는 추상적인 표상이 나의 외부에 실존하는 본질, 곧 배, 사과 등등의 **참된** 본질이라고 **상상한다**면, 그 때 나는 - **사변적으로** 표현해서 - "**그** 과일"을 배, 사과, 아몬드 등등의 "**실체**"라고 언명한 것이 된다. 따라서 나는 배인 것이 배에는 비본질적이고, 사과인 것이 사과에는 비본질적이라고 말한 셈이다. 이들 사물들에 있어 본질적인 것은 그것들의 현실적인, 감성적으로 직관할 수 있는 현존재가 아니고, 나에 의하여 그것들에서 추상화된 그리고 그것들에 전가시킨 본질, 즉 "**그** 과일"이라는 나의 표상의 본질일 것이다. 그리하여 나는 사과, 배, 아몬드 등등을 단순한 실존방식들, 곧 "**그** 과일"의 **양상들**(*Modi*)이라고 언명하게 된다. 나의 유한적인, 감관에 의하여 촉발된 오성은 물론 사과를 배와, 배를 아몬드와 **구별하게** 되지만, 그러나 나의 사변적 이성은 이러한 감성적 상이성을 비본질적이고 무구별적인 것으로 언명한다. 사변적 이성은 사과 속에서 배에서와 마찬가지의 **동일한 것**을 보게 되고, 배 속에서 아몬드 속에서와 마찬가지의 동일한 것을 보게 되며, 이를테면 "**그** 과일"이란 것을 보게 된다. 특수한 현실적인 과일들은 이제 **가상의** 과일들(*Schein*früchte)일 뿐이며, 이 가상의 과일들의 참된 본질이 "**그** 실체", 즉 "**그** 과일"이 된다.[127]

맑스는 여기서 직접적으로 비판하고 있는 쩰리가(Szeliga)는 물론, 헤겔철학에 대한, 그리고 관념론 일반에 대한 가장 통렬한 비판을 가하고 있는 것을 볼 수 있으며, 맑스가 그토록 비판하게 되는 사변철학에 있어서의 사변의 비밀과 그 신비의 논리적 구성에 대한 근거를 파헤침으로써 도달하게 되는 명증성을 제시하고자 한다.

이를테면 우리는 예컨대 개별적인 과일들, 즉 사과나 배, 딸기로부터 이런 개별적인 과일들을 포섭하는 보편적 표상으로서의 '과일'을 얻게 된다. 그런데 사과, 배, 딸기 등등은 나의 외부에 실존하는 과일들이며, 그런 과일들로부터 얻은 보편적 표상으로서의 추상적인 과일은 나의 사유 속에 있는 과일이다. 물론 맑스는 유개념(Gattungsbegriff)과 종개념(Artbegriff)의 상대적 관계는 최저 종개념의 구성단위로서의 개체만이 감성적 대상으로 실존하는 것이라는 규정을 고려하고 있지 않으며, 유와 종개념의 상대적 관계 자체가 이미 개념 규정 내에서의 추상성이라고 할 때 그 개체만이 감성적 실존 대상이 된다고 하는 문제를 여기서는 아직 정확하게 서술하고 있는 것 같지는 않다. 따라서 맑스가 설정한 과일과, 그리고 사과나 배, 딸기 등등 개별 과일들과의 관계는 엄밀한 의미에서는 일상적인 관념의 추상과 구체에 대한 관계의 포섭 모형의 실례에 지나지 않다는 것이 고려되어야 할 것이다. 왜냐하면 사과나 배, 딸기 역시 사유 외부에 실존하는 개체는 아니기 때문이며, 나아가 그러한 개별 과일들이 개념인 한 실재와 구별되어 있기 때문이다.

어쨌든 맑스의 비판은 사과, 배, 딸기에서 추상화된 과일이 현실적인 과일의 본질이고, 더욱이 이 본질로서의 과일이 나의 외부에 실존하는 과일이라고 한다면, 이때 이 과일은 사과, 배, 딸기 등등의 실체라고 언명된다는 것에서 출발한다. 즉, 현실적으로 존재하는 감성적 대상으로서의 사과, 배, 딸기는 나의 외부에 실존하지만 이로부터 얻은 보편적 표상으로서의 과일은 나의 내부에 정립된 표상이나, 더 나아가 이 과일을 만일 나의 외부에 실존하는 것이라고 한다면 그 때는 이 과일이 과일의 실체가 된다는 것이다. 우리들의 통상적인 실체 개념은 맑스가 지적한 대로 그러한 속성을 갖는 명사로 사용되고 있다. 이 실체 개념의 형성과정은 나의 외부에 실존하는 사과, 배, 딸기 등등으로부터 얻은 과일이라는 표상이 이미 나의 사유영역 속에서 형성된 것이라는 한계를 넘어 다시금 나의 외부에 실존하는 보편적 개념으로서의 과일로 전화한다는 데에 있다.

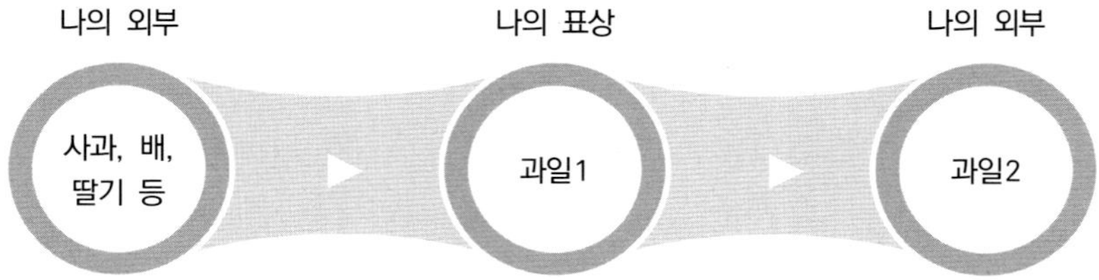

(그림 1)

이 (그림 1)을 보면 실체로서의 과일의 개념 형성은 더욱 분명해진다. 즉, 과일1은 사과, 배, 딸기 등으로부터 추상화된 나의 표상으로서의 과일이며, 과일2는 과일1을 다시 나의 외부로 전화시켜 실존하는 나의 표상의 실재물로서의 과일, 다시 말해 과일의 실체인 것이다. 이 과일1로부터 과일2에로의 전화가 맑스가 비판하는 사변적 신비에 대한 해명의 핵심의 하나가 된다. 따라서 이 사변적 신비에 대한 해명은 두 가지 방식으로 진행된다. 하나는 나의 외부에 현실적으로 실존하는 감성적 대상으로서의 사과, 배, 딸기 등과 과일들의 실체로서의 과일2와의 관계이고, 다른 하나는 나의 외부에 개별적 과일들의 보편적 표상으로 형성된 과일1과 과일2와의 관계에 대한 해명이 그것이다.

첫째의 문제에서 실체로서의 과일2는 개별적인 특수한 과일들, 즉 사과, 배, 딸기 등에 내속(Inhärenz)[128]해 있다. 과일2의 범주 속에서는 사과, 배, 딸기 등의 구별이 불가능하며, 그 모든 개별적 과일들은 무차별적으로 동일하다. 이 한계 내에서는 과일2는 과일1에서 전화된 동일한 추상화의 과정에서 연역된 것이기 때문에 과일1에로 추상화된 사과, 배, 딸기 등의 본질적 요소는 비본질적 요소가 사상됨으로써 표상된 과일1로서 결국 과일2는 과일1과 구별되지 않는다.

따라서 사과의 실체가 과일2이고, 배의 실체가 과일2이며, 딸기도 또한 마찬가지라고 한다면, 사과의 실체, 또는 그 본질은 배와 구별된 것, 즉 과일2로 추상화되지 않는 비본질적인 것이어야 함에도 불구하고 사과의 본질이 배와 구별되지 않는 것, 즉 과일2에로 추상화되는 본질적인 것이라고 하는 모순에 빠진다. 사과의 실체, 즉 그 본질, 배의 실체, 즉 그 본질 등은 과일2에로 추상화되지 않는 사과가 배와 구별된 것, 배가 사과와 구별된 것이며, 비본질적인 것으로 사상해버린 것이 오히려 본질적인 것이어야만 한다.

둘째 문제는 과일1로부터 나의 외부에 실존하는 과일2에로의 전화 문제이다. 이것은 나의 내부의 표상을 나의 외부의 실존하는 실재물로 전화시킨 형태가 된다. 과일1은 나의 외부에 있는 실재물이 아니고 개별적인 과일들로부터 그 본질적인 공통적 속성을 추상화한 사유의 의미체(意味體)에 지나지 않다. 이러한 과일1을 나의 외부에로 전화시킴으로써 객관화하고 대상화한다. 이렇게 객관화되고 대상화된 과일2는 비실재적인 사유물(思惟物), 즉 사유와 표상의 산물인 것이다.

포이어바하에 의하면 "**사유 행위로서 실현된**"[129] "**절대적인 사유로서의 절대적 본질**"[130]에 이르는 것이 사변철학이다.

> 그러나 카르테지우스(Cartesius)와 라이프니츠(Leibniz)는 이러한 추상을 단지 비물질적인 신적 본질을 인식하는 주관적 조건으로 고찰할 뿐이며, 그들은 신의 비물질성을 추상 및 사유와는 **독립해 있는 객관적** 속성으로 표상한다. 그들은 여전히 유신론의 관점에 섰던 것이고, 비물질적 본질을 단지 **주체**가 아닌 **객체**로만, 즉 **원리**, 곧 철학 자체의 **현실적 본질**로 삼았던 것이다.[131]

주관적 표상이 객관화되고 대상화됨으로써 그 대상은 마치 개별 대상들에서 추상화된 그 자체의 실존적인 실재물로 전화하여 실체화하게 된다. 물론 이 과정은 추상화된 보편적 표상의 주관적 객관물이다. 포이어바하는 신의 추상화 과정에 대한 일면적 고찰, 즉 주로는 인간 그 자신의 사유 행위에 의하여 고찰하고, 그리고 이러한 사유 행위의 산물로서의 객관화, 대상화 과정에서 실재물로 전화된 신의 비밀을 폭로하는 것에 만족한다. 그러나 포이어바하가 "신만이 완전하고도 참된 관념론자"[132]라고 한 의미는 사변철학의 관념론적인 신비의 비밀을 명시적으로 밝혀준다. 그로부터 포이어바하의 사유와 존재와의 관계의 정식화, 즉 앞서 말한바 있는 "사유는 존재에서 비롯되지만, 존재는 사유에서 비롯되는 것이 아니다."[133]라는 정식화는 "모든 학문은 **자연**을 기초로 삼지 않으면 안 되며"[134], 따라서 새로운 미래철학은 "인간의 토대인 **자연**, 그러한 자연을 포함한 **인간**을 그 **보편적인 최고의 대상**"[135]으로 해야 한다는 존재 복권에 대한 단언적 결론으로 집약되고 있다.

그러나 맑스는 포이어바하보다 한층 더 논리적이고 명확하게 존재의 복권에 대한 그 방해물로서의 사변적 신비를 분석적으로 폭로하면서 제거해 나간다.

8.5.

맑스는 이어서 다음과 같이 말한다.

> 상이한 현실적 과일들에서 추상화된 **하나의** "과일" - 즉, **그** "과일"을 만들어냈던 사변은 따라서 현실적 내용의 가상을 달성하기 위해서 어떠한 방식으로 **그** "과일", 이를테면 **실체**로부터 현실적인 **상**

이한 종류의 통상적인 과일들, 즉 배, 사과, 아몬드 등등에로 다시금 되돌아오려고 시도하지 않으면 안 된다. 그리하여 이제 현실적 과일들에서 "**그** 과일" 이라는 추상적 표상을 산출하는 일이 용이한 만큼 "**그** 과일"이라는 추상적 표상으로부터 현실적인 과일들을 산출하는 것은 그렇게 용이한 것이 아니다. 더욱이 만일 내가 추상을 **포기하지** 않는다면 어떠한 추상으로부터 그러한 추상의 **반대물**에 이른다고 하는 것은 불가능하다.

따라서 사변철학자는 **그** "과일"의 추상을 다시금 포기하지만, 그러나 그는 그러한 추상을 **사변적이고 신비적인** 방식으로, 이를테면 마치 그러한 추상을 포기하지 **않는** 것처럼 가상으로서 포기하는 것이다. 그리하여 그는 역시 현실적으로는 추상을 초월해서 가상으로 나아가게 된다. 그는 아마도 다음과 같이 합리화할 것이다.

사과, 배, 아몬드, 딸기가 진실로 "**그** 실체", 즉 "**그** 과일" 이외에 다른 것이 아니라고 한다면 어떻게 "**그** 과일"이 나에게 사과나 배나 아몬드로 나타나게 되는 것이며, 그러한 **단일성**에 대한, 즉 "**그** 실체", "**그** 과일"에 대한 나의 사변적 직관에 명백하게 모순되는 이와 같은 **다양성**의 **가상**이 어디에서 오게 되는가라고 묻게 되는 것이다.[136]

앞에서의 (그림 1)을 다음과 같은 의미를 부여하면서 약간 변형시켜 보자.

(그림 2)

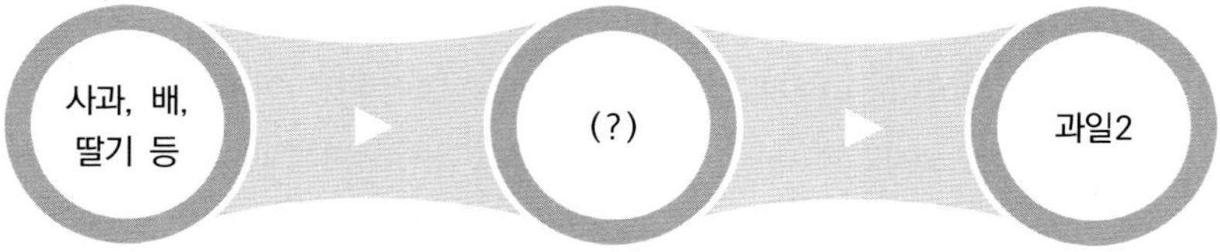

(그림 3)

여러 개별적인 과일들, 예컨대 사과, 배, 딸기 등등으로부터 추상화된 과일1로서의 표상은 인간의 고유한 사유 능력이고 사유 행위에 속하는 일이다. 과일1의 표상은 사유의 본질적인 기능이라고도 할 수 있다. 그러나 과일1로부터 개별적인 과일들, 즉 사과, 배, 딸기 등등이 어떻게 산출될 수 있겠는가? 이것은 물론 불가능한 일이다. 사유 속에 표상된 과일이 현실적인 여러 과일들을 산출한다는 것은 결코 있을 수 없는 일이기 때문이다. 그러나 사변철학은 이것이 가능한 일이라고 주장한다. 사변철학의 이러한 주장은 '신비스런 방식'으로 진행된다. 사과, 배, 딸기는 과일1로부터 추상화될 수도 산출될 수도 없다. 다시 말해 과일1은 사과, 배, 딸기 등등으로부터의 추상화로 산출된 표상이지만, 그 반대로 사과, 배, 딸기 등등은 과일1로부터의 추상화에 의하여 산출될 수 없는 것이다. 만일 사변철학이 과일1로부터 사과, 배, 딸기 등등의 추상이나 그 산출을 주장해야 한다면, 그때는 먼저 사과, 배, 딸기 등등으로부터 과일1의 추상을 포기하지 않으면 안 된다.

맑스에 의하면 사변철학은 그러한 이유 때문에 개별적인 과일들로부터 과일1의 추상을 포기하지 않는 것처럼 가장하고 있으며, 이 가장이 바로 신비의 외피이기도 하다. 원래 과일1의 표상은 개별적인 과일들로부터의 추상에 의하여 형성되었다. 그러나 사변철학은 개별적인 과일들의 존재를 과일1로부터의 산출이라고 주장하기 위해서는 개별적인 과일들로부터 과일1의 추상마저도 포기하여야만 한다. 그럼에도 불구하고 사변철학은 개별적인 과일들에 대한 나의 표상으로서의 과일1의 추상을 포기한 것이 아니라고 가장하고서 사실은 그러한 추상을 포기해야만 하는 것이다. 따라서 사변철학의 첫 번째 신비는 개별적인 과일들로부터의 과일1이라는 나의 표상을 얻게 된 추상을 포기할 수 없는 것으로 인정하면서도 과일1로부터의 개별적인 과일들의 산출을 해명하기 위해서 실제로는 그와 같은 사유 행위로서의 추상을 포기하고 있다는 데 있다.

과일1로부터 개별적인 과일들의 산출을 설명하기 위해서 사변철학은 두 번째 신비를 감행한다. 즉 나의 표상으로서의 과일1은 개별적인 과일들의 실체로 되지 않으면 안 된다. 과일1이 어떻게 개별적인 과일들이 되어 나에게 사과로, 배로, 딸기 등등으로 나타나는가 하는 물음에 대한 대답을 해야만 한다. 그리하여 과일1은 과일2에로 전화된다. 나의 표상인 과일1은 개별적인 과일들의 본질이고 실체이며, 따라서 과일1은 나의 표상 외부에로, 즉 과일2에로 전화되지 않으면 안 된다. 이와 같이 전화된 과일2는 생명을 가진 본질이고 실체이기 때문에 개별적인 과일들, 즉 사과, 배, 딸기 등등을 산출하는 것이다. 사변철학에 있어서 어떻게 과일1로부터 개별적인 과일들이 산출되는가에 대해 맑스는 다음과 같이 말한다.

> 따라서 사변철학자는 다음과 같이, 즉 "**그** 과일"이 죽어있는 무구별적인 정지상태의 본질이 아니라, 살아있고 그 자체에 있어 구별되고 스스로 운동하는 본질이기 때문이라고 대답하기에 이른다. 통상적

인 과일들의 상이성은 **나의** 감성적인 오성에 있어서만이 아니고 "**그** 과일" 자체에 있어서도, 즉 사변적 이성에 있어서도 의미를 갖는다. 통상적인 상이한 과일들은 "**하나의** 과일"의 상이한 생명의 표현들인 것이며, "**그** 과일" 자체가 형성하는 결정체들인 것이다. 그리하여 예컨대 "**그** 과일"은 사과 속에서 그 자체에 사과로서의 현존재를 부여하고, 배 속에서는 배로서의 현존재를 부여한다. 그러므로 우리는 실체의 입장에서 배는 "**그** 과일"이고, 사과는 "**그** 과일"이며, 아몬드는 "**그** 과일"이라고 말해서는 안 되고, 오히려 "그 과일"이 자기 자신을 배로 정립하고, "**그** 과일"이 자기 자신을 사과로 정립하며, "**그** 과일"이 자기 자신을 아몬드로 정립한다고 말하지 않으면 안 되며, 그리고 사과, 배, 아몬드를 서로 분리시키는 구별들은 "**그** 과일"의 자기구별들(Selbstunterscheidungen)인 것이고, 특수한 과일들을 "**그** 과일"의 생명과정에서 구별된 구성물로 삼게 된다. 따라서 "**그** 과일"은 무내용적이고 무구별적인 단일성이 더 이상 아니며, **전체성**(*Allheit*)으로서의 단일성, 곧 "**유기적으로 분절화 된 서열**"을 이루고 있는 과일들의 "**총체성**"으로서의 단일성인 것이다. 이러한 서열의 각각의 구성물 속에서 "**그** 과일"은 궁극적으로 모든 과일들의 "총괄"로서 동시에 살아있는 **단일성**이 되기까지 자기 자신에게 보다 발전되고, 보다 뚜렷한 현존재를 부여하게 된다. 그리고 각각의 과일들이 그러한 살아있는 단일성을 자기 자신 속으로 해소시키면서 또한 자기 자신에 의해 산출하는 것으로 포함하고 있는바, 예컨대 육체의 모든 구성물들이 끊임없이 피 속으로 해소되면서 또 끊임없이 피에 의하여 산출되는 것과 마찬가지이다.[137]

과일1의 실체화로서의 전화에 의한 과일2는 개별적인 과일들을 산출하는 살아있는 본질이다. 그러니까 사과, 배, 딸기 등등은 실체화된 과일2로부터 그 생명 과정에서 나온 결정체인 것이며, 과일2가 그의 현존재를 사과의 모습으로, 배의 모습으로, 딸기의 모습으로 드러낸다는 것이다. 과일2는 스스로 운동하는 살아있는 본질이다. 그리하여 실체화된 과일2는 자립, 즉 자기 존립하는 하나의 독립된 존재로 나타난다. 이 자립성이 세 번째 사변철학의 비밀이고 신비이다.

과일2는 생명적인 살아있는 운동에 의하여 사과, 배, 딸기를 산출하며, 따라서 개별적인 과일들은 그것들의 실체인 과일2의 가상에 불과하다. 사과, 배, 딸기 등등은 "**가상**의 사과, **가상**의 배, **가상**의 아몬드, **가상**의 건포도"[138] 등등이다. 인간의 내부에서 그 외부에로 전화된 자립적 실체인 과일2는 마찬가지로 인간의 외부에 존재하는 여러 개별적인 과일들의 실체인 것이며, 이 자립적인 실체는 종교적 표상이 그러한 것처럼 체현(體現, Inkarnation)된다. 그리고 체현된 자립적 실체인 과일2는 가상의 과일들을 산출하는 주체이다. 이 주체화(Subjektivierung)가 바로 사변철학의 네 번째 비밀이자 신비이다.

이 과정, 즉 개별적인 과일들로부터 자립적인 실체로서 주체화된 과일2에 이르기까지의 과정은 실제적인 물질적 과정이 아니라 사변에 의하여 도달한 상상적인 사유의 과정이다. 그럼에도 불구하고 실제적인 물질로서의 개별적인 과일들에서 출발한 사유가 어느덧 그러한 과일들을 산출하는 물질적 운동으로 전화되어 되돌아오게 되는 것이며, 그것은 사유 운동과 물질 운동을 뒤바꿔 전화 또는 전도시키는 것이기도 하다.

> 이러한 조작을 사변적인 표현방식으로는 **실체**를 **주체**로, **내적인 과정**으로, **절대적인 인격**으로 파악하는 것이라고 말하며, 그리고 이러한 개념적 파악이 **헤겔적인** 방법의 본질적 특성을 이룬다.[139]

이제 사변철학의 신비와 비밀은 자립적 주체로 전화된 인간 외부에 있는 절대적 인격체를 조작해 내게 되고, 이 인격체는 모든 만물을 창조한다.

> 그는(쩰리가, 또는 같은 의미의 사변철학자: 역자) "**그** 비밀"이란 범주를 현실세계에서 산출했던 이후에는 이 범주로부터 현실세계를 산출한 것이다.[140]

8.6.

맑스에 있어 신비와 비밀의 외피를 벗기고, 그 속에서 합리적 핵심을 찾아내는 것은 전체 맑스철학의 내용적 이해에 상응한다. 신비와 합리적 핵심이란 표현의 대척적 관계는 사변철학, 특히는 헤겔의 변증법에 대한 맑스의 비판에서 더욱 두드러지게 나타난다. 맑스의 『자본』 서문에는 헤겔의 변증법이 갖는 신비와 그 속에서의 합리적 핵심을 파악하지 않으면 안 된다는 유명한 구절이 나온다.

> 약 30년 전 아직도 헤겔의 변증법이 유행하고 있던 그 때에 나는 헤겔 변증법의 신비화된 측면을 비판했었다. 그러나 내가 "자본" 제1권을 집필하고 있던 바로 그 때 개화된 독일에서 불쾌하고 건방지고 범속한 아류배들이 허풍을 떨면서 레싱(Lessing)의 시대에 용감한 모제스 멘델스존(Moses Mendelssohn)이 스피노자(Spinoza)를 다루듯이 헤겔을 마치 "죽은 개"처럼 취급하는 일에 우쭐대고 있었다. 그래서 나는 공개적으로 저 위대한 사상가의 제자라고 천명하면서 가치론에 대한 장의 여기저기에서는 그에게 고유한 표현방식을 빌어가면서 흉내를 내기까지 했던 것이다. 헤겔의 수중에서 변증법이 신비화되기는 했지만, 그런 신비화가 그가 최초로 변증법의 일반적인 운동 형태들

> 을 포괄적이고도 의식적인 방식으로 서술했다는 것을 어떤 방식으로든 결코 방해하는 것은 아니다. 헤겔에 있어 변증법은 머리 위로 서 있다. 우리는 신비로운 껍질 속에서 합리적 핵심을 발견하기 위해서 변증법을 뒤집어 바로 세우지 않으면 안 된다.[141]

맑스에 의하면 헤겔 변증법의 신비성은 머리로 서 있는, 즉 두 다리로 서 있지 않는 전도된 변증법이라는 데 있다. 맑스에 있어서 헤겔의 변증법은 이념이 자립적 주체로 전화되어 현실세계의 창조자로서 운동하는 과정의 서술인바, 그는 바로 이 이념이란 현실적인 것의 '번역물'에 지나지 않으므로 자립적 주체는 오히려 현실적인 것 그 자체라고 비판한다.

자립적 주체란 종교에 있어서는 일종의 신에 대한 관념과 같은 것으로 이해된다. 그렇다면 왜 인간은 두뇌 속에 번역되어 나타나는 현실적인 것을 다시금 인간 외부에 있는 무엇으로 전화시켜 자립적 주체로까지 실체화하는 것일까? 포이어바하의 대답은 다음과 같다.

> 만일 네가 신에게 다가가고자 한다면, 신이 자유로운 것처럼 너도 스스로 자유로워야 하며, 따라서 네가 신을 표상할 때 너는 현실적으로 자유스럽게 되는 것이다. 결국 네가 신을 어떤 다른 본질이나 객체를 전제하지 않는 본질로 생각한다면, 너는 스스로를 외적 객체의 전제 없이 생각하는 것이다. 네가 신 속으로 옮겨놓은 속성은 너의 사유의 속성이다.[142]

인간은 현실의 구속과 제약으로부터 벗어나 자유스럽고 싶어 한다. 인간의 현실적 구속과 제약은 그 물질적 생활의 필연적 귀결의

하나이기도 하며, 인간은 물론 한시도 그러한 생활의 물질적 구속과 제약을 벗어나서는 살 수가 없다. 현실 생활의 물질적 구속과 제약은 물질과 인간의 자연성에 결착된 구속과 제약이며, 그런 측면에서 인간의 욕구는 먼저 그 자연성에 있어서 물질적 대상의 구속과 제약으로부터 벗어나 자유스럽고 싶어 한다. 이 자유에 대한 욕구의 사유적 표현이 포이어바하에 있어서 신에 대한 관념이다.

그러나 맑스는 인간의 현실적 구속과 제약을 그 자연성에 결착된 물질적 구속과 제약으로 이해하지 않는다. 오히려 인간의 물질적 구속과 제약은 사회적이고 역사적이다. 그러한 사회적이고 역사적인 물질적 대상에 대한 파악이 맑스의 인식론적 대상이 된다. 때문에 맑스의 인식론적 대상으로서의 물질은 인간의 욕구 대상으로서의 사회성과 역사성을 갖는 물질로서 일종의 욕구론적 대상이라고도 할 수 있다.

포이어바하에 있어서 신에 대한 관념은 물질적 구속과 제약으로부터 벗어나려는 욕구의 해방으로서 자유의 표현이며, 그것은 물질과 인간의 자연성에 일치하는, 나아가 인간과 인간의 내재적 자연성에 일치하는 유적 통일로서의 자연의 표현이다. 그러나 맑스는 물질과 인간의 관계가 단순한 인식론적 관계가 아니라 물질에 대한 인간의 욕구의 관계이며, 욕구 그 자체가 무엇이냐 하는 것은 언제나 욕구 대상이 무엇이냐 하는 것에 의해서 파악되는 것이기 때문에 그러한 욕구 대상으로서의 물질은 욕구 대상인 한 이미 자연성의 범주가 아니다. 그것이 맑스가 단순히 자연적 물질로 이루어진 물건을 분석하면서, 그 물건을 인식하는 문제가 아니라 사회와 역사 속에서 그 물건이 어떻게 상품으로 전화되기에 이르며, 그리하여 그 상품을 인식하고, 그 상품을 분석 대상으로 하게 되는 이유의 하나이다.

맑스가 『자본』에서 다루고 있는 상품의 물신성(物神性, Fetischcharakter), 또는 물신주의(Fetischismus)와 그 물신성에 대한 비밀의 해명은 아마도 헤겔의 변증법에 대한 신비적인 외피를 이해하는 데 관건이 될 것이다. 맑스는 단순한 물건으로서의 책상이 아니라 상품으로서의 책상을 예로 들어 다음과 같이 말한다.

> 예컨대 우리가 나무로 책상을 만든다면 나무의 형태는 변화된다. 그럼에도 불구하고 책상은 나무, 즉 통상적인 감성적 물건으로 남아 있다. 그러나 책상이 상품으로 등장하자마자 책상은 감성적인 초(超)감성적 물건(ein sinnlich übersinnliches Ding)으로 전화된다. 책상은 자기의 발로 바닥 위에 서 있을 뿐만 아니라 다른 모든 상품들을 마주보며 머리로 거꾸로 서 있으며, 책상이 자발적으로 춤추기 시작하는 것보다 훨씬 더 괴이하게 자기의 나무 대가리로 변덕을 부리는 것이다.[143]

이 책상의 예는 직접적으로는 상품으로서의 책상이 사용가치(Gebrauchswert)인 한 아무런 신비할 것도 없지만, 책상이 상품 형태를 취하자마자 발생하게 되는 신비성, 즉 물신성을 해명하기 위한 상품 분석의 비유적인 한 예이다. 그러나 이 책상의 비유적인 예로부터 맑스가 헤겔의 변증법을 전도된 변증법이라고 비판한 근거의 하나와 관계된다는 것을 알 수 있으며, 동시에 우리의 인식론적인 오류에 대한 맑스의 비판이 무엇인가를 엿볼 수 있게 한다.

상품으로서의 책상이 사용가치인 한은 우리는 언제나 책상을 두 개의 다리든 네 개의 다리든 다리로 바닥 위에 세워놓고 사용하지 않으면 안 된다. 다시 말해 이때 책상은 다리로 서서 '나무 대가리'가 그 위에 얹히어진 상태에서 우리 앞에 놓여 있는 물건인 것이다. 그러나 책상이 상품 형태를 취하게 되면 곧 그때부터 책상은 다리로만 서는 것이 아니라 옆으로 눕기도 하고 다리를 위로 쳐들고 '나무 대가리'를 바닥에 대고 물구나무를 서기도 한다. 시장에 팔려고 쌓아놓은 책상들을 다리까지 아프게 세워놓아야 할 이유는 없을 것이다.

그렇다면 이때 책상은 왜 다리로 서 있지 않고 머리로 물구나무를 서도 되는 것일까? 물론 책상의 재료인 나무가 감성적인 대상인 것과 마찬가지로 책상 역시 감성적인 대상임에는 변함이 없다. 감성적인 대상으로서의 책상은 그것이 감성적인 사용가치인 한에 있어서는 절대로 거꾸로, 즉 머리로 서 있을 수는 없다. 머리로 서 있는 책상도 책상이기는 하지만 이미 책상이 아닌 다른 무엇이기도 하겠기 때문이다. 다리를 위로 쳐들고 머리로 땅을 딛고 서 있거나 다리를 뻗고 옆으로 누어있는 그것은 책상이라고만 할 수 없는 다른 무엇일 것이며, 그것이 비록 물건이기는 할지라도 우리가 감성적으로는 파악할 수 없는 초감성적인 무엇이기도 할 것이다. 이 물건이 상품인 한, 즉 상품으로서의 책상인 한 '감성적인 초감성적 물건'인 것이다.

상품의 물신성은 상품이 '감성적인 초감성적 물건'이란 데서 발생한다. 상품은 그것이 단순히 감성적인 대상이란 측면에서는 사용가치만을 지니지만 '감성적인 초감성적 대상'이란 측면에서는 사용가치는 사라진 채 교환가치(Tauschwert)와 함께 아울러 물신성도 지니게 된다.

인간이 노동을 통하여 감성적 대상으로서의 어떤 물건을 그 자신에게 유용한 다른 물건으로 변화시켰다면, 이때 그 감성적 대상으로서의 물건에는 일정하게 지출된 노동력(Arbeitskraft)이 포함되어 있을 것이며, 이 노동력을 포함하고 있는 물건을 '노동생산물(Arbeitsprodukt)'이라고 한다. 노동생산물은 그 자체로는 사용가치만을 지니기 때문에 아직 상품이라고는 할 수 없다. 나무에 지출된 노동력은 그 나무를 노동생산물이라고 할 책상으로 변화시킨 것이지만, 이때 책상 속에 포함된 노동력은 책상을 통하여 가치의 실체로서, 또한 일정하게는 가치의 크기로서 파악될 수 있다. 노동생산물로서의 책상은 그 자체로서는 인간의 어떠한 욕구를 실현한 물질적 형태로서의 사용가치만을 지니기 때문에 결코 시장에서처럼 다리를 위로 쳐들고 거꾸로 서 있을 수는 없다. 그러나 책상이 사용가치에 부가되는 또 다른 가치, 즉 교환가치로서의 상품 형태를 취하게 되는 순간 책상은 책상일 수만은 없는 무엇, 즉 '감성적인 초감성적 물건'이 되는 것이다.

상품은 반드시 노동생산물이다. 그렇다고 노동생산물이 반드시 상품인 것은 아니다. 노동생산물은 그 자체로서는 감성적인 대상일 뿐이지만, 그러나 상품은 감성적이면서 초감성적 대상이다.

> 그렇다면 노동생산물이 상품형태를 취하자마자 발생하는 그 노동생산물의 수수께끼 같은 성격은 어디서 오는가? 분명히 이러한 상품형태 자체에서 발생한다. 인간의 노동의 동등성은 노등생산물들의 동등한 가치 대상성의 물적(sachlich) 형태를 취하며, 그 시간의 길이를 통한 인간의 노동력 지출의 척도는 노동생산물들의 가치크기의 형태를 취하고, 끝으로 생산자들의 노동에 대한 저와 같은 사회적 규정들이 이루어지게 되는 그들의 관계는 노동생산물들의 사회적 관계의 형태를 취한다.[144]

상품의 물신성은 상품이 감성적 대상으로서의 사용가치만을 지닌 노동생산물이라는 데서 발생하는 것이 아니라 '감성적인 초감성적 물건', 즉 사용가치가 잠적한 상태에서 교환가치를 지닌 상품 형태 그 자체에서 발생하는 것이다.

> 그리하여 상품형태 속에 가득 찬 비밀은 이 상품형태가 인간들에게 그들 자신의 노동의 사회적 성격을 노동생산물 자체의 대상적 성격으로, 즉 이들 물건의 사회적인 자연적 속성으로 반영되기에 이른다는 것, 따라서 또한 총 노동에 대한 생산자들의 사회적 관계가 그들 외부에 실존하는 대상들의 사회적 관계로 반영된다는 데에 있을 뿐이다. 이와 같은 혼란(Quidproquo)을 통해서 노동생산물들은 상품들, 곧 감성적인 초감성적 물건들, 또는 사회적 물건들이 되는 것이다.[145]

다시 말해 상품의 물신성의 비밀은 첫째, 인간노동의 사회적 성격이 노동생산물 자체의 대상적 성격으로, 즉 이들 물건들이 마치 자연적인 속성을 그대로 드러내고 있는 것처럼 반영되고 있다는 것이며 둘째, 총 노동에 대한 생산자들의 사회적 관계가 생산자들 외부에 실존하는 대상들의 사회적 관계로 전환되어 인간에게 반영된다는데 있다. 이러한 전환은 종교세계에 있어서도 마찬가지이다. 곧 이어 맑스는 다음과 같이 말한다.

> 따라서 우리가 하나의 유사성을 찾기 위해서는 종교적 세계의 안개 낀 몽롱한 지역으로 달려가 보아야 한다. 여기에서는 인간의 두뇌의 생산물들은 그 자체의 생명을 지니고 있고, 그 생산물들 상호간에,

그리고 인간과 관계하고 있는 자립적인 형태들인 것처럼 보인다. 상품세계에 있어서는 인간의 손에 의한 생산물들이 그러하다. 나는 이것을 물신주의(Fetischismus)라고 부르며, 이 물신주의는 노동생산물들이 상품으로 생산되자마자 곧 노동생산물들에 달라붙게 되고, 따라서 상품생산과 분리될 수 없는 것이다.[146]

종교에 있어서 신의 관념은 인간의 자기의식의 산물이다. 그러나 신은 인간은 물론 인간의 의식의 생산자이며, 인간의 인식은 그러한 전도된 자기의식 속에 머무른다. 신에 대한 관념의 뿌리는 인간의 자기의식이며, 이러한 자기의식의 발생적인 뿌리는 감성적인 현실이다. 따라서 신이 감성적인 현실을 산출하고 창조한 것이 아니라 감성적인 현실이 신에 대한 관념을 배태시킨 것이다. 인간의 노동에 의해 생산된 노동생산물은 그것이 상품, 곧 사회적인 물건으로 전환되는 순간 전도된 인식론적 대상으로 나타난다. 인간의 노동력의 지출에 의하여 실현된 감성적 대상으로서의 노동생산물, 그리고 이 노동생산물의 사회적 물건으로서의 상품에로의 전화는 신에 대한 인간의 관념에 대비된다. 그리하여 신이 인간과 그 감성적 현실을 산출하고 창조한 것처럼 사회적 물건들, 즉 '감성적인 초감성적 물건들'로서의 상품성이 인간의 노동력과 노동생산물을 산출하고 지배하게 되는 인식론적인 전도 현상이 나타난다.

이로부터 인간이 그 인식의 신비 내지는 환상을 갖게 된 비밀이 밝혀진다.

그것은 첫째, 인간의 자기의식 및 그 인식에 관한 문제로 요약될 수 있다. 인간의 자기의식과 그 인식은 그 자체로는 직접적인 인식이 불가능하다는 데서 언제나 왜곡된 인식이 발생할 수 있는 여지를 갖는다. 인간의 자기인식은 그 자신을 무엇으로 표현하는 대상에 대한 인식이다. 인간의 이러한 대상 활동을 맑스는 넓은 의미의 실천이라고도 부른다. 인간이 그 자신을 표현하는 감성적인 대상 활동이 실천이며, 곧 노동이기도 하다. 감성적 대상 활동으로서의 노동에 의하여 실현된 노동생산물은 노동에 대한 인식의 대상이며, 이때 노동의 사회적 성격은 노동 그 자체의 대상적 성격, 다시 말해 노동생산물 그 자체의, 또는 상품 그 자체의 사회적 본성인 것처럼 전도되어 반영된다. 따라서 맑스에 의하면 상품으로서의 노동생산물 그 자체의 사회적 본성인 것처럼 반영되어 나타나는 외피 속에 인간 노동의 사회적 성격을 파악하는 것이 그 합리적 핵심을 인식하는 것이 된다. 노동과 노동생산물 사이의 인식 과정은 노동이 그 자체로는 파악될 수 없고, 따라서 노동생산물을 통해 대상화되고 실현되는 형태로서 감성적으로 파악되고 인식되는 것이지만, 이 인식과 파악은 노동생산물 그 자체의 성격으로 파악되고 인식되는 것이 아니라 노동 그 자체의 사회적 성격으로 파악되고 인식됨으로써 그 합리적 핵심에 이르게 된다. 즉 노동생산물을 통해 노동의 사회적 성격을 파악하는 것이 노동을 이해하는 본질적인 과제인 것이다.

둘째, 인간들의 관계에 대한 문제이다. 다시 말해 그것은 노동생산물을 생산하는 생산자들, 또는 노동자들의 총 노동에 대한 사회적 관계의 문제로서 그러한 사회적 관계는 생산자들에 의해 실현된 대상으로서의 노동생산물의 사회적 관계로 표현된다. 그러나 총 노동에 대한 생산자들의 사회적 관계를 마치 그들이 생산한 노동생산물의 사회적 관계인 것처럼 전도된 인식을 하게 된다. 따라서 노동생산물의 사회적 관계에 반영된 생산자들의 사회적 관계를 파악하는 것이 두 번째의 본질적 과제인 것이다.

결국 노동생산물, 또는 우리 주변에 범람하는 상품들을 통해 인간 자신을, 그리고 나 자신을 읽어내는 것이 자본주의 사회가 안고 있는 본질적인 과제라고 할 수 있다. 그것을 맑스는 그의 '상품철학'[147]에서 난해하기 이를 데 없는 상품과 노동의 가치론적 분석을 통해 제시하고 있는 것이다.

9. 제9테제

9

직관적 유물론[148]이, 다시 말해 감성을 실천적 활동으로 파악하지 못한 유물론이 도달한 최고의 것은 개별적인 개체들의 직관이며, 부르주아사회[149]의 직관이다.

(엥겔스 수정본)

직관적 유물론이, 다시 말해 감성을 실천적 활동으로 파악하지 못한 유물론이 초래하는 최고의 것은 "부르주아사회"에서의 개별적인 개체들의 직관이다.

9.1.

이 제9테제는 앞의 제8테제, 그리고 다음의 제10테제와 밀접하게 관련되어 있으며, 유물론적 인식론이 갖는 사회와의 관계를 규정하는 테제라고 할 수 있다.

먼저 '시민'이란 말과 '부르주아'란 말에 대해 그 어의적 규정을 간단히 정리할 필요가 있다. 여기 '부르주아사회'라고 번역한 'die bürgerliche Gesellschaft'란 말은 '시민사회'라고 번역할 수도 있을 것이다. 그러나 부르주아사회와 시민사회라는 말은 그 의미가 약간 다르다. 따라서 부르주아사회라고 번역해야 할지 아니면 시민사회라고 번역해야 할지는 그때마다 단순하게 선택할 수 있는 문제는 아니다. 'Burg'로부터 전화된 'Bürger'는 두 의미를 갖는다.[150] 일반적으로는

'시민'이란 의미를 갖는가 하면 좀 더 특별하게는 '부르주아(Bourgeois)'란 의미가 그것이다. 물론 독일어 Bürger는 프랑스어로는 Bourgeois일 것이다. 그러나 맑스나 엥겔스에 있어 부르주아, 또는 부르주아지(Bourgeoisie)란 말은 프롤레타리아(Proletarier), 또는 프롤레타리아트(Proletariat)란 말과 대립적인 의미를 지니며, 그런 의미에서 Bürger나 Bourgeois란 말을 동일하게 '시민'으로 번역할 수는 없는 것이다.

앞서도 잠깐 언급했지만, 우리에게는 1920년대부터 부르주아, 부르주아지(Bourgeoisie)란 말이 프롤레타리아(Proletarier), 프롤레타리아트(Proletariat)란 말과 함께 유입되기 시작했으며, 이 두 낱말을 대체로는 유산자, 유산계급에 대해 무산자, 무산계급으로 번역하여 사용하기도 했다. 이들 두 계급, 즉 자본주의 사회에 있어 지배계급으로서의 부르주아계급과 피지배계급으로서의 프롤레타리아계급을 정식화하여 좀 더 명확한 개념으로 표현한 것이 맑스와 엥겔스의 『공산당 선언』에서일 것이다.

> 중세의 농노로부터 초기 도시의 성외(城外)시민(Pfahlbürger)이 생겨났다. 이 성외시민층으로부터 부르주아지의 최초의 요소들이 발전하였다.[151]

이 『공산당 선언』의 의미에 따른다면 농노들의 극히 일부가 '성외시민(Pfahlbürger)'으로 발탁되어 가내 수공업에서 공장제 수공업으로, 그리고 기계제 대공업으로 전환되어가면서 차츰 부르주아계급으로 성장하게 되며, 그에 따라 대부분의 농노들은 대공업의 노동자로, 곧 프롤레타리아계급으로 전락하게 된다. 다시 말해 성안에 거주하던 Bürger가 부르주아계급으로 발전해 갔던 것이 아니라 성안과 성 밖의 경계선에 거주하던 성외시민이 곧 근대의 지배계급인 부르주아계급으로 전환하여 발전해 갔던 것이며, 그리하여 대부분의 농노들은 대공업제도의 프롤레타리아계급으로 전락하게 되었던 것이다. 따라서 이 제9테제에서 맑스는 이미 계급적인 의미로 Bürger란 말을 사용하고 있으며, 그렇다면 단순히 '시민'이란 의미보다는 '부르주아'란 의미로 이해하는 것이 좀 더 정확할 것이다. 부르주아사회는 시민사회에 포함되기는 하지만 그렇다고 시민사회가 반드시 부르주아사회인 것은 아닐 것이다. 아마 그 때문에 엥겔스도 그의 수정본에서 '부르주아사회'란 말을 강조하여 표현하고 있을 것이다.

9.2.

맑스는 제9테제에서 기존적인 종래의 유물론과 새로운 유물론은 그 사회형태와 더불어 구별되는 것이며, 종래의 유물론, 즉 '직관적 유물론'은 '시민사회', 또는 '부르주아사회'의 '개별적인 개체'의 관점에서의 유물론이라고 말한다. 이 유물론을 맑스는 '감성을 실천적 활동으로 파악하지 못한 유물론'이라고 부연하여 말하기도 한다.

시민사회, 또는 부르주아사회의 개별적인 개체의 관점에서의 유물론은 직관적 유물론이며, 이는 이미 제1테제와, 특히 제5테제에서 언급하고 있는 것과 관련하여 볼 때 주로는 포이어바하의 유물론을 지칭한다고 하겠다. 그러한 앞의 테제들에 대한 이해를 토대로 하여 이 제9테제는 그 다음 제10테제에로 이어지는 새로운 유물론에 대한 사회형태를 규정해 가는 연속성을 지닌다.

맑스는 과거의 유물론과 구별하여 자신의 유물론을 여기서 직접적으로 '실천적 유물론'이라고 부르고 있지는 않지만, 그러나 이 제9테제에서 과거의 낡은 유물론을 '직관적 유물론(der anschauende Materialismus)'이라고 부르고 있다면, 이때 직관의 의미가 오히려 비감성적인 관조라는 의미로도 사용되고 있기 때문에 '관조적 유물론'에 대해 '실천적 유물론'이라고 부를 수도 있을 것이다.[152]

맑스에 의하면 포이어바하의 유물론은 사회 내지는 역사와 그의 물질 개념 사이의 비변증법적인 차폐된 모순 속에 있다. 포이어바하에 있어 "유물론과 역사는 완전히 서로를 배척하는 것"[153]이기 때문에 그의 직관적(관조적) 유물론의 비변증법적인 관점은 역사적 유물론의 어떠한 지평도 차폐되어 있다. 포이어바하의 비변증법적인 존재 복권은 사유에 대한 인식론적인 감성적 직관의 복권과 결부된다.

> **감성적 직관**에 의해 **규정되고 수정된 사유**만이 **실재적이고 객관적인** 사유이며 – **객관적인 진리**의 사유이다.[154]

사유는 그 자체로는 어떠한 진리의 표준도 갖지 못한다.

> 사유는 **그 자체에 있어 단독적으로는 자기 자신과의 실증적인 구별** 및 **그 반대**를 성취할 수 없으며, 따라서 이념에 모순되지 않고 사유에 모순되지 않는 어떤 것 이외에는 다른 어떤 진리의 규준도 지니지 않는다. – 그리하여 사유는 사유된 진리가 현실적인 진리인지 아닌지에 대한 아무런 결정도 내릴 수 없는 단순히 형식적이고 주관적인 규준을 갖는 것이 고작이다. 이것을 결정하는 규준은 **직관**이 유일할 뿐이다.[155]

아울러 곧 이어서 포이어바하는 다음과 같이 말한다.

> 따라서 사유에 의해 **한정된** 직관만이 참된 직관인 것처럼, 또한 그 반대로 직관에 의해 **확장되고 개방된** 사유만이 참된 사유이고, 현실성의 본질에 상응하는 사유이다.[156]

포이어바하에 있어 진리의 표준은 사유에 있는 것이 아니라 감성적 직관에 있다. 감성적 직관에 의해 인식론적으로 복권된 존재는 그 비밀이 '사랑' 속에 있다. '존재가 곧 사랑이고 진리이다.'[157]

그러나 맑스의 견해에 따르면 포이어바하는 인간의 존재에 대한 실천적 관점을 "개별화된 예감(vereinzelte Ahnungen)"[158] 이상의 수준을 지니지 못한 까닭에 그의 존재 복권이란 시도에도 불구하고 그것은 극히 제한적일 수밖에 없었으며, 또한 인간의 존재에 대한 생리학적인 사실 이상의 파악을 벗어날 수 없었다.

앞서 잠깐 언급한 것처럼 "존재에 관한 문제는 바로 실천적인 문제"[159]라고 한 포이어바하의 견해는 맑스의 실천 개념을 얼마간 예시하고 있기도 하다. 그러나 포이어바하의 실천 개념은 생리적인 욕구충족을 위한 행위와 같은 생리학적인 사실로 곧잘 귀착해 버린다. 물론 그러한 사실에 대한 음미의 사회적인 전의는 뛰어난 것이라고 할지라도 그것이 사회적인 존재로서의 인간에 대한 풍부한 통찰을 담고 있다고는 할 수 없다. 포이어바하는 이어서 다음과 같이 말한다.

> 그러나 또한 이때 나는 나의 실존이 결코 언어적인 또는 논리적인 빵에 – 추상적인 빵에 –, 의존하고 있는 것이 아니라, 오직 여기에 있는 **이** 빵, 즉 '**말할 수 없는 것**'에 언제나 의존해 있는 것이다. 그러

> 므로 그와 같은 오직 말할 수 없는 것을 기초로 하고 있는 존재는 그 자체 말할 수 없는 어떤 것일 뿐이다. 그렇다, 말할 수 없는 그것이다. 언어가 멈추는 곳, 거기에서 비로소 삶이 시작되고, 존재의 비밀이 비로소 열리게 된다.[160]

이때 포이어바하가 실천을 '말할 수 없는 것(das Unsagbare)'이라고 할 때, 그것은 우리의 존재가, 또는 일반적으로 존재가 지탱하고 있는 행위에 대한 직접성을 표현하고 있는 것이다. 즉 존재, 또는 생존은 언어에 의해서 지탱되는 것이 아니라 '언어가 멈춘' 행위로서의 '침묵'에 의한다. 그것을 포이어바하처럼 비유해 말한다면 우리의 입은 언어와 먹는 행위로서의 실천을 동시에 수행할 수 없다고 할 수 있다. 다시 말해 우리의 먹는 행위는 언어가 멈출 때 비로소 시작될 수 있을 뿐이다. 그러나 포이어바하는 실천을 먹는 것 그 자체, 즉 실천 대상에 대한 실천 주체와의 단순한 감성적 관계로서만 존재 복권을 한정시킨 것이다. 이를테면 포이어바하는 실천 대상에 대한 인간의 감성적 활동을 파악하지 못함으로써, 나아가 대상을 통하여 실천 주체의 본질이 곧 감성적 활동으로서의 실천이라고 파악하지 못함으로써 실천 개념을 몰역사적이고 비변증법적인 고립된 행위로만 파악한 것이다.

맑스는 포이어바하에 관하여 제9테제에서 그러한 의미의 '감성을 실천적 활동으로 파악하지 못한' 유물론이라고 비판한다.

나와 밥과의 관계는 언어적, 논리적 관계가 아니고 직접적인 침묵의 실천적 관계이다. 나의 존재, 나의 생명은 밥이라는 사유와 언어에 의존해 있는 것이 아니고 밥의 현실적 존재에 의존해 있다. 나와 밥과의 상호 현실적 존재는 그것이 현실적인 한 직접적인 감성적 관계에 있다. 그러나 맑스에 의하면 밥은 내 앞에 그저 주어져 있는 먹는 행위 대상으로서의 실천적 대상인 것은 아니다. 나의 실천적 활동에 의하여 밥은 만들어져 내 앞에 있게 된 것이다. 그리고 그것은 나의 물질적 활동, 즉 감성적 활동의 소산이다.

인간은 원시시대마저도 단순히 열매를 따먹고 살았던 것은 아니다. 물론 어떤 최초 상태의 식생활(食生活)을 그렇게 상정할 수는 있을지라도 그것은 이미 여타 동물들이 열매를 따먹는 행위와는 질적으로 구분되는, 즉 도구성이라든가 거기에 따르는 노동과정이 열매에 이르게 되는 과정으로 작용했을 것이다.

> 가장 단순한 '감성적 확실성'의 대상들조차도 오직 사회적 발전, 곧 산업과 상업적 교류를 통해서 그에게 주어지는 것이다. 버찌나무는 잘 아는바와 같이 거의 모든 다른 과일나무들과 마찬가지로 불과 몇 세기 전 **무역**에 의하여 비로소 우리 지역에 옮겨 심어졌으며, 그리고 그 때문에 특정한 시기에 있어 이와 같은 특정한 사회의 행위를 **통하여** 비로소 포이어바하의 '감성적 확실성'에 주어지게 되었던 것이다.[161]

포이어바하는 밥이 어떤 역사적 과정 속에서 우리 앞에 놓여 있는가 하는 문제를 고찰하지 않는다. 그에 의하면 밥은 우리에게 주어져 있고, 밥을 먹는 행위는 감성적이며 실천적 행위이다. 맑스에 의하면 밥이 우리에게 주어지는 과정은 사회적이고 역사적인 과정이며, 그러한 사회적, 역사적 과정이란 인간의 노동과 생산 활동에 토대를 두고 있다. 노동과 노동 대상의 관계가 감성적 활동으로서의 실천인 것이며, 따라서 밥은 우리에게 감성적, 실천적 활동의 결과로서 주어지는 것이다. 그 때문에 실천의 주체인 인간은 본질적으로 노동하는 존재인 것으로 파악된다. 앞에서 말한 것처럼 "감성적 노동(sinnliche Arbeit)"이야말로 "지금 현존하는 감성적 세계 전체의 기초"인 것이다.[162]

포이어바하가 실천 개념에 대한 몰역사적인 고찰에 머무르고 만다는 것은 예컨대 그가 스피노자의 범신론에 대한 철한사적 위치를 탁월하게 묘사하고 있음에도 불구하고, 그 철학사적 고찰이 전혀 실천적 인간생활과는 관계없는 추상적인 수준에 한정된다는 것에서도 볼 수 있다. 그는 『미래철학의 근본명제』에서 "범신론은 따라서 **신적 본질**에로, 즉 **종교철학적 원리**에로 고양된 **근대의 본질**에 지나지 않는다."[163]라고 말한다. 이어서 포이어바하는 다음과 같이 말한다.

> 일반적으로 소위 실재적인 학문들, 특히 자연과학들이 이해하는 경험론이나 실재론은 신학을 부정하지만, 그러나 이론적으로 부정하는 것이 아니고 **실천적으로** – 즉 **행위를 통해** 부정한다. 그것은 실재론자들이 신의 부정 혹은 적어도 신이 존재하지 **않는다**는 그것을 자신의 생활의 **본질적** 업무로, 즉 자신의 활동의 **본질적 대상**으로 삼게 되는 것이기 때문이다.[164]

포이어바하가 스피노자의 범신론 철학을 근대의 사상적 본질의 한 형태로 파악한 것은 스피노자의 범신론이 특히 근대 자연과학의 발달에 따른 소산이란 것에 근거한다는 것을 통찰할 수 있었던 것에 힘입고 있다. 그리고 그가 '자연과학이 (…) 이론적으로가 아니고 **실천적으로** 신학을 부정한다.'고 할 때 그 부정의 근거에 대한 해명을 자연과학의 대상성에서 찾고 있다는 것은 그의 실천 개념에 대한 한계를 뚜렷이 보여주고 있는 것이다. 자연과학은 초감성적인 무엇을 대상으로 하지는 않는다. 자연과학은 바다를 탐구하는 것이지 바다의 신 포세이돈(Poseidon)을 대상으로 하지는 않는다. 그 때문에 자연과학은 신학을 실천적으로 부정하는 것이 된다. 이러한 관점이 포이어바하에 의하면 자연과학의 물질 개념에 대한 신학적인 접근으로서의 근대의 범신론이 "**신학의 입장**에서의 **신학의 부정**"[165]일 수 밖에 없었던 필연적인 귀결인 것이다.

그러나 맑스에 의하면 '순수한' 자연과학조차도 상업과 산업에 의해서, 인간의 감성적 활동에 의해서 그 목적과 재료는 물론 그 대상성이 규정된다. 이러한 총체적인 역사적이고 사회적인 과정이 맑스의 실천 개념이며, 여기서도 포이어바하의 실천 개념은 '말할 수 없는 것', 곧 침묵일 수밖에 없는 행위로서 자연과학을 규정할 수밖에 없었던 몰역사성에 머무르는 것이다. 그리하여 포이어바하는 다시 이론과 실천의 관계를 범속한 절충주의적 관계로 파악하고 있을 뿐이다.

> 그러나 단지 이론이 실천을 부인하지 않고, 실천이 이론을 부인하지 않는 곳에서만 인격과 진리와 종교가 있을 뿐이다. 스피노자는 근대의 자유의 정신들 및 유물론자들의 모세이다.[166]

맑스에 있어서 감성적 관계란 첫째, 인간과 자연의 관계이며, 둘째는 인간과 인간의 관계로 대별된다. 이때 인간과 인간의 감성적 관계 속에는 인간과 사회 및 역사와의 감성적 관계까지 포함되는 것이다. 맑스의 포이어바하 비판과 관련하여 감성적 관계란 표현을 적용했을 때 포이어바하는 인간과 자연의 감성적 관계로부터 그가 실천이란 개념을 어느만큼 한정적으로 사용할 수밖에 없었던가 하는 점이 드러나며, 다음으로 인간과 인간의 감성적 관계에 대한 포이어바하의 한계를 실천이란 개념과 관련하여 고찰해볼 때는 더욱 그러한 실천 개념이 그의 시야 밖으로 어떻게 유실되어 버리는가를 알 수 있다.

> **고독**은 **유한성**이고 **제한성**이며, **연대적 공동체**는 **자유**이고 **무한성**이다. 인간은 **그 자신 홀로 있을 때**는 인간이다(통상적인 의미에 있어서). 인간이 인간과 **함께 있을 때**, – **나와 네가 통일될 때 신이다**.[167]

이 명제는 포이어바하가 그의 『미래철학의 근본명제』에서 아마도 유일하게 사회에 대해서 표현하고 있는 명제일 것이다. 이 명제에 따르면 '연대적 공동체(Gemeinschaftlichkeit)'는 '나와 네가 함께 있는 것'이고, 그러한 통일로서의 신이다. 그에게 있어서 사회는 그렇게 되어야 할 소망 형태이거나 자연적인 인간의 유적 공동체 내지는 결사체에 지나지 않다. 그는 결국 사회나 역사에 대해서 특별한 주의를 기울이지 못했으며, 그것은 그의 인간관이 지극히 일면적인 파악으로 될 수밖에 없는 한계이기도 하다.

포이어바하가 파악한 새로운 철학은 신학으로부터 철학으로, 그리고 그러한 철학은 근대에 있어서 사변철학과 범신론으로 나타났던바, 이제 그것은 인간학으로 나아가지 않으면 안 된다. 그것은 신성

(神性, Gottheit)에서 사유로, 그리고 새로운 미래철학은 존재의 문제로 나아가지 않으면 안 된다는 것을 뜻한다. 근대철학의 완성으로서 헤겔의 사변철학은 존재와 사유의 동일성에 기초하는 바, 이때 존재는 실재적 존재가 아닌 사유된, 추상적 존재인 것이기 때문에 존재와 사유의 동일성은 기실 사유의 자기 동일성에 지나지 않다고 한다. 즉, "**사유 속에서** 사유의 대립으로서의 존재"[168]는 사유된 것으로서의 존재 이외에 다른 것이 아니기 때문이다.

그렇다면 존재와 사유된 존재와를 구별하는 준거는 무엇인가? 포이어바하는 이에 대해 여러 곳에서 반복적으로 대답해준다.

> 이러한 사유하는 자로서의 나와 구분되는 증인들이 감관들이다. 존재는 나 혼자만이 아니라 타인들, 나아가 무엇보다도 **대상 그 자체까지도 관여되어 있는** 어떤 것이다.[169]

즉, 존재를 통해서는 나와 네가 구분되지 않지만 감관, 또는 감각을 통해 나와 너는 구분된다. 이러한 구분의 증인이 곧 감관이다. 그리하여 "감관만이, 직관만이 나에게는 **주체로서의** 어떤 것을 부여해 줄 뿐이다."[170] 감관, 또는 감각만이 나와 너를, 나와 대상을 구분해 주며, 나를 주체로서 인식하게 해준다.

> '**외적**' 사물들만이 **감관들**에 대한 대상인 것은 아니다. **인간은 오직 감관을 통해서만 자기 자신에 주어지게** 된다. 즉 인간은 그 자신 감관의 객체로서의 대상인 것이다. **자기의식** 속에서는 단지 **추상적 사유**일 뿐인 **주체와 객체의 동일성**은 **인간에 대한 인간의 감성적 직관** 속에서만 오직 **진리**이고 **현실성**이다.[171]

사변철학에 있어서 사유에 대립되는 존재란 사유된 추상적 존재에 불과하다. 따라서 이 사유된 추상적 존재는 실재적, 현실적 존재는 아니다. 이때 구별의 기준이 되는 것이 감각이고 직관이다. 그러나 포이어바하에 있어서 감각이나 직관에 의하여 구별되는 실재적 존재는 무엇보다도 나와 너, 즉 타인의 존재를 염두에 둔다. 그러므로 감각이나 직관은 사유된 추상적 존재로부터 실재적 존재를 구별해내는 기준일 뿐만 아니라 바로 그러한 구별을 수행하는 주체로서의 나의 존재에 대한 확인이고 증인이 된다. 즉 이때 나는 사유하는 그 주체로서의 존재이지만 그 보다 먼저 감각을 지닌 존재의 직접성의 주체이다.

나의 감성적 직관, 그리고 그러한 감성적 활동 그 자체가 나의 존재에 대한 직접성의 주체인 것이다. 나의 존재는 사유나 의식 속에서는 확인되지 않는다. 굶주림은 위가 비어 있다는 것을 나타냄으로써 내가 배고프다는 것을 확인시켜준다. 그 때 나는 밥을 먹음으로써 위의 충만을 느끼게 되고, 나의 존재가 배고픔에서 배부름에로 움직이는 어떤 것이라고 하는 확인을 받는 것이다. 나의 실재적 존재는 감성적 육체이다. 나의 존재에 대한 존재 복권은 감각과 감성에 의한 인간관계의 존재 복권으로 나아간다. 맑스는 포이어바하의 이 점을 그 이전의 유물론자들에 비해 한층 뛰어난 통찰이라고 지적하고 있다. 앞서도 이미 언급했었지만, 다시 한 번 요약한다면 포이어바하가 일반적인 사물들 이외에 인간마저도 "감성적 대상(sinnlicher Gegenstand)"으로 통찰한다는 점에서 그 이전의 유물론자들보다 훨씬 뛰어나다는 것이다.[172]

인간 그 자신의 감성에 의한 존재 복권은 인간관계의 감성에 의

한 존재 복권으로 이어지지만, 그러나 맑스에 의하면 그것은 곧 포이어바하의 인간관의 한계를 드러내고 만다. 맑스는 포이어바하가 인간을 감성적 활동으로 파악하지 못하고 단지 감성적 대상으로 파악해버리고 만다는 것, 또한 포이어바하는 인간을 얼마간 '추상물(Abstraktum)'로 파악하게 됨으로써 "감각 속에서 '현실적, 개체적, 육체적 인간'"[173]을 인정하는 데만 그쳤다고 비판한다. 결국 포이어바하는 사랑과 우애 이외의 인간관계를 파악하지 못하고 있으며, 관념화에 빠지게 된 것이다.[174]

아마 맑스는 포이어바하의 인간관의 한계를 다음과 같은 포이어바하의 말에서 보다 직접적으로 이끌어냈을지도 모른다.

> 우리는 혼자가 아니라 둘이서만 개념들, 곧 이성 일반에 도달한다. 정신적으로나 육체적으로 인간의 생산을 위해서는 두 인간이 필요하다. 인간과 인간의 연대는 진리와 보편성의 제일원리이고 규준이다.[175]

맑스는 포이어바하처럼 사회를 인간관계의 감성적 결합으로만 보지 않는다. 맑스에 의하면 현존의 부르주아사회란 "지금까지의 모든 역사적인 단계에서 존재하는 생산력들에 의해 제약되고, 그리고 반대로 이들 생산력들을 제약하는 교류형태이다."[176] 따라서 "부르주아사회는 생산력들의 특정한 발전단계 내에서 개인들의 전체적인 물질적 교류를 포괄한다."[177] 이러한 "부르주아사회가 모든 역사의 참된 중심지(Herd)이며 그 무대"[178]이기까지의 역사과정은 노동의 분화, 곧 분업의 발전과정이기도 하다. 맑스는 분업에 대해 다음과 같이 말한다.

> 노동의 분화는 물질노동과 정신노동의 분화가 나타나면서 그 순간 비로소 현실적으로 분화가 이루어진다. 이 순간부터 의식은 현존적인 실천의 의식과는 다른 어떤 것으로, 곧 어떤 현실적인 것을 내세움이 없이 **현실적으로** 어떤 것을 내세우는 상상을 **가능하게** 한다. 즉 이 순간부터 의식은 세계로부터 해방되고, '순수' 이론, 신학, 철학, 도덕 등등의 형성으로 나아가는 상태에 놓인다.[179]

이러한 물질노동(materielle Arbeit)과 정신노동(geistige Arbeit)의 분화는 사회 및 역사의 발전과 함께한다. 따라서 부르주아사회는 역사적 과정 속에서 노동의 분화가 더욱 심화된 사회이며, 이러한 분업의 심화는 "개별적 개인이나 개별적 가족의 이해와 상호 교류하는 모든 개인들의 공동적 이해 사이의 모순"[180]을 더욱 심화시키는 사회를 낳는다. 정신노동의 측면에서 부르주아사회는 정신노동이 "일정한 배타적 활동 영역"[181]으로서 물질적 실천 영역과는 유리된 채 강제되는 지배 이데올로기로서 기능한다. 이때 감성적 직관이 비실천적 직관(관조)의 형태로 나타난다는 것은 부르주아사회가 갖는 이성이 개별적 개체의 이해에 따르는 기능으로 전락해버리는 이기주의의 극대화된 모습을 반영한다.

공동체적 사회의식과는 모순되는 이기주의는 역사적으로 이상사회에 대한 열망의 계기들 중의 하나로 다루어져 왔다. 플라톤으로부터 모형화된 이상적 사회에 있어 중세적 침묵을 떠나 근대로 접어들면서 그에 따른 이상사회론은 가장 중요한 철학적 주제의 하나가 된다. 그것은 인간의 욕구(Bedürfnis), 또는 욕망의 해결을 주제로 한 것이기도 하다. 흔히 그러하듯 인간의 욕망은 물욕과 성욕으로 구분되었으며, 특히 사회적인 성욕의 해결을 위하여 성의 공유 문제가 논의된 것이다. 물욕으로서의 물질의 사적 소유(Privateigentum)보다 오히려 더 근원적인 욕구라고 생각된 생리적 근거로서 성의 공유 문제를 거론하게 되었던 것이며, 또한 이로부터 사회악으로서의 이기주의적 욕구를 일정하게 차단할 수 있다는 논거로 제시되곤 했다. 맑스에 의하여 '매음(賣淫, Prostitution)'으로 비판되기도 했던 '부인공유제 사회(Weibergemeinschaft)' 또한 그러한 배경 속에서 주장되었다.[182] 물론 맑스가 말하는 '사적 소유의 지양'은 성욕이 아니라 물욕과 관련되어 있으며, 감관들의 인간화를 향한 해방을 말한다.

> 따라서 사적 소유의 지양은 인간의 모든 감관들과 그 속성들을 완전히 **해방**하는 것이다. 그러나 이때 사적 소유의 지양은 이와 같은 감관들과 그 속성들이 **인간적**으로 되는 것, 곧 주관적이면서 동시에 객관적으로 된다고 하는 것을 통하여 이루어지는 해방인 것이다.[183]

이때도 물론 성의 공동소유가 문제가 아니라 남편의 부인에 대한, 또는 부인의 남편에 대한 인간적인 관계로서의 자연성과 감관들의 해방을 통한 인격적 상호성을 향한 필연성에 있다. 즉 욕구나 향유의 이기주의나 유용성에 갇혀있는 것이 아니다.

맑스는 곧 이어서 다음과 같이 말한다.

> 유용함이 **인간적인** 유용함으로 전화되었던 것이기 때문에 욕구나 또는 향유는 그것들의 **이기주의적** 본성을 상실하게 되었던 것이고, 그리고 자연은 그의 단순한 **유용성**을 상실하게 되었던 것이다.[184]

그리하여 노동의 분화, 즉 분업의 최고 단계에 이른 부르주아사회에 있어서는 강제된 이해의 타산이 성의 공유에 대한 도덕성 여부를 떠나 물욕 자체가 대상적으로 사유화된다고 하는 것은 이미 본능에 대한 자연 소질의 영역을 허락할 수 없는 생산력 발전의 필연이 관철되고 있는 부정적 동력으로 파악된다. 따라서 감성이 실천 활동을 담보하지 못하는 부르주아사회에 있어 그 이데올로기로서의 유물론은 부르주아사회 자체를 지양하는 변혁적 의지에서 멀어진 개별적 개체의 이기주의적 유용성만을 관철하려고 하는 직관이나 관조의 관점에 머무르고 만다.

10. 제10테제

10

낡은 유물론의 입지점은 부르주아적 사회[185]이며, 새로운 유물론의 입지점은 인간적인 사회, 또는 사회적인 인간성[186]이다.

(엥겔스 수정본)

낡은 유물론의 입지점은 "**부르주아적**" 사회이다. 새로운 유물론의 입지점은 **인간적인** 사회, 또는 사회화된 인간성이다.

10.1.

제10테제는 제9테제의 연장선에서 새로운 철학과 새로운 사회의 조응관계를 제시한다. 즉 제9테제에서 감성을 '실천적 활동'으로 파악한 실천적 유물론이 새로운 철학으로 제시되면서 제10테제에서는 이때의 새로운 사회는 '인간적인 사회', 또는 '사회적인 인간성'이라고 규정된다. 엥겔스는 맑스의 '사회적 인간성(die gesellschaftliche Menschheit)'이라는 말을 '사회화된 인간성(die vergesellschaftete Menschheit)'이라고 수정하고 있다. 엥겔스의 '사회화된 인간성'이란 그 소유형태와 관련하여 말한다면 사적 소유를 지양한 사회적 소유를 의미할 것이며, 이는 제9테제와 관련시켜볼 때 '개별적 개인'의 소유형태나 '부르주아사회'의 소유형태를 지양한 인간적인 보편적 소유형태를 의미한다.

포이어바하에 있어서 새로운 미래철학은 인간학이지만, 그러나 거기에 조응되는 새로운 사회형태에 대해서는 특별한 언급이 없다. 다시 말해 포이어바하의 미래철학으로서 인간학은 그 사회형태와 걸맞은 철학인지 어떤지, 그 사회형태에 대해서는 별다른 관심을 보이고 있지 않다. 예컨대 인간과 국가라는 공동체에 대해서 매우 단순한 다음과 같은 말이 그것을 잘 보여주고 있다.

> 인간은 국가와 하나이자 전체(das Hen kai pan)이다. 국가는 인간의 본질을 실현하고 교육하며 계발하는 총체성이다. 국가에서 인간의 본질적 특성이나 활동이 특수한 상태 속에서 현실화되지만, 그러나 국가원수의 인격 속에서 다시금 동일성으로 환원된다.[187]

그러나 맑스는 이 제10테제에서 부르주아사회, 또는 시민사회의 이데올로기가 흔히 관념론이라고만 하는 것은 제고되어야 한다는 것을 환기시킨다. '낡은 유물론', 즉 제9테제에서 말하고 있는 직관적이고 관조적인 유물론은 만일 맑스 자신의 유물론을 '변증법적 유물론'이라고 부른다면 '비변증법적 유물론'으로서의 낡은 유물론이며, 이는 부르주아사회의 이데올로기적 관점의 하나라는 것을 말해주고 있다. 이에 대칭적인 '실천적 유물론'은 변증법적 유물론으로서 새로운 유물론이며, 이는 '인간적인 사회'의 관점인 것이다. 그리고 제9테제에서 말하고 있는 대로라면 낡은 유물론과 새로운 유물론의 차이는 감성을 '실천적 활동'으로 파악하는 것의 차이이다. 다시 말해 새로운 유물론은 감성을 '실천적 활동'으로 파악하는 유물론이다.

주체가 대상으로서의 객체 속에서 실현되고, 그리하여 객체를 규정한다는 것과 객체가 주체를 규제하고 규정한다는 것은 변증법적 원환운동의 계기적 모순이 된다. 변증법적 모순의 실재는 그것이 언제나 계기적 양극의 대립적 동시성으로 파악되는 것이기 때문에 주체의 객체 규정과 객체의 주체 규정은 형식적 포섭(Subsumtion) 규정은 아니다. 이는 오히려 변증법적 내속(Inhärenz)의 현실 규정에 따르는 계기적 실재성의 동력일 뿐이다. 이미 대상적 현실로서의 객체는 고착되어 있는 어떤 선재적(先在的) 절대성에는 붙박여 있지 않다. 그럼에도 불구하고 철학의 대상규정으로서의 객체가 사적 소유형태를 지양한 사회적 소유형태이며, 그에 조응하는 주체로서의 실천적 유물론을 규정한다면 어떻게 이러한 철학은 부르주아사회 내에서 태동할 수 있겠는가?

맑스는 물론 의식이 존재를 규정한다고는 말하지 않는다. 그러나 의식으로부터 존재, 즉 사회형태의 규정을 받는 생활이 규정될 수 있으며, 그러한 의식의 변화 지향성을 제10테제는 암시하고 있다고 할 수 있다. 의식은 존재로부터 규정되고 존재의 사실을 반영하지만, 실천은 이러한 규정이나 반영의 수동성이 아니라 객체로서의 존재 사실에 주체를 투영하여 실현하고 규정하는 능동성이다. 맑스의 실천 개념은 존재 사실로부터 규정되고 반영되는 일면적인 수동성이 아니고 실천적 유물론의 철학적 의식에 있어서의 능동성이다. 동시에 실천은 도덕적 행위 목적의 실현을 의미하는 것이 아니고 감성적 행위로서의 존재 사실에 연관된 생활과 사회형태의 변화를 실현하는 목적의식적인 능동성을 의미한다.

맑스의 정치경제학적 사회구성체에 대한 분석은 그러한 구성체로부터 규정되는 의식의 분석은 따로 없다. 철학이 '프롤레타리아트의 **정신적인** 무기'[188]라고 할 때 실천적 유물론으로서의 프롤레타리아트(Proletariat), 곧 프롤레타리아계급의 철학은 부르주아계급, 곧 부르주아지(Bourgeoisie)가 지배하는 부르주아사회에 있어서의 이념적 의식이다. 따라서 실천적 유물론의 주체로서 프롤레타리아트가 부르주아사회에 있어서의 사회적인 인간성을 지향하는 계급으로 존재하는 한 그러한 의식은 부르주아사회에 의하여 규정되는 의식으로서 능동성을 갖는다.

10.2.

제10테제에서 맑스가 새로운 유물론의 입각점이 되는 사회를 '인간적인 사회, 또는 사회적인 인간성'이라고 쓴 것에 대해 엥겔스가 '인간적'이란 말을 강조하면서, 나아가 사회적 소유의 의미를 갖는 '사회화된 인간성'이라고 수정한 것을 어떻게 이해해야 할까? 맑스는 특별한 강조 없이 '인간적인 사회'라고 쓰고 있으며, 이에 대해 엥겔스는 '**인간적**'이란 말에 일정한 의미를 부여하고 있는 것으로 강조하여 쓰고 있다. 그것은 인간적인 사회와 인간성이 실현된 사회라는 의미의 차이로 볼 때 새로운 유물론의 입각점은 통속적으로는 부르주아사회의 모순이 지양된 인간적인 사회라고 볼 수도 있겠지만 맑스는 매우 당연한 듯한 '사회적인 인간'이라는 말을 여기서 쓰고 있지는 않다. 물론 사회의 인간화라고 할 때의 인간주의에 대해서도 별다른 언급은 없는 것 같다. 따라서 엥겔스가 이미 주의를 하고 있는 것처럼 이때의 '**인간적**'이란 말은 '인류'란 뜻, 즉 보편적으로 결합된 '인간적인 공동체'란 의미를 갖는다고 해야 할 것이다. 그것은 '사회적 인간성'이라고 쓴 맑스의 말을 엥겔스가 소유의 보편적 실현을 의미하는 '사회화된 인간성'이라고 고쳐 쓴 것과 관련해 볼 때 더욱 그러하다. '사회적 인간성'이라고 쓴 맑스의 표현은 인간이 사회적 동물임을 뜻하는 강조적 의미는 아니며, 더욱이 어떤 특수한 인간성을 묘사하려는 것도 아니다. 만일 이를 인간의 본질적 보편성이 실현된 사회라는 의미에서 이해한다면 그러한 보편성은 선험적 추상이 아니고 역사의 발전과정 속에 있는 구체적인 현실적 보편성이다. 맑스는 『독일 이데올로기』에서 인간의 보편성이란 다음과 같은 다섯 가지 문제와 관련되어 있는 것으로 언급하고 있다.

> (맑스의 난외 주해:) 보편성은 다음과 같은 것들에 상응한다. 즉 1.신분에 대한 계급, 2.경쟁, 세계교류 등등, 3.지배계급의 많은 다수성, 4.**공동체적** 이해에 대한 환상(처음에는 이 환상이 참되었을 것이다), 5.이데올로그들의 기만과 분업.[189]

중세적 신분 관계는 근대 부르주아사회에 있어서는 개체적 욕구가 보다 전면화 된, 따라서 보다 계급적인 이해관계로 변화되면서 지배계급 자체의 양적 확대가 뒤따른다. 이러한 양적 확대는 헤겔의 유명한 "자유의식에 있어서의 진보"[190]라는 의미이기도 하다. 그러나 그것은 만인의 자유는 아니다. 근대 부르주아사회의 발전은 동시에 그것이 환상이며 기만임을 드러내 준다. 부르주아사회에 있어서 지배계급으로서의 부르주아계급, 곧 부르주아지가 유물론의 입장에서 봉건적 지배체제에 반기를 들었던 것은 당대적 정당성을 떠나 차츰 낡은 유물론의 시대적 한계에 봉착하게 되며, 이 유물론은 일정하게는 보편성을 띤 부르주아사회의 지배 이데올로기적 성격을 갖기도 한다. 낡은 유물론, 즉 제9테제에서 말하고 있는 직관적 유물론은 부르주아사회 자체의 환상과 기만을 표현할 뿐이며, 역사현실에 대한 관념적 추상에 머무르고 만다. 그리하여 맑스는 "**세계시장**(*Weltmarkt*)"[191]을 전제로 한 프롤레타리아계급, 곧 프롤레타리아트의 자유를 구체적 보편성의 실현으로 파악한다.

> 따라서 프롤레타리아계급은 자신의 행위이기도 한 공산주의가 오직 "세계사적" 실존 일반으로서만 현존할 수 있는 바와 마찬가지로 오직 **세계사적으로** 실존할 수 있을 뿐이다. 그것은 개인들의 세계사적 실존, 다시 말해 세계사와 직접적으로 연결되어 있는 개인들의 실존인 것이다.[192]

중세적 신분에서 벗어나 보다 뚜렷한 계급으로의 세계사적 개체들의 결합은 부르주아사회의 태내에서 배태된 프롤레타리아계급의 구체적 보편성인 것이며, 이는 새로운 실천적 유물론의 지반이기도 한 보편적 인간성이 실현된 인류사회를 향한 발걸음인 것이다.

10.3.

제10테제는 제9테제의 연속적 규정으로서 경제적 사회구성체의 변혁에 조응하는 철학의 규정이며, 제9테제는 그러한 철학의 내포적 규정이다. 맑스에 의하면 그것은 인간성의 사회화와 사회의 인간화를 의미하는 인간적인 사회, 또는 사회적인 인류로서의 인간성이지만, 이미 언급한 것처럼 엥겔스는 사적 소유형태가 지양된 '사회화된 소유(vergesellschaftetes Eigentum)'라는 의미를 함축하고 있기도 한 '사회화된 인간성'으로 수정하여 표현한다.

포이어바하가 표현하고 있는 '미래의 철학'이란 말은 맑스에게서도 다시금 '미래의 철학으로서 새로운 유물론'이라고 덧붙여 표현됨으로써 이미 포이어바하가 비판적으로 극복되고 있음을 예시하고 있다. 그런 의미에서는 포이어바하의 『미래철학의 근본명제』이나 「철학의 개혁에 대한 예비적 테제들」이란 글은 엥겔스가 「포이어바하에 관한 테제들」이라고 맑스의 그것에 표제를 붙인 이유의 일단이 될 것이다. 이러한 계승적 연속성과 비판적 극복은 어느 면에서는 형식적으로 그 둘 사이에 유사성을 띠고 있을 뿐만 아니라 내용적으로도 상호 이해의 관문이 되고 있다. 그러나 비판과 극복의 대상이 포이어바하에 있어서는 종교 비판과 더불어 범신론 철학과 근대의 사변철학이라면 맑스에 있어서는 사변철학과 포이어바하의 철학이다.

포이어바하의 범신론 비판은 범신론에 대한 철학사적 비판으로부터 그 제한적 역할과 위치를 규명하는 날카로움을 지닌다. 포이어바하에 의하면 "범신론은 **신학의 입장에서의 신학의 부정**이다."[193] 그리하여 근대철학의 한 정점이라고 할 스피노자의 범신론 철학은 유신론의 극점에서 바로 그 유신론을 전도시키는 신학의 입장에 서 있었던 것이고, 따라서 " '무신론'은 전도된 '범신론'이다."[194]라고 말한다. 즉, "**무신론**은 범신론의 **필연적 귀결**이며, **철저한** 범신론이다."[195] 앞에서 언급했던 포이어바하의 다음의 말을 다시 한 번 인용해보자.

> 범신론은 **신학적 무신론**이고, **신학적 유물론**이지만, 그러나 그 자체 **신학의 입장**에서의 **신학의 부정**이다. 왜냐하면 범신론은 신의 부정인 물질을 **신적 본질의 술어**나 또는 **그 속성**으로 삼기 때문이다.[196]

포이어바하는 범신론에 대한 철학사적 의미를 언급하면서 "신 자신이 유물론자이다."[197]라고 표현될 수 있는 스피노자의 범신론이 무엇보다도 그 시대의 유물론적 경향을 집약적으로 표현하게 되었다는 점과 이 같은 경향은 특히 자연과학의 실천성과 그 활동에 의해서 이루어지게 되었다는 점을 지적한다. 그러나 포이어바하는 자연과학의 실천성이 왜 신을 유물론자로 되게 하는가에 대한 분석에는 얼마간 도달하고 있으면서도 왜 자연과학이 그러한 실천성을 의미하며, 왜 그러한 활동을 할 수밖에 없었던가 하는 문제에 대해서는 주의를 돌리지 않고 있다.

포이어바하가 철학사의 내적 발전에 대한 비판으로부터 도달한 인간학적 유물론은 철학에 대한 비역사적 관점의 하나이다. 철학 그 자체의 발전의 역사를 역사현실에서 분리된 의식이나 정신의 계승적 연속성으로 파악함으로써 그것이 선행 철학자들에 대한 비판과 그 극복으로서의 역할을 할 수도 있겠지만, 그러한 비판과 극복은 역사현실에 대한 진정한 비판과 극복과는 또 다른 문제인 것이다. 맑스의 비판은 그 초점이 과거의 철학에 대한 비판인 것이 아니라 역사적·사회적 현실에 대한 비판과 극복이며, 맑스의 철학 비판도 현실을 반영하는 왜곡된 의식형태로서의 철학에 대한 비판과 극복이다. 맑스의 철학 비판은 그러한 철학의 뿌리로서의 현실에 대한 비판으로 겨냥된 것이며, 그러므로 맑스의 비판의 표적은 역사적 현실로서의 부르주아사회에 대한 비판이다. 그리하여 새로운 유물론은 인간적인 사회, 사적 소유가 지양된 사회적 소유에 조응하는 인간성이 실현되는 철학으로서의 유물론인 것이다. 물론 이러한 사회구성체를 맑스는 '공산주의(Kommunismus)'라고 부른다.

공산주의는 우리에게 있어 복원되어야 할 하나의 **상태**, 즉 현실이 따르지 않으면 안 되는(안 될) 하나의 **이상**이 아니다. 우리는 공산주의를 현재의 상태를 지양하는 **현실적인** 운동이라고 부른다. 이 운동의 조건들은 지금 현존하고 있는 전제에서 나타나게 되는 것이다.[198]

부르주아사회에 대체되는 공산주의 사회는 환상 속에 있는 어떤 이상인 것은 아니다. 그것은 이미 부르주아사회 자체 속에 내재해 있는 현실적인 운동이다. 부르주아사회는 이미 그 자체 속에 공산주의 사회에로 지양되는 현실적인 조건들을 지니고 있다. 그러나 물론 부르주아사회가 지닌 여러 요소들이 모두 공산주의로 지양되어야 할 조건들일 수는 없다. 그러한 요소들은 발전의 조건이 되기도 하지만 그 질곡이 되기도 한다. 공산주의에로의 현실적인 운동이 종래의 운동과 구별되는 특징을 맑스는 다음 세 가지로 지적한다.

첫째, "이제까지의 모든 생산관계와 교류관계의 토대를 변혁시키는"[199] 운동이라는 것,

둘째, "모든 자연발생적인 전제들을 최초로 의식적으로 이제까지의 인간들의 창조물로 다루게 되는"[200] 운동이라는 것,

셋째, "그러한 자연발생적인 전제들에서 그 자연발생성을 벗겨내고 결합된 개인들의 권력에 예속시키는"[201] 운동이라는 것이다.

물론 이와 같은 맑스의 공산주의에 대한 견해가 그 자신의 확정적인 사상적 개념인 것은 아직 아니다. 누구나처럼 맑스에 있어서도 그의 사상적 개념들은 정제되어 갔던 것이고, 그렇다고 언제나 모든 개념들이 나중에야 확정적 정식화의 원리로 자리 잡게 되었다고 말할 수도 없다. 맑스는 『독일 이데올로기』에서 공산주의를 "교류형태

그 자체의 생산"[202]이란 관점에서 파악하며, 따라서 그것은 부르주아 사회의 내적 조건들과 모순 속에서 운동하고 있는 역사적 필연성으로 파악하는 것이다. 맑스에 의하면 이전의 역사에서 질곡으로 되어버린 교류형태는 새로이 발전한 생산력에 상응하는 교류형태에 의하여 대체된다. 따라서 이전의 낡은 교류형태는 새로운 교류형태의 산출과정에서 그 질곡으로 되는 것이며, 역사에 있어서 "일련의 연관적 교류형태들"[203]의 대체 과정은 생산력과 교류형태의 모순에서 비롯된 불가피한 충돌을 가져오는 것이다.

> 그리하여 역사의 모든 충돌은 우리의 견해로는 생산력들과 교류형태 사이의 모순에 그 근원을 갖는다. 그밖에 또한 이 모순이 어떤 나라에서 충돌로 나아가기 위해 이 나라 자체 내에서 극단으로 치달을 필요까지는 없을 것이다.[204]

우리는 앞서 제7테제를 해석하면서 인용했던 맑스의 유명한 말을 여기서 다시 한 번 되새길 필요가 있을 것이다. 즉 개인이란 무엇인가를 그가 무엇을 생각하고 있는가에 따라 판단할 수 없듯이, 먼저 그의 물질적 생활의 모순들로부터 그의 의식을 해명하지 않으면 안 되며, 나아가 사회적 생산력과 생산관계의 갈등으로부터 해명하지 않으면 안 된다.

> 우리가 한 개인이란 무엇인가를 개인 그 자신이 무엇을 생각하고 있는가에 따라 판단하지 않는 것처럼, 우리는 그러한 어떤 변혁의 시기를 그것의 의식으로부터 판단할 수는 없으며, 오히려 이 의식을 물질적 생활의 모순들로부터, 즉 사회적 생산력들과 사회적 생산관계들

사이의 현존적인 갈등으로부터 해명하지 않으면 안 된다.[205]

생산력과 교류형태 사이의, 즉 생산력과 생산관계 사이의 갈등과 모순들로부터, 그리고 이와 같은 갈등과 모순들이 반영된 의식으로부터 변혁의 시기를 통찰하지 않으면 안 된다고 맑스는 강조하고 있는 것이다.

IV

철학적 세계관으로서의 실천적 변혁

11. 제11테제

11

철학자들은 세계를 단지 다양하게 **해석해** 왔을 뿐이며, 문제는 세계를 **변화시키는**[206] 것이다.[207]

(엥겔스 수정본)

철학자들은 세계를 단지 다양하게 **해석해** 왔을 뿐이다. 그러나 문제는 세계를 **변화시키는** 것이다.

11.1.

제11테제는 맑스 자신의 철학을 집약하여 표현한 것으로 널리 알려져 있다. 드러난 문맥으로는 '철학자'와 '세계', '해석'과 '변화'의 의미로 요약된다. 해석과 변화, 또는 변혁의 문제는 제2테제의 이론과 실천의 문제로 대비되기도 한다. 맑스의 철학적 인식론이 실천의 문제로 귀착된다는 것은 인식이 실천과 유리될 수 없고 유리되어서도 안 된다는 것, 그리고 인식 내지는 진리의 검증은 실천에 의한다는 것으로 요약될 수 있다. 맑스의 「포이어바하에 관한 테제들」 전체가 실천의 문제로 일관되어 있다는 것은 종래의 철학에 대한 비판의 준거이면서 맑스 자신의 철학적 출발점이 된다는 의미이기도 하다. 엥겔스가 지적한 맑스 철학사상의 '천재적인 씨앗'이 무엇보다도 바로 실천의 개념을 두고 한 말이란 것은 테제들 전체가 묵시적이든 명시적이든 그 의미가 실천 개념에로 수렴되고 있다는 것에서 쉽게 이해될 수 있는 문제이다.

실천 개념은 맑스의 철학과 그 이전의 관념론은 물론 유물론까지도 구별하는 변곡점이 된다. 이에 대한 정식은 이미 제1테제에서도 밝혀주고 있다. 제2테제에서는 진리를 검증하고 증명하는 기준으로서의 실천을, 그리고 제3테제에서는 환경세계와 주체 활동에 있어서 실천의 의미를 밝혀준다. 실천 개념에 대한 직접적인 언급이 없는 테제는 제6테제와 제7테제, 그리고 제10테제이다. 제11테제에서는 실천 개념이 철학과 관련하여 세계의 변화, 세계변혁으로 지향되어야 한다는 것을 함축하고 있다.

이를 실천의 관점에서 전체적으로 요약하면 다음과 같다.

첫째, 실천은 인간의 감성적 활동이다.

포이어바하에 있어서 신이 다른 동물들의 대상이 아니고 오직 인간만의 대상인 것처럼 맑스에 있어서도 실천은 다른 동물들의 활동이 아니고 오직 인간만의 활동이다. 즉 감성적인 인간의 활동, 또는 인간의 감성적인 활동이다. 제1테제에서 맑스는 포이어바하가 인간을 인식하는 존재로만 보고 활동하는 존재로 보지 못한 것을 비판한다. 포이어바하에 있어 감성 개념은 인간 존재와 그 대상 인식의 사실적 개념일 뿐이며, 인간이 활동하는 존재이고, 이 활동이 대상과의 관계에 있어 감성적이라고 하는 견해를 갖지 못한다. 인간이 활동하는 존재라는 것은 인식의 고립적 정태성을 지양하는 범주 규정이기도 하다. 인간에 대한 활동하는 존재라는 관점, 그리고 인식이 인간의 활동의 하나인 인식 활동이라고 하는 것이 인식에 대한 올바른 관점이며, 인식을 그 자체로만 한정하여 고립적으로 파악하는 것이 포이어바하의 결함인 것이다. 이에 대해 엥겔스는 다음과 같이 말한다.

> 그러나 우리가 인간들을 역사 속에서 행동하는 것으로 고찰함으로써만이 포이어바하의 추상적인 인간에서 현실적이고 살아있는 인간들에로 나아가게 되는 것이다. 그리고 포이어바하는 그것을 반대하였던 것이며, 따라서 그가 파악하지 못했던 1848년이라는 해는 그에게는 현실 세계와의 최종적인 단절이자 은거생활로의 후퇴를 의미하였다.[208]

1872년에 타계한 포이어바하는 맑스와 엥겔스가 『공산당 선언』을 발표하면서 적극적으로 뛰어든 프랑스와 독일을 중심으로 일어난 1848년의 혁명을 파악하지 못한 채 곧 은거하고 만다. 엥겔스는 포이어바하철학에 있어서의 인간학의 한계를 지적하고 있는 것이다.

맑스에 있어서 감성적인 인간의 활동, 즉 실천적 활동의 중심 개념은 노동에 대한 개념으로 집약될 수 있지만, 그러나 「포이어바하에 관한 테제들」에서는 노동에 대해 직접적으로 언급하고 있지는 않다. 감성적인 인간의 활동으로서 실천이 곧 노동 개념을 뜻한다는 것은 맑스의 인간에 대한 어떤 관점의 인식론적 성격이 실재적인 존재론적 성격으로 전환되는 접점의 하나라는 것을 뜻한다. 그리고 이와 같은 존재론은 과거나 현재, 미래의 있음이 아니고 그렇게 되어 왔었고, 되어 있으며, 또한 그렇게 되어 가는 인간 그 자신의 변증법적 생성을 뜻하는 것이기도 하다.

맑스에 의하면 인간의 모든 사회활동은 노동을 통한 생산 활동에 그 토대를 둔다. 노동은 노동수단(Arbeitsmittel)의 생산을 위한 노동과 노동수단을 통한 노동으로 구분될 수 있다. 이 구분은 분업의 초기 형태에서 도시와 농촌의 분리에 대한 실제적인 단서를 제공한다. 그러나 생산 활동과 관련된 노동에 대한 이러한 역사적 규정이 아니고도 노동은 이미 인간의 본성과 관련된 그 자연력(Naturkraft)이다.

> 인간은 자연적 소재를 그 자신의 생활을 위해 유용한 형태로 전유하기 위하여 자신의 육체에 속한 자연력들, 즉 팔과 다리, 머리와 손을 움직인다. 인간은 이러한 운동에 의해서 그의 외부에 있는 자연에 작용하게 되고, 그리고 그 자연을 변화시킴으로서 동시에 자기 자신의 본성인 자연을 변화시킨다.[209]

노동에 대한 맑스의 이 말은 제3테제에 나타난 환경과 인간의 변화에 대한 변증법적 연관에 대해서도 잘 설명해 준다. 즉 환경의 변화와 인간 자신의 변화를 매개하는 노동은 인간 그 자신에 있어서는 본질을 규정해가는 활동이기도 하다. 이러한 측면에서 보면 포이어바하의 인간학은 인간의 생존 활동으로서의 노동에 대한 별다른 주의를 기울이지 못했기 때문에 인간의 존재를 사유 이전의 보다 근원적인 생존으로 보고 있으면서도 그것을 다만 이미 생존해 있는 존재사실로서만 바라볼 뿐이다. 그는 침묵의 빵이 언제나 눈앞에 있는 것으로 생각한다. 그러나 침묵의 빵은 그것이 나의 빵으로 되기까지 사회 역사적인 과정을 밟게 되며, 그런 과정이 아니더라도 빵은 직접적으로는 자연에 대한 나의 부단한 노동의 산물이며 그 소산인 것이다.

> **인간은 단지 사유를 통해서만 동물과 구별되는 것은 아니다**. 인간의 **본질 전체**가 오히려 **동물과 인간의 구별**인 것이다.[210]

인간의 모든 감성 영역이 동물과 구별되며, 이를 포이어바하는 매우 직설적으로 소화기관으로서의 위를 예로 들어 설명하고 있음에도 불구하고 그 위의 보편성을 대상의 보편성, 즉 음식물에 대한 보편성이라는 사실에 기인한다는 것만을 말하고 있을 따름이다. 다시 말해 그는 인간의 감성적 대상들이 마치 이 자연 속에는 아무런 구속성 없이 주어져 있는 것처럼 생각하고 있으며, 인간의 위의 보편성은 육식도 할 수 있고 채식도 할 수 있는 음식물에 대한 보편성에서 실현되고 있는 것이라고 찬양하고 있을 뿐, 원시적인 자연생활마저도 열매나 물고기를 획득하기 위한 고통스런 노력으로서의 노동을 쉴 새 없이 하지 않으면 안 된다는 사실을 간과하고 있다. 그는 위의 대상으로서의 음식물이 사회적이고 역사적인 과정에 있어서의 노동의 결과물이란 것을 간과하고 있으며, 따라서 맑스는 그러한 보편성의 자연적 사실마저도 사회적이고 역사적인 실천적 노동의 관점에서 파악하고자 한다.

포이어바하에 의하면 빵은 위의 감성적 대상이다. 인간의 비어있는 위가 감성적 고통에 시달릴 때 그 대상으로서의 빵은 감성적 고통을 해소시키면서 감성적 기쁨으로 전환시킨다. 위 그 자체의 고독은 고통이지만 그 대상과의 대화는 기쁨이다. 포이어바하는 위의 대상으로서 존재하고 있는 빵의 역할과 기능, 그리고 그 속성의 의미만을 위와 관련하여 파악한다.

그러나 맑스는 빵을 만들고 먹게 되기까지의 사회 역사적인 과정과 그러한 과정 속에서 인간의 자연력 지출로서의 노동 개념을 통하여 빵을 파악하며, 그리하여 인간의 노동은 언제나 빵과 같은 물질적이고 감성적인 대상과 연관되어 있는 활동이다. 인간은 노동을 통해서 자연의 물질을 자기화(Aneignung)하며, 그런 의미에서 노동은 인간의 물질적이고 감성적인 활동이다. 일정한 형태 속에서 이루어지는 "노동이 전적으로 인간에게만 속한 것"[211]인 한 노동은 자연의 물질적 운동이나, 또는 생물들의 활동과는 구별된다. 그 때문에 맑스는 실천 개념을 인간의 감성적 활동이라고 규정했던 것이며, 인간의 감성적 활동으로서의 노동을 합목적적 의지가 결부된 "합목적적 활동"[212]이라고 규정하고 있는 것이다.

목적의식적 활동으로서 실천의 주관적 능동성은 혁명적 실천의 조건으로서 객관적 수동성과의 통일이 어떻게 가능한가 하는 문제는 강제된 노동, 즉 소외된 노동(entfremdete Arbeit)과 자연력으로서의 노동, 그리고 노동과 실천의 변증법적 관계의 문제를 제기한다. 목적의식적 실천 활동은 그러한 의식이 산출되기까지의 사회 역사적인 조건과 그 과정의 산물이다. 따라서 소외된 노동의 지양은 노동의 합목적성을 실현하기 위한 실천의 능동성을 배태시킨다. 혁명적 실천은 그러한 사회 역사적 조건의 필연성 속에 있는 것이며, 이 필연성이 반영된 의식이 실천의 주관적 능동성을 가져온다. 철학은 이 필연성의 의식을 일반화하는 임무를 지닌다. 그런 의미에서 철학은 변혁을 지향하는 프롤레타리아트의, 즉 노동계급의 정신적 무기이다.

둘째, 실천은 비판적 활동이다.

맑스는 이미 제2테제에서 실천은 진리와 인식의 진위를 검증하는 표준이며, 실천에서 유리된 이론은 공리공담에 지나지 않는다고 말한다. 그러나 실천은 이론이나 사유가 먼저 있고, 이를 실천에 의하여 그 진리를 검증하는 사후적 의미만을 띤 것은 아니다. 어떤 이론의 타당성, 곧 그 진리성의 여부는 사후적인 실천에 의하여 입증됨으로서 진리일 경우와 오류일 경우로 판명되는 검증 과정을 겪기도 한다. 그와는 반대로 실천이 있고 나서 그 후 이론이 그 실천을 바탕으로 구성되는 과정이 있겠다. 맑스의 제2테제는 마치 어떤 이론에 대한 그 진리성의 사후적인 판정은 실천이라는 정식으로 이해해야 한다는 것처럼 보인다. 그러나 이론과 실천의 관계는 그 진리 판정의 선후 규정을 포섭하고 지양하는 변증법적 통일로서 연관되어 있는 것이다.

> 비판 그 자체는 이 대상과의 자기 타협을 필요로 하지 않는바, 왜냐하면 비판이 이 대상과 완전히 함께하고 있기 때문이다. 비판은 더 이상 **자기목적**으로서가 아니고 단지 **수단**으로서만 부여될 뿐이다. 비판의 본질적인 파토스는 **분노**이며, 비판의 본질적인 작업은 **고발**이다.[213]

물론 비판은 그 실천적인 역동성에 있어서 '분노'이고 '고발'이기 때문에 이론 비판에만 머물러 있는 공리공담은 아니다. 비판은 우선 비판 대상에의 참여로서 책임을 수반한다. 이러한 참여는 이론의 통로에 일치되어 있는 실천적 통로가 되며, 실천으로부터 고립된 이론이 책임을 방기하는 통로를 차단해 준다. 이론의 실천적 검증은 검증의 결과에 대한 책임과 참여로서 이론의 진위 판정과 그 수정을 담보해 나가는 반면, 실천에 의한 이론의 구성은 이미 그 진위의 판정을 확보한 결과로서 나타난다는 점에서 이론 자체의 확정성이 담보되어 있는 것 같다. 그러나 진위의 판정이 이론 영역에 한정되어 있는 것은 아니며, 실천의 영역으로 옮겨 생각해보면, 실천에 의한 이론 구성의 진위 담보는 언제나 다시금 이론 중심의 부수적 실천이란 선입견을 갖게 한다.

맑스는 비판 대상의 현실적 차별성을 이끌어내고, 이 차별성의 부정적 동력에 의한 변증법적 지양에서 비판 대상의 실천적인 극복을 시도한다. 그가 많은 저서들의 제목에 비판이란 표제를 내건 것은 비판 대상의 내재적 비판에 의한 극복과 대안적 제시 대상의 형태를 그 속에 통일적으로 표현하려는 열망을 지닌다. 비판에 의한 대안적 대상 형태가 이미 이론 비판 그 자체의 지양으로 표현되는 경계선상에 맑스의 실천적 비판 개념은 위치하고 있다. 맑스의 비판 개념은 실천의 이론 구성적 진위판정이 아니라 이론의 실천적 지양으로서의 부정적 동력과 실천 그 자체의 현실성이 담고 있는 부정성을 뜻한다. 맑스적인 의미에 있어서 비판은 언제나 실천적인 현실이 말해야 한다.

예컨대 맑스의 사상적 한계를 비판하는 주체철학이 그 출발점으로 삼고 있는 것은 비판과 건설이라는 두 축의 현실적 진동 과정에서 실천의 건설적 활동에로의 중심 이동을 역사적 발전단계로 설정하는 데서 맑스철학의 비판적 계승성을 강조한다. 주체철학은 비판적 계승의 현실적 긍정을 실천적 건설과의 동일화로 표현하고 있다. 그러나 비판과 건설의 현실적 긍정을 실천적 사실이 말하고 있지 않을 때 그 독단성은 정서적 소망과 분노의 기분에 불과하다. 맑스의 비판 개념이 철학의 실현으로서 철학의 종말, 또는 새로운 철학의 출발로부터 보편적 인간의 해방을 실현하기 위한 변혁을 의미한 것이라면 유일사상으로서의 주체철학은 철학의 완성과 그 사멸로서의 종말을 표현하려고 한 것이 아닐까? 변증법은 철학의 종말이 곧 비판의 종말로서 무비판의 침묵으로 전락해버린다는 것을 가르쳐준다.

맑스는 철학을 그렇게 이해했을 것이다. 그것은 기존의 철학에 대한 비판적 부정과 그 긍정의 자기이해를 실천적인 변증법적 통일을 시도하는 데서 드러난다. 포이어바하는 새로운 철학으로서 미래 철학이란 말로 비판적 긍정의 이론을 제시한다. 맑스 역시 헤겔철학과 포이어바하의 철학을 비판한다. 동시에 그는 실천의 개념을 중심축으로 하여 과거의 모든 철학이 지녔던 결과와 오류를 비판하고 새로운 철학을 제시한다. 그리하여 제11테제는 과거의 철학에 대한 포괄적 비판을 철학 그 자체의 실천적 변혁에 초점을 두고 단언하는 내용까지도 함께 지니고 있다.

맑스에 의하면 부정과 지양의 대상으로서 철학은 "**실천적인** 정치적 당"[214]에 의하여 그 부정과 지양이 수행된다.

> 한 마디로 말해, 독일의 실천적인 정치적 당에 있어 **철학을 실현하지 않고는 철학을 지양할 수가 없다**.[215]

물론 맑스의 이 말은 당대적인 독일의 정치 현실에 대한 비판에서 나온 것이지만, 보다 일반적인 의미에서 해석했을 때, 맑스는 이론, 즉 철학의 지양은 실천, 즉 정치적인 현실에 의하여 이루어지며, 따라서 이론과 철학은 그 자체의 현실적 실현에 의해서만 가능하다고 하고 있다. 이때 현실적 실현은 이론과 철학의 전면적인 부정적 지양을 의미하며, 때문에 그것은 일정한 사회 역사적인 과정 속에서의 검증적 비판을 통과하지 않을 수 없다. 이론에 의한 이론의 논박이라든가 이론에 의한 이론의 부정은 지양과 부정의 비판적 실재성이 결여된 공론에 불과하다. 이러한 맑스의 견해는 「헤겔 법철학 비판. 서문」에서 긍정적 비판의 이해에 대한 부정적 지양으로서 제시되는 철학으로 정식화된다.

맑스철학의 현실적 담지자는 계급적 당파성을 띠고 있는 프롤레타리아트, 곧 프롤레타리아계급이며, 이제 프롤레타리아계급의 출현과 더불어 철학은 프롤레타리아계급의 철학이어야 한다. 그러나 프롤레타리아계급과 철학의 지양은 변증법적인 통일의 동시성을 이루고 있다. 앞서 이미 언급했었던 맑스의 유명한 말을 되새기며 다시 한 번 강조하는 의미에서 인용하는 것이 좋을 것이다.

> 철학이 프롤레타리아계급에게서 **물질적** 무기를 발견하는 것과 마찬가지로 프롤레타리아계급은 철학에서 그의 **정신적** 무기를 발견하게 되며, 그리고 사상의 섬광이 이 소박한 민중의 대지 속으로 철저히 뚫고 들어가자마자 **인간**을 향한 **독일인들**의 해방이 성취되기에 이른다.[216]

이로부터 맑스는 프롤레타리아계급의 해방이 곧 인간해방으로 나아가는 참다운 내용임을 선언한다.

> **독일인의 해방**은 **인간의 해방**이다. 이 인간해방의 **머리**는 **철학**이고, 그 **심장**은 **프롤레타리아계급**이다. 철학은 프롤레타리아계급의 지양 없이는 실현될 수 없고, 프롤레타리아계급은 철학의 실현 없이는 지양될 수 없다.[217]

맑스에 있어서 인간해방은 프롤레타리아계급에 의한 부르주아계급의 지양에 의하여 실현되지만, 그러나 동시에 철학은 프롤레타리아계급의 지양에 의하여 실현됨으로써 인간해방이 의미하는 계급의 폐지가 실현되며, 계급의 폐지, 곧 프롤레타리아 계급의 지양에 의한 철학의 실현은 철학의 완성이자 그 실천적 현실의 실현이 된다. 계급이 인간해방의 질곡인 한 철학은 프롤레타리아계급의 철학에 의한 부르주아계급의 철학을 지양하고, 다시금 프롤레타리아계급이 지양됨으로써 계급이 폐지되는 무계급사회(die klassenlose Gesellschaft), 다시 말해 계급의 질곡에서 벗어 난 인간해방의 철학으로 나아간다. 인간해방은 철학의 종말이자 그 완성이며, 철학 그 자체의 지양으로서의 실현이자 곧 현실이다. 물론 맑스 자신이 철학의 종말이라든가 그 완성을 직접적으로 언급하고 있는 것 같지는 않지만, 그러나 공산주의사회의 실현에 따른 새로운 철학을 잠정적으로나마 암시하고 있었을 것이다.

맑스에 있어서 비판적 대안으로서의 철학은 우선 두 가지 의미를 띤다. 하나는 부르주아계급의 철학을 지양해야하는 프롤레타리아계급의 철학이며, 다른 하나는 프롤레타리아계급의 철학이 지양되는 철학, 곧 인간해방의 철학이다. 인간해방의 철학은 해방된 인간의 철학으로서 무계급사회의 철학이다. 계급이 일정하게 폐지된 사회 역사적인 조건에서 철학은 부르주아계급의 적대적 계급으로서 프롤레타리아계급의 철학과는 다르다는 가정이 유일사상으로서의 주체철학에는 전제되어 있다. 만일 이 가정이 맑스가 말하고 있는 프롤레타리아계급의 지양으로서 해방된 인간의 철학과 관계되는 것이라면 주체철학은 유물론 철학의 역사과정에서 실현되는 그 계승성의 일단을 무계급적인 인민대중의 철학으로 표현하고 있다고 할 수 있다. 주체철학이 말하는 사람 중심의 철학에서 사람이란 무계급적인 인민대중을 뜻하며, 그것이 맑스적인 의미의 계급적 질곡으로부터 해방된 인간을 말한다면 주체철학은 철학의 종말과 완성을 내용으로 하는 실현된 현실 그 자체의 철학이라고 해야 할 것이다. 물론 사람 중심의 철학이 포이어바하의 철학으로서 인간학과는 어떻게 다른가 하는 문제는 주체철학에 대한 비판의 근거가 되는 '관념론적 회귀'의 인간학을 포이어바하의 철학이 담보할 수는 없다는 의미에서 별개의 문제이다. 포이어바하의 철학 개혁에 따르는 새로운 철학으로 제시된 인간학은 철학사적으로는 사변철학과 범신론에 대한 비판에 근거를 두고 있으며, 그것은 일종의 '감각주의(Sensualismus)'를 그 원리로 하고 있다.

> 그러므로 철학은 **자기 자신에서** 시작하는 것이 아니고 그 자신의 **반대명제**, 즉 **비철학**(*Nichtphilosophie*)에서 시작하지 않으면 안 된다. 우리 속에 들어 있는 사유와 구분되고, 비철학적이며, 절대적으로 **반**(反)**스콜라적인** 본질이 **감각주의**의 원리이다.[218]

포이어바하의 존재 인식론적 감각주의는 그의 인간학의 기초가 된다. 주체철학은 감각주의와는 전혀 관계가 없다고 할 수 있으며, 사람이 모든 것의 주인이라는 인간 그 자체에 대한 무계급적인 존재론적 확인에서 출발함으로써 인간에 대한 문제나, 또는 인간의 인식론적 문제는 제기하고자 하지 않는다. 주체철학이 인식론적인 문제를 제기하려고 하지 않으며, 실천 개념을 무력화시키고 일반화시켜 그저 인간의 활동이라고 부르는 것은 비판적 부정의 변증법적 의미를 상쇄시키는 것과 무관하지 않는다. 따라서 주체철학은 맑스철학의 계승성과 관련하여 철학의 지양과 실현으로서 무비판을 담보해야

하는 '거대한 긍정성'을 현실로서 입증하려고 한다. 이러한 철학의 현실성만이 주체철학이 유일사상임을 실천적으로 입증할 것이다.

셋째, 실천은 혁명적 활동이다.

맑스는 제1테제에서 혁명적 활동을 '실천적-비판적 활동'이라는 말로 부연하여 쓰기도 한다. 맑스의 혁명에 대한 이해는 사회 역사적 조건과 결부된다. 그것은 변혁운동의 필연적 조건에 대한 해명에서 혁명의 당위성을 끌어오는 선행적인 주관적 의지 내지는 그 자발성과 통일된 관점이기도 하다. 즉 맑스가 혁명의 객관적 필연성을 논증한다고 해서 그 객관성 속에 주관적 의지와 능동성을 수동적으로 매몰시키지 않는다는 것이다. 아마 이것이 '혁명적 활동'이란 말의 의미일 것이다. 물론 포이어바하가 혁명이란 말을 쓴다고 하더라도 그것은 혁명의 사회 역사적인 조건으로서의 객관성과는 관계없는 주관적인 예감을 담고 있거나 그 자신의 철학적인 개혁을 주장하는 주관적인 당위성만을 표현할 뿐이다. 예감의 비유로서 머리와 가슴을 대비하여 자기의 철학이 동태적이고 혁명적이기를 바라지만 그것은 그의 인간학의 테두리를 벗어날 수 없는 정태적 주관성을 표현하고 있다.

> 심장은 혁명을 하고 두뇌는 개혁을 한다. 두뇌는 사물을 **고정시키고**, 심장은 사물을 **운동하게** 한다.[219]

이러한 포이어바하의 비유적인 의미의 혁명이나 개혁은 사회 역사적인 의미는 전혀 담고 있지 않으며, 철학적인 방향성을 의미하는 자연주의적 감각주의 이상을 벗어나지 않고 있다. 그는 인간의 자유에 대해서도 그와 같은 이해를 넘어서지 않는다.

인간은 동물처럼 어떤 부분적인 존재가 아니고 **보편적인** 본질을 지닌 존재이며, 그렇기 때문에 제한적이고 부자유한 존재가 아니라 무제한적이고 자유로운 본질을 지닌 존재인바, 왜냐하면 보편성, 무제한성, 자유는 분리되어 있지 않기 때문이다.[220]

포이어바하에 있어서 인간의 감성 영역 자체가 자유를 구현하고 있다는 것은 자유에 대한 자연과학적 토대의 해석에 그 근거를 두고 있다.

모든 학문은 **자연**에 근거해야 한다. 어떤 이론이 그 **자연적인 토대**를 발견하지 못하는 한 그것은 단지 하나의 **가설**에 불과할 뿐이다. 이것은 특히 **자유의 이론**에 적용된다. 이제까지 **반자연적이고 초자연적인 가설**이었던 자유가 **자연화 되는** 것은 새로운 철학에서만 성취되기에 이를 것이다.[221]

이제 자유가 자연화(naturalisieren) 되어야 한다는 것, 그것이 포이어바하에 있어 새로운 철학의 과제이다. 그러나 포이어바하와는 달리 헤겔에 있어 자유는 단순히 실천철학적 개념인 것만 아니라 논리학적인, 즉 변증법적인 개념이기도 하다. 어떤 면에서 헤겔의 변증법은 자유를 향한 논리학이라고도 할 수 있으며, 헤겔은 그의 논리학에서 자유에 대해 다음과 같이 말한다.

그리하여 개념은 실체의 **진리**이며, 그리고 또한 실체의 규정된 관계양식은 **필연성**이기 때문에 **자유**는 **필연성의 진리**로서, 즉 **개념의 관계양식**으로서 나타난다.[222]

물론 이때 필연성은 자연의 인과성만을 말하는 것은 아니다. 헤겔에 있어 자유는 또한 그의 정신철학적 주제의 하나이면서도 실천철학적 의미에서는 역사가 전개되어 가는 목적에 상응하는 개념이기도 하다.

> **세계사는 자유의 의식에 있어서 진보이며, - 곧 우리가 그의 필연성 속에서 인식하지 않으면 안 되는 진보인 것이다.**[223]

물론 포이어바하에 있어 자유의 개념은 그의 직관적 유물론과 변증법적 유물론의 경계선상에서 규정하고 있는 개념일 것이다.

아울러 포이어바하의 철학 개혁은 혁명에 대한 사회 역사적 통찰을 문제 삼는 것이 아니며, 단지 종래의 철학적 관점에 대한 비판과 근대 자연과학의 발달에 대한 부분적 수용을 통해 새로운 철학적 관점을 제시하고자 하려는데 있다. 그와는 달리 맑스는 혁명에 대해 사회 역사적 이해와 그것의 토대에 대한 유물론적 관점을 제시한다. 그는 무엇보다도 인간의 물질적 생활조건과 관련하여 주기적으로 나타나는 역사에 있어서의 혁명적 진동의 강도를 고찰하게 되고, 이와 같은 사정 하에서 혁명의 조건으로 생산력 발전을 토대로 한 혁명적 대중의 형성을 주목하게 된다.

> 다양한 세대들의 이러한 현존의 생활조건들이, 이를테면 역사에 있어서 주기적으로 재현되는 혁명적 진동이 모든 기존적인 것의 토대를 전복시키기에 충분히 강한가 그렇지 않은가를 결정하게 된다. 그리고 만일 이러한 총체적인 변혁의 물질적 요소들, 즉 한편으로는 현존하는 생산력들, 또 다른 한편으로는 기존 사회의 개별적 조건들

뿐 아니라 기존적인 "생활의 생산" 그 자체에 대해, 말하자면 그것의 토대가 되었던 "전체 활동"에 대해 혁명을 하려는 혁명적 대중의 형성이 – 존재하지 않는다면, 이와 같은 변혁의 **이념**이 수백 번 표방되어 있든 어쩌든 실천적 발전과는 전혀 무관한 것인바, – 공산주의의 역사가 이를 증명하고 있는 것이다.[224]

일정한 사회 역사적 조건에서 혁명적 대중의 형성은 그 사상이나 이념 형성의 역사와는 무관할지도 모른다. 공산주의에 대한 이념의 역사는 오래되었지만, 그러한 이념 자체가 공산주의를 지향하는 혁명적 대중의 형성을 가져온 것은 아니다. 그렇다면 공산주의를 지향하는 혁명적 대중의 형성이 공산주의의 사상과 이념을 창출하게 된 토대인가? 물론 이에 대한 대답을 과거의 이상주의자들에게까지 적용할 수는 없을 것이다. 왜냐하면 그것은 맑스의 말대로라면 적어도 '실천적 발전'의 길이 막혀있는 현실성이 없는 이상, 또는 공상에 지나지 않기 때문이다. 흔히 이념과 혁명적 대중의 매개념(Mittelbegriff)으로서 실천은 혁명적 대중에 의하여 이념을 실현하는 실천으로 파악되곤 한다. 그러나 맑스에 의하면 이념이나 사상이 혁명적 대중을 움직이는 것은 아니다. 혁명적 대중의 운동은 이념이나 사상이 아니라 오히려 현실적 욕구에 결부되어 있는 운동이며, 그러한 욕구의 현실성은 사회 역사적인 생산력 발전과 직결되어 있는 산물이다. 그 때문에 맑스는 "이를테면 혁명은 **수동적인** 요소, 즉 **물질적인** 토대를 필요로 한다."[225]고 말한다.

이론적인 욕구들이 직접적으로 실천적인 욕구들일 것인가? 사상이 현실화되는 것으로는 충분하지 못하며, 현실이 그 자체 사상으로

되어야 한다.[226]

어떠한 시대의 이념이나 사상은 그 시대의 물질적인 토대로서의 현실을 반영하며, 그런 의미에서 그 시대의 지배적인 사상은 그 시대를 지배하고 있는 현실을 반영한다. 맑스는 지배적인 현실의 필연성을 사실적으로 논증하고 그 필연성으로부터 의식의 필연성을 추론한다.

> 지배계급의 사상은 어느 시대나 지배적인 사상이며, 다시 말해 사회의 지배적인 **물질적** 세력인 계급이 동시에 그 사회의 지배적인 **정신적** 세력인 것이다.[227]

객관적 현실로서의 생활의 조건인 물질적 토대는 그 시대의 사상과 이념으로 반영되어 나타나며, 그 시대의 지배적인 사상과 이념은 지배계급의 현실을 반영한 지배적인 사상이고 이념이다. 물론 맑스는 단순히 현실이 반영된 사상이나 이념만을 말하거나 사상이나 이념이 실현된 현실만을 말하려는 것이 아니고 그렇게 반영된 사상이나 이념과 함께 그러한 사상이나 이념이 실천적인 욕구로서의 혁명적 현실과 통일되어야 함을 말하고자 한다. 왜냐하면 맑스에 있어서 혁명은 사상과 현실이 실천을 매개로 통일된 사회 역사적 범주이기 때문이다.

부르주아사회에 있어서 지배계급은 부르주아계급이며, 이때의 지배사상은 부르주아계급에 의한 지배사상이다. 즉 부르주아계급의 계급적 이해관계를 반영한 욕구의 표현이 부르주아사회의 지배사상인 것이다. 그러나 맑스는 지배계급 내에서의 정신노동과 물질노동의 분화를 언급하며, 지배계급 내에서의 정신노동에 종사하는 사람들에 의하여 창출된 사상이 지배사상이 된다고 말한다. 따라서 일반적으로 어떤 시대의 보편적 사상이란 지배계급 내에서 정신노동에 종사하는 사람들에 의하여 창출된 지배사상에 불과할 뿐이며, 지배계급의 계급적 이해에 바탕을 둔 사상을 사회 구성원 모두의 이해관계를 대변하는 보편적 사상으로 강제한 것에 불과하다.

> 특정한 시대에 있어서 혁명적인 사상의 현존은 이미 혁명적인 계급의 현존을 전제로 하며, 그 전제에 대한 필요성에 대해서는 위에서 이미 언급했었다.[228]

피지배계급으로서의 프롤레타리아계급의 부르주아계급에 대한 다수성으로서의 보편성은 이 계급이 혁명적 계급으로서의 공동 이해를 관철해야 할 정당성을 갖는 현실적인 양적 규정을 지닌다. 부르주아계급의 지배사상으로 강제된 보편성은 그 현실의 필연성에서 멀어지면 멀어질수록 비현실적인 추상적 보편성으로 되고 만다. 부르주아 혁명에 있어 부르주아계급이 그 이해의 현실적인 보편성을 가졌던 것은 차츰 역사적 기만과 환상으로 전락한다. 이러한 보편성은 사상과 이념의 영역에서 보다 강제된 추상성을 띠고 잔존하는 의식이 된다. 맑스는 프랑스혁명을 예로 들어 설명한다.

> 프랑스의 부르주아계급이 귀족의 지배를 타도했을 때, 이 부르주아계급은 그와 같은 타도를 통해 수많은 프롤레타리아들에게 프롤레타리아를 넘어서게 했지만, 그러나 그것은 그들이 부르주아가 되었던 한에서만 그러했을 뿐이다.[229]

맑스에 있어 프롤레타리아계급의 보편성은 사회적 공동 이해의 양적 구체성을 띠며, 나아가 인간성 구현의 질적 구체성을 현실화하는 사회적이고 역사적인 범주이다. 종래의 철학자들은 인간의 모습을 구체적인 사회 역사적인 과정 속에서 파악하지 못했다. 그리하여 "분업에 포섭되지 않는 개인들"[230]을 " '인간'이라는 이름의 이상형으로 표상했던 것"[231]이며, 그것을 "역사의 추동력"[232]으로 간주하여 서술했던 것이다.

맑스는 소수일 수밖에 없는 정신적인 지배 세력들의 어떤 이상적 인간상을 제시하지는 않는다. 그의 혁명적 실천은 비생산적인 윤리적 행위로서의 실천이 아니라 '생산물을 제작하는 행위(poiesis)'로서의 실천이며, 곧 이러한 물질적 노동의 담지자로서 프롤레타리아계급이 사회 역사적 조건 속에서 세계사적 임무를 수행해야 할 필연성의 의식을 지닌 인간들이다. 그것은 동시에 프롤레타리아계급의 양적 보편성이 질적으로 지양되는 과정이며, 그 계급성이 질곡으로 되는 조건 하에서 혁명에 의하여 새로운 사회 역사적 조건, 즉 "생산력과 교류형태 사이의 모순이 (…) 폭발된 혁명"[233]의 과정에서, 또 그러한 혁명에 의해 창출된 조건에서 인간의 해방이 실현되어가는 것이다. 이러한 인간해방의 실현은 내적으로는 "노동의 지양"[234]에 의해서, 외적으로는 "사회의 개인들이 하나의 전체의 표현으로 부여했던 형태, 곧 국가"[235]를 타도함으로서 달성된다.

11.2.

맑스는 제11테제와 관련하여 『독일 이데올로기』에서 다음과 같이 좀 더 구체적으로 말하고 있는 것 같다.

> [⋯] 현실에 있어, 그리고 **실천적** 유물론자들, 즉 **공산주의자들**에게 있어 기존의 세계를 혁명하는 것이, 이를테면 현존하는 사물들을 실천적으로 공략하여 변화시키는 것이 문제인 것이다.[236]

제11테제에서 철학자들이 실천적 유물론자들, 즉 공산주의자들이어야 한다는 것은 궁극적으로는 맑스 자신의 철학에 대한 이해와 동의에 상응하는 문제가 될 것이다. 맑스에 있어서 혁명은 생활의 물질적 조건들, 즉 무엇보다도 생산력의 발전에 상응하는 단계에 따라 주기적으로 나타나는바, 그러나 그 강도는 혁명적 대중에 반영된 객관적 현실의 강도에 따른다. 맑스는 이 현실의 필연성이 반영되어 일치하는 한에서 혁명적인 의식의 필연성이 그 필연성의 의식으로 전환될 수 있다고 생각한다.

맑스가 「포이어바하에 관한 테제들」의 마지막 제11테제에서 철학과 혁명의 관계를 요약하고 있는 것은 포이어바하가 그의 『미래철학의 근본명제』 마지막 항목들에서 그러한 것과 대비될 수 있다. 포이어바하도 철학의 개혁에 대해서 말한다. 그러나 그는 철학이 '인간의 철학', '**인간을 위한 철학**'으로 개혁되어야 한다고 말하면서도, 실천의 개념을 어떤 예감의 수준에서 암시하고 있을 뿐 인간의 삶과 그 현실성에서는 파악하지 못한다.

> 그와는 달리 새로운 철학은 인간의 철학으로서 본질적으로 역시 인간을 위한 철학이며, - 새로운 철학은 이론의 존엄성과 자립성을 저해하지 않으면서, 곧 이론과 가장 친밀한 조화를 이루면서 본질적으로 **실천적인** 경향을, 즉 가장 고차적인 의미에 있어서의 실천적인 경향을 갖는다.[237]

아울러 포이어바하는 이러한 철학의 실천적인 경향이 "새로운 철학 **그 자체가** 참으로 **종교**"[238]일수밖에 없는 결론에 이르게 된다는 것을 말한다. 그는 철학의 개혁이 이제까지의 관심과는 다른 방향으로 나아가야 하며, 그리고 이러한 관심의 방향이 철학을 사변철학과 범신론의 원천이라 할 수 있는 신학으로부터 분리하여 자연과학과 결합시킴으로써 자연과학의 실천성을 일정하게는 철학 속에 끌어들이고 있다고 할 수 있다.[239] 신학을 부정하는 행위 그 자체가 생활로서의 종교라면 철학은 그러한 의미의 실천적인 종교이며, 자연과학의 실천성은 이론으로 그 진리를 말하는 것이 아니라 그 대상으로 진리를 말한다는 점에서 철학이 자연과학과 결합하지 않으면 안 된다. 그렇더라도 그것은 철학이 대상으로 하고 있는 인간 그 자신은 물론 인간의 현실적 생활에까지는 매개되어 있지 않는 실천이며 개혁이다. 맑스의 실천적 혁명은 철학 그 자체에 있어서 관심의 방향이 문제가 아니라 철학이 그 대상으로 실현되고 지양되는 인간의 생활에까지 매개되어 있는 것이며, 그 지양은 인간해방과의 변증법적 통일에 결부되어 있다.

주체철학은 철학을 좁은 의미에서 사상의식을 대상으로 하는 학문이라는 의미로 쓰기도 한다. 주체철학의 대상성은 사람이며, 사람의 사상의식성이다. 따라서 주체철학에서의 혁명은 사람의 '사상의식성'을 그 주요 대상으로 하며, 그러한 혁명이론을 '인간개조이론'[240]이란 이름으로 부른다.

> 사상 정신생활은 물질생활과 함께 사회생활의 2대 분야를 이루며 사람들이 자연과 사회의 주인으로서 자주적이며 창조적인 생활을 누

리기 위하여서는 주위 세계를 개조하여 자연과 사회의 구속과 예속에서 벗어나는 것과 함께 자기 자신을 개조하여 온갖 형태의 사상 정신적 구속에서 해방되어야 한다.[241]

그러나 변증법은 무엇보다도 모순의 이론에 값하는 논리성을 갖는다. 그에 따르면 정신이 함의하는 모순, 곧 자유와 해방은 부자유와 구속, 그러한 모순의 '자기 동등성(Gleichheit mit sich)'이자 동시에 '자기 부정적 동등성(die sich selbst negierende Gleichheit)'이다.[242] 나아가 그것은 또한 동시에 모순 그 자체의 모순, 다시 말해 모순 그 자체의 '동등성(Gleichheit)'과 '비동등성(Ungleichheit)'의 중층적인 모순이기도 한 것이다. 다시 말해 모순의 해소를 통해 모순이 없어지는 것이 아니라 그 자체가 모순이다. 모든 운동의 동태성이 곧 모순에서 비롯되며, 맑스가 파악한 부르주아사회의 모순도 그러한 동태성 속에서의 변증법적인 모순인 것이다.

자본주의 사회의 모순에 가득 찬 운동은 실천적 부르주아에게 근대산업이 통과해 가는 주기적인 순환의 부침 속에서 가장 절실하게 느끼게 해주며, 그리고 그 부침의 절정이 - 곧 일반적인 공황이다. 이 공황은 아직 초기단계에 있는 것으로 파악되지만 다시 진군하고 있으며, 그 무대의 모든 영역을 통해서, 그 작용의 강도를 통해서 신성 프러시아 독일제국의 졸부들 머릿속에 변증법을 박아 넣어줄 것이다.[243]

변증법적 운동에 있어서 모순은 결코 지워져 사라진 채 없어지지 않는다. 자본주의 사회의 모순에 가득 찬 운동이 그 '졸부들'에게 변증법을 박아 넣어준다면, 프롤레타리아 역시 모순 속에서 인간해방을 향해 나아가지 않을 수 없을 것이다.

나오는 말

0.1.

지금까지 우리는 맑스의 「포이어바하에 관한 테제들」을 엥겔스의 수정본과 함께 그 이해와 해석을 위하여 그것들이 어떻게 헤겔철학과, 또는 포이어바하의 철학과 관련되어 있는지를 살펴보았다. 그와 동시에 이와 같은 관련을 통해 맑스의 철학사상을 좀 더 깊이 있게 이해하고 해석하고자 시도하였던 것이다. 물론 맑스의 변증법적 유물론과 실천의 개념을 전반적으로 고찰한다는 것은 간단한 문제는 아니며, 여느 철학사상과 마찬가지로 부단한 노력을 통해 구명해가야 할 과제라면 과제이기도 하다. 헤겔에 있어 '절대정신'의 변증법적 운동 구조, 그리고 또한 맑스에 있어 '자본'의 변증법적 운동 구조는 서로 분리될 수 없는 깊은 연관운동으로 이해되지만, 다른 한편으로는 서로 충돌하는 세계관을 형성한다. 헤겔과 맑스에 있어 '절대정신'과 '자본' 및 '노동'의 운동 구조를 해명하는 것도 앞으로 다루어나가야 할 지난한 과제의 하나이면서, 그 한 예에 속할 것이다.[244]

어쨌든 19세기 들어 산업혁명이 완결되고, 서구의 열강들이 소위 제국주의적 식민주의로 나아가는 상황에서 맑스의 변증법적 유물론 철학은 인간 그 자신마저 상품화되는 과정에서 나타나는 단순히 노동소외에 따른 한정된 의미만을 갖는 것이 아니라 지구 그 자체마저도 상품화되는 이른바 포괄적인 의미의 '생명소외'와 '자연소외'를 배경으로 출현한 철학이라고도 할 수 있다. 즉, 지구 자체가 제국주의적 침탈 대상으로서의 상품화의 길을 걷지 않을 수 없었을 뿐만 아니라 모든 생명과 그 본질적 자연성마저 상품으로 전환되어 가던 시기, 학문 일반은 물론 철학사상 그 자체마저도 어쩌면 자신의 상품으로서의 가치를 규정하지 못한 채 방황하면서 실증적인 경제학이나 사회학 등등으로 흡수되어가지 않을 수 없었던 시대가 19세기, 특히 그 후반기였을 것이다. 인문학은 물론 철학 역시 그 상품가치는 현저히 떨어지고 말았으며, 맑스가 19세기 중반 이후 정치경제학 연구에 매달린 것도 상품으로서의 철학사상의 값을 정확하게 매기기 위한 시도의 하나였다고 할 수 있을지도 모른다. 그리하여 그 나름의 철학사상의 상품가치를 매기게 된 것이 바로 「포이어바하에 관한 테제들」 전체를 상징적으로 드러내고 있는 제11테제가 아니었던가 싶다. 물론 지나친 비유이기는 하겠지만, 이제 철학의 상품가치를 결정하는 것은 '세계를 이렇게 저렇게 해석하는데 있는 것이 아니라 세계를 변화시키는데 있다'고 말하고 있는 것이나 아니었는지 모른다. 맑스가 철학 그 자체의 상품가치를 의식하지 못했을 수도 있다. 그러나 자본주의적 부르주아사회에서 모든 학문은 물론 철학 역시 상품화의 길을 외면할 수만은 없는 일이다. 더욱이 인간 그 자신의 상품화, 그것은 어쩌면 자본주의가 겪지 않으면 안 되는 필연적인 과정이면서도, 또 한편으로는 비참하기 그지없는 서글픈 타락의 과정이기도 한 것이다. 상품이 시장바닥에서 그러한 것처럼 한 푼이라도 더 벌기 위해

어쩔 수 없이 '예술'이란 이름으로 가장한 천박한 춤을 마구 추어대는 보잘 것 없는 꼭두각시처럼 말이다. 이 꼭두각시가 바로 상품이 된 인간 그 자신이 아니고 무엇이란 말인가.

그리하여 맑스는 그의 『자본』에서 상품이 갖는 비밀을 천착하고자 한다. 그것은 종교의 비밀처럼 신비스럽기 그지없는 불가해한 과제의 폭로된 비밀이었다. 상품이 지닌 물신성(物神性, Fetischcharakter), 또는 물신주의(Fetischismus)는 노동력의 상품화에만 그치는 것은 아니었다. 오히려 인간의 인격 그 자체는 물론 귀신의 옷으로 갈아입은 물질도 결국에는 벌거벗은 상품이 되고 말았던 것이다. 종교가 역사 속에서 스스로의 비밀을 결코 풀지 못했던 것처럼 자본주의 역시 어쩌면 상품의 비밀을 영원히 풀지 못할 것만 같다. 혹여 맑스는 자본주의가 상품의 비밀을 푸는 순간 곧 자본주의는 멸망하게 되리라고 예단하고 있었는지도 모른다. 종교가 신의 비밀을 풀어 폭로하는 순간 종교는 곧 해체되어 멸망하게 되는 것처럼 말이다.

0.2.

물론 철학사상적인 의미에서 맑스주의는 헤겔주의와 연결되어 있으며, 헤겔주의 철학이 좌파와 우파로 분열되면서 출현하게 된다. 하나의 일반적인 해석에 따를 때 헤겔이 그의 『법철학』 서문에서 했던 말, 곧 "이성적인 것은 현실적이고, 현실적인 것은 이성적이다."[245]를 어떻게 이해하고 해석하느냐에 따라 좌파와 우파가 분열되기에 이르며, 좌파, 또는 청년헤겔학파(Junghegelianer)를 대변하는 상징적인 철학자가 바로 맑스이기도 하다.[246] 그러나 맑스 자신은 곧 헤겔우파, 즉 노년헤겔학파(Althegelianer)는 물론 헤겔좌파에 대해서도 비판적이며, 헤겔적인 좌파나 우파의 개념을 넘어 극복해가면서 이미 그 자신의 철학사상적 위상을 뚜렷이 확립해 나갔다.

> 노년헤겔학파는 모든 것이 헤겔적인 논리적 범주로 환원되는 순간 곧 그것을 **개념화하였다**. 청년헤겔학파는 모든 것에 종교적 표상을 덮어씌우거나 또는 모든 것을 신학적인 것이라고 언명함으로써 그 모든 것을 **비판하였다**. 청년헤겔학파는 현존하는 세계에서 종교나 개념들, 즉 보편적인 것의 지배를 믿는다는 점에서는 노년헤겔학파와 일치한다. 다만 한 쪽은 지배를 찬탈이라고 하여 투쟁하고, 다른 한 쪽은 지배를 정통한 것이라고 하여 찬양할 뿐이다.[247]

다시 말해 좌파는 지배세력들의 찬탈에 대해 투쟁한다는 점에서, 우파는 지배세력들의 적법성, 또는 정통성을 찬양한다는 점에서 다를 뿐이며, 종교나 이념적 개념들과 같은 보편적인 것이 지배한다고 믿고 있다는 점에서는 좌파든 우파든 매한가지인 것이다. 즉, 이들 철학자들이 독일의 구체적인 물질적 현실을 외면하고 있다는 점에서는 좌파든 우파든 마찬가지였으며, 맑스는 스스로 헤겔주의의 좌파와 우파를 뛰어넘어 지양하고자 하였다.

> 이들 철학자들 중 어느 누구에게도 독일철학이 갖는 독일의 현실과의 연관에 대해, 즉 독일철학의 비판과 독일의 고유한 물질적 환경과의 연관에 대해 물음을 던진다고 하는 것이 떠오르지 않았던 것이다.[248]

어느 시기부터, 바로 이 「포이어바하에 관한 테제들」을 메모하던 시기부터 맑스는 이미 헤겔주의에서 벗어나 있었으며, 단순히 좌파

헤겔주의자의 일원이었던 것도 아니다. 헤겔철학을 비판적으로 극복하면서, 그리고 동시에 포이어바하의 철학과 전통적인 유물론 철학을 극복 지양하면서 새로운 변증법적 유물론을 확립하게 된 것이다. 나아가 그것은 단순한 철학사상적인 정의나 이해와 해석을 통해 이루어진 것이 아니라 바로 독일의 현실과 그 물질적인 환경에 대한 고찰과 그것들이 반영된 철학에 대한 물음을 통해 연관적으로 이루어진 것이다. 물론 맑스의 정치경제학에 대한 관심은 현실과 그 물질적 환경을 파악하기 위한 한 통로였을 것이며, 현실을 지배하는 위력을 그는 그 속에서 발견하게 되었다. 그럼에도 불구하고 『자본』의 서문에서 이미 언급하고 있듯이 '선천적 구성(Konstruktion a priori)'처럼 보일 수 있는 물질적 환경이 반영된 구성물을 직접 서술하여 제시하지는 못했다.[249] 그럼에도 불구하고 우리는 그 구성물을 충분히 읽을 수 있으며, 풍부한 이해와 해석의 여지를 안고 있는 연구과정을 부단히 기다리면서 나아가야 할 것이다. 맑스는 변증법의 본질에 대해 다음과 같이 말한다.

> 변증법은 그의 신비화된 형태로 독일에서 유행하게 되었는데, 변증법이 기존적인 것을 미화하고 있는 것처럼 보였기 때문이다. 변증법은 그의 합리적인 형태 속에서 부르주아계급과 그들 교의의 대변인들에게 분노와 공포를 자아내는바, 왜냐하면 변증법은 기존적인 것에 대한 긍정적인 이해 속에서 동시에 그 부정의 이해를, 즉 기존적인 것의 필연적인 몰락에 대한 이해를 포함하고 있으며, 모든 생성적인 형태를 운동의 흐름 속에서 파악하면서도, 따라서 또한 그 지나쳐가는 일시적인 측면에 따라 파악하기 때문이며, 그 어떤 것에 의해서도 굴복하지 않고 그 본질이 비판적이고 혁명적이기 때문이다.[250]

그렇다면 우리 조선은 어떠했을까? 서구적인 의미에서 19세기의 세계사적 흐름을 벗어나 현실을 이해할 길은 없었다고 할 때 조선의 지식인들이 제국주의며 식민주의를 이해할 여지는 전혀 없었다고 해도 과언은 아니었을 것이다. 그 이해의 철학사상적 계기로 맑스주의가 발판이 되었다고 하는 것을 우리는 일제의 식민주의가 이미 지배하고 있던 훨씬 이후의 시기에 비로소 깨닫게 되었다. 그 시기가 바로 3·1혁명 이후 1920년대이고 보면 맑스가 그와 같은 작업을 했던 때로부터 반세기도 훨씬 지나버린 약 80여년이 지난 이후의 일인 것이다. 그리고 그 속에서 다시 참혹하기 그지없는 이른바 해방공간과 6·25전쟁을 겪어야 했다고 하는 것은 맑스의 철학사상과 관련하여 어떻게 이해해야 하는 것일까? 그것이 긍정적이든 부정적이든 맑스의 철학사상을 떠나 해방공간은 물론 6·25한국전쟁을 이해할 길은 없다고 할 수 있지 않을까?

0.3.

어느 시대에나 다른 시대로 넘어가는 때에는, 즉 그 시대적인 전환점을 전후해서는 철학적이고 사상적인 논쟁이 일어나기 마련이다. 서구에서 중세가 근세로 넘어오는 과정에서 일어난 논쟁이 곧 보편논쟁(Universalienstreit)이었으며, 보편이 실재하는가 아니면 개물, 또는 개체가 실재하는가를 두고 실념론(Realismus)과 유명론(Nominalismus)으로 갈려 치열한 논쟁을 벌이게 된다. 그리하여 16세기 근세로 접어들면서 보편의 실재성을 주장하던 실념론은 스콜라철학과 함께 쇠퇴하게 되고 개체의 실재성을 주장하던 유명론이 득세하면서 차츰 근대철학이 자리를 잡게 되었다. 그것은 중세의 계층적 서열(Hierarchie)에 기반을 둔 봉건질서가 무너지고 근대의 시민사회가 형성되면서 주체적 개인주의(Individualismus)가 널리 자리를 잡게 된 배경이기도 하다. 16세기의 뮌처(Th. Müntzer)가 이끌었던 농민전쟁은 물론 루터(M. Luther)의 종교개혁 또한 거기에 자리하고 있었다. 보편적인 교회 중심주의가 무너지고 근세의 개별적인 신자 중심주의가 자리를 잡게 된 것도 종교개혁의 여파였으며, 중세의 봉건적 계층구조가 무너져가게 된 것도 일정하게는 농민전쟁의 여파와 무관한 것은 아니었다.

중세의 스콜라주의적 신학이 차츰 퇴장하면서 교회로부터 독립한 대학과 더불어 서구의 근대철학이 확립된 것이 16,7세기였다. 대학이 교회의 그늘로부터 벗어난다는 것은 학문 일반이 신학으로부터 벗어난다는 것을 의미하였으며, '신학의 하녀(ancilla theologiae)'에 불과했던 철학이 기독교적 카리스마(Charisma)에서 벗어나 학문적 주권을 회복한 것도 근대의 작업이었다. 또한 시민사회가 성숙해가면서 근대적 자본주의가 완성된 것은 19세기 전반기를 전후한 시기이며, 이른바 산업혁명이 완결된 시기이다. 그것은 동시에 스페인이나 영국, 프랑스, 네덜란드 등을 중심으로 한 서구 열강들이 제국주의적 식민주의로 급격히 전환되는 시기이기도 했다. 현실적으로 봉건적 후발국가에 지나지 않았던 독일은 18세기 후반부터 그것을 대체할 수 있는 '정신적 왕국'으로서의 칸트에서 헤겔에 이르는 관념론 철학을 성취하게 된다. 따라서 관념론 철학은 18세기를 거쳐 19세기 전반기에 완성된 산업혁명과 함께 1789년의 프랑스 대혁명과 계몽주의 철학이 독일에 반영된 정신적 혁명이었으며, 맑스의 유물론 철학은 관념론적 이상주의를 물질적인 현실로서 실현하기 위한 일단의 철학사상적인 기획이라고 할 수도 있다. 거기에 관념론을 완성한 헤겔과 유물론을 완성한 맑스가 위치하고 있는 것이다. 헤겔과 맑스, 그 두 철학사상은 비록 관념론과 유물론이라는 대립적인 상반된 관점에 서있음에도 불구하고 결코 분리해서 다룰 수 없는 깊은 연관관계를 지니고 있었다. 관념론의 완성과 유물론의 완성은 19세기 서구의 산업혁명에 의한 자본주의의 완결과 떨어질 수 없는 관계에 있었으며, 그러나 그것은 곧 제국주의적 식민주의로 나아가는 서구 열강들의 전 지구적 상품화와 침탈로 이어지는 공포와 공황의 시원이 되기도 했다.

그런가 하면, 봉건적 누습에서 깨어나지 못한 우리 조선은 오래도록 참혹하기 그지없는 식민주의적 전체주의와 반공주의에 시달려야만 했다. 일제 시기는 또 그렇다고 하더라도 해방이 되고나서 1946년부터 다시 미군정에 의한 전체주의와 반공주의가 기승을 부리기 시작하며, 6·25전쟁이 휴전으로 잠깐 멈추게 되자 극단적인 냉전적 전체주의와 반공주의는 단순히 맑스주의에 대한 비판과는 아무런 관계도 없는 조야하기 그지없는 인문학과 사회과학의 몰락을 가져오기도 한다. 5·16군사쿠데타는 반공주의를 '국시(國是)의 국시'로까지 끌어올리게 되며, 그리하여 학문과 교육 자체가 사그리 숨통마저 끊어져버린 것이다. 철학 역시 예외가 아니었으며, 헤겔철학에 대한 연구조차도 전체주의적 반공주의의 그늘 아래 신음을 해야 하는 형편이었다. 예컨대 그 상징적인 사건의 하나라면, 마르쿠제의 헤겔철학 연구서인 『이성과 혁명』이란 번역서를 들 수 있을 것이며, 그러니까 이 번역서는 1990년대 중반까지 40여년을 금서의 질곡 속에 갇혀있었던 것이다.[251] 반공주의로부터 자유스런 그 어떤 철학도 우리에게는 존재하지 않았던 것이 해방 이후부터 1990년대 중반까지였으며, 이 금서의 시대 한복판에 바로 반공주의가 자리하고 있었다. 물론 반공주의와 맑스철학에 대한 비판과는 그 성격이 전혀 다르며, 우리는 반공주의가 아니라 그 어떤 철학사상에 대해서도 비판적인 자유를 향유할 수 있어야 한다. 그것이 학문과 철학의 자유이며, 우리는 지금도 학문과 철학의 자유를 향유하기는커녕 반공주의의 질곡과 상처 속에서 오락가락하는 처지에 놓여있다. 반공주의라는 이데올로기로부터 벗어나는 날, 우리는 학문과 철학의 자유를 드디어 향유하고 있다고 말할 수 있을 것이다.

0.4.

다시 한 번 근대가 완결되었다는 19세기를 지나 20세기 전반기를 되돌아볼 때, 19세기의 철학이나 학문 일반이 아무런 예견조차 할 수 없었던 혼란과 비참이 지배하던 시기였을 것이다. 그리하여 그것은 전체주의적 반공주의와 자본주의적 제국주의가 이 지구를 둘러싸고 벌이는 전쟁으로 치닫게 되면서 서구 열강들의 세계대전은 세계의 역사 자체마저도 초토화하기에 이른다. 이 세계대전의 등쌀은 피식민지 후진 국가들에는 더욱 혹독하고 참혹하기 이를 데 없는 절망의 시기였으며, 피식민지 조선이라고 예외가 아니었다. 아니, 조선은 더욱 비참한 군국주의적 일제 침탈의 후과를 가져오게 되었으며, 20세기는 물론 21세기 들어서도 여전히 우리는 국토는 물론 역사마저 찢겨져버린 그 상처로부터 전혀 자유롭지 못한 신음 속에 살아가야 한다. 물론 맑스가 예견한 위기의 공포, 또는 공황이 세계대전으로 치닫게 하는 계기의 하나일 수도 있었을 것이지만, 그러나 '인간의 해방'은 더욱 요원한 길이었는지도 모를 일이다.

그러나 어쨌든 맑스의 프롤레타리아의 계급적 해방투쟁은 지양되어 인간을 위한 인간의 해방투쟁으로 나아가지 않으면 안 된다는 의미에서는 20세기의 세계대전 또한 그로부터 벗어나 있지만은 않는 범주였다고 할 수 있다. 앞서 이미 말했던 것처럼 맑스는 「포이어바하에 관한 테제들」의 한 결론으로 철학이 세계를 이리저리 해석만 할 것이 아니라 세계를 변화시키는 실천으로 나아가야 한다고 역설하고 있었던 것이고, 이것은 비단 철학에만 국한된 문제가 아니라 대학과 학문, 그리고 교육 일반에도 그대로 적용되는 문제일 것이다.[252] 그런 의미에서라면 여기 「포이어바하에 관한 테제들」의 이해와 해석은 맑스가 힘주어 역설하고 있는 실천을 역설적으로 배반하고 있는 것이나 아닌가. 즉 이론 속에, 다시 말해 그 이해와 해석 속에 실천이 갇혀있어서는 안 되는 것은 아닐까. 이론 속에 실천이 갇혀있다면 그것은 공허일 것이고, 그와 반대로 실천 속에 이론이 갇혀있다면 그것은 무지일 것이다. 결국 이론과 실천은 그 자체 변증법적인 부단한 관계 속에서 동시적 상호성을 동반하는 매개가 아닐까. 그럼에도 불구하고 우리가 스스로 감당해야 할 실천이라면 그 무엇보다도 오늘날도 여전히 시달리고 있는 전체주의적 반공주의 및 그 냉전적 상처를 어떻게 청소하고 치유할 것인가를 보다 깊이 성찰하지 않으면 안 될 것이며, 거기에 우리의 학문과 철학의 참다운 자유를 실현하는 길이 열리게 되는 것은 아닐까.

0.5.

이제 마지막으로 맑스와 관련하여 레닌과 하이네에 대해 잠깐 언급하는 것으로 마치고자 한다. 우리가 일반적으로 맑스주의의 세 원천을 말할 때 레닌의 「맑스주의의 세 원천과 세 구성요소(Drei Quellen und drei Bestandteile des Marxismus)」라는 논설문에 의거하여 정리하곤 한다.

> 그와는 달리, 맑스의 대단한 천재성은 그가 바로 인류의 진보적인 사상이 이미 제기했었던 물음들에 대한 답변을 하였다는 점이다. 그의 학설은 철학과 정치경제학, 그리고 사회주의의 가장 위대한 대표자들의 학설을 직접적으로 올바르게 이어받아 그 **연장선**에서 출현하였다.
>
> 맑스의 학설은 정당하기 때문에 그만큼 무한한 힘을 지니고 있다. 맑스의 학설은 그 자체 완결되어 조화를 이루고 있으며, 인간에게 그 어떤 미신도, 그 어떤 반동도, 그 어떤 부르주아적 압제의 변론과도 결합하지 않는 통일적인 세계관을 제시한다. 그 학설은 19세기에 인류가 독일의 철학, 영국의 정치경제학, 프랑스의 사회주의란 형태 속에서 창조했던 최고의 것에 대한 정당한 계승인 것이다.
>
> 우리는 또한 맑스주의의 이와 같은 세 원천과 동시에 그 구성요소를 간단히 다루고자 한다.[253]

그리하여 레닌은 맑스주의의 세 구성요소로서 철학적으로는 유물론, 곧 변증법적 유물론과 역사적 유물론을 확립하게 된다는 것, 영국의 정치경제학으로부터 인간노동의 상품화, 특히 그에 따른 잉여가치론을 확립한다는 것, 그리고 프랑스를 중심으로 한 공상적 사회주의 사상으로부터 벗어나 세계사는 계급투쟁으로부터 이루어진다는 것, 곧 계급투쟁론을 확립하게 된다는 것이 그것이다.[254]

물론 레닌의 이와 같은 맑스주의의 계승은 1917년 러시아혁명으로 이어지며, 그 혁명은 중국에도 이 한반도에도 적지 않은 영향을 미친다. 그와 같은 영향에 대해 아직 충분한 연구는 이루어지지 않은 것 같다.

이제 끝으로 시 한 편을 감상하는 것으로 마치고자 한다. 하인리히 하이네의 유명한 「슐레지엔의 방직공들(Die schlesischen Weber)」이란 시를 감상하는 것이 그것이다. 독일과 폴란드와의 국경 지방을 흐르고 있는 오데르(Oder)강 중·상류 지역이 슐레지엔(Schlesien) 지방이며, 1844년 6월 초 이른바 '슐레지엔의 방직공 폭동(Der Aufstand der schlesischen Weber)'이 터진다. 맑스 역시 이 폭동에 대해 깊은 관심을 보이며, 그는 이 폭동이 단순히 왕과 귀족들의 권력에 대한 노동투쟁이 아니라 부르주아계급에 대한 프롤레타리아계급의 저항적 투쟁으로 평가한다. 그러니까 맑스가 「포이어바하에 관한 테제들」에 대해 초고를 작성하던 전후의 시기에 일어난 폭동이었던 것이며, 그것을 하이네가 시로 읊은 것이다. 이 하이네의 시는 오늘날도 노동가요로 불리어지고 있으며, '신에게', '왕과 부자들에게', '낡아빠진 조국 독일에' 수의를 짜면서 저주를 퍼붓는 방직공들의 고난과 투쟁을 노래한 시이다.

슐레지엔의 방직공들(Die schlesischen Weber)[255]

눈물도 메말라버린 음울한 눈을 뜨고,
그들은 베틀에 앉아 이빨을 간다:
"독일이여, 우리는 그대 시체의 수의를 짜며,

그 속에 세 겹의 저주까지 함께 짜 넣고 있노라 —
　우리는 짜고, 우리는 또 베를 짜노라!

하나의 저주는 신에게, 우리가 혹독한 추위와
굶주림 속에서도 빌었던 신에게;
우리의 바람도 기대도 헛되이,
그는 원숭이처럼 거짓 시늉만 낸 채 우리를 속이고 우롱하였도다 —
　우리는 짜고, 우리는 또 베를 짜노라!

또 하나의 저주는 왕에게, 부자들의 왕에게,
우리의 비참을 덜어주기는커녕,
그는 마지막 한 푼까지 강탈해 갔으며,
그러고도 모자라 우리를 개처럼 사살하였도다 —
　우리는 짜고, 우리는 또 베를 짜노라!

그리고 또 하나의 저주는 틀려먹은 조국에,
거기엔 치욕과 모욕만이 득실거리고,
온갖 꽃들을 피기도 전에 꺾어버리는,
부패한 썩은 곰팡이와 구더기가 살판나는 곳 —
　우리는 짜고, 우리는 또 베를 짜노라!

북이 날아다니며, 베틀이 덜커덩거리고,
우리는 밤낮없이 쉬지 않고 베를 짜노라 —
늙어빠진 독일이여, 우리는 그대 시체의 수의를 짜며,
그 속에 세 겹의 저주까지 함께 짜 넣고 있노라,
　우리는 짜고, 우리는 또 베를 짜노라!”

■ 후주

---

1 우리가 흔히 맑스의 「포이어바하에 관한 테제들(Thesen über Feuerbach)」이라고 부르는 메모 형식으로 쓰인 글의 표제가 정해지기까지 그 경위를 살펴보면, 원래 맑스 자신이 썼던 노트의 수고에는 「1. 포이어바하에 관하여(1. ad Feuerbach)」로 되어 있을 뿐인데, 1888년 엥겔스가 그의 『루트비히 포이어바하와 독일 고전철학의 종말(*Ludwig Feuerbach und der Ausgang der klassischen deutschen Philosophie*)』을 책으로 엮어 출간하면서 맑스의 이 수고를 발견하여 「1845년 봄 브뤼셀에서 썼던 칼 맑스의 포이어바하에 관하여(Karl Marx über Feuerbach, niedergeschrieben in Brüssel im Frühjahr 1845)」라는 표제 하에 부록으로 덧붙여 출간함으로써 햇빛을 보게 되었다. 맑스가 1845년 봄, 벨기에의 수도 브뤼셀(Brüssel)에서 썼던 것으로 되어 있는 이 경구 형식의 수고는 엥겔스에 의해 1888년 출간되면서 수고의 본문에 대한 약간의 수정이 가해지게 되었고, 맑스의 수고 그대로는 랴자노프(Rjazanow)에 의해 1926년 『맑스-엥겔스-문집 I(Marx-Engels-Archiv I)』 속에 포함되어 출간되었다.(참조, F.Engels, *Ludwig Feuerbach und der Ausgang der klassischen deutschen Philosophie*, hrsg. von H.Hajek, Frankfurt/M., 1946, 52쪽) 『칼 맑스·프리드리히 엥겔스 저작집』 제3권(Karl Marx·Freidrich Engels Werke, Bd.3, Berlin: Dietz Verlag, 1978)에는 맑스의 수고본 그대로와 엥겔스의 수정본이 함께 실려 있는데, 둘 다 표제는 「포이어바하에 관한 테제들(Thesen über Feuerbach)」로 되어 있으며, 다만 맑스 자신의 수고본은 「1. 포이어바하에 관하여(1. ad Feuerbach)」라는 부제를 덧붙이고 있다. 이 「포이어바하에 관한 테제들」이란 제목을 달게 된 이유를 『칼 맑스·프리드리히 엥겔스 저작집(Karl Marx·Freidrich Engels Werke)』 제3권의 서문에서는 『루트비히 포이어바하와 독일 고전철학의 종말』 머리갈에서 엥겔스가 "포이어바하에 관한 11개의 테제들(elf Thesen über Feuerbach)"이란 표현을 썼던 것에서 「포이어바하에 관한 테제들」이라고 다오게 된 것이라고 해명하고 있으며, 그에 따라 독일의, 즉 구동독의 맑스주의-레닌주의 연구소(Institut für Marxismus-Leninismus)에서 공식적으로 그와 같은 명칭을 붙이게 된 것이라고 말하고 있다.(참조, Karl Marx·Freidrich Engels Werke, Bd.3, Berlin: Dietz Verlag, 1978, '주석1', 547쪽./참조, Karl

Marx · Freidrich Engels Werke, Bd.21, Berlin: Dietz Verlag, 1979, 264쪽. 이하 Karl Marx · Freidrich Engels Werke는 MEW로 약칭하여 표기하며, MEW 및 MEW, Bd.3, 즉 MEW 제3권과 MEW, Bd.21, 즉 MEW 제21권에 대해서는 약간의 설명이 필요하겠기 때문에, 이에 대해서는 다음에 다시 언급하기로 한다)

2 참조, 프리드리히 엥겔스(양재혁 옮김), 『루드비히 포이에르바하와 독일 고전철학의 종말』(돌베개, 1987)

양재혁의 이 책 번역 대본이 어느 책인지 정확하게 밝히고 있지는 않지만, 아마 MEW 제21권이 아닌가 싶다. MEW 제21권에는 엥겔스의 주요저작인 『가족, 사유재산 및 국가의 기원(*Der Urspung der Familie, des Privateigentums und des Staats*)』과 『루트비히 포이어바하와 독일 고전철학의 종말(*Ludwig Feuerbach und der Ausgang der klassischen deutschen Philosophie*)』이 실려 있으며, 여기에서는 따로 맑스나 엥겔스 수정본의 「포이어바하에 관한 테제들」은 실려 있지 않다. 그렇다면 양재혁의 번역본에 실려 있는 엥겔스의 수정본 「포이어바하에 관한 테제들」은 그 번역 대본이 어디에 있는 것인지 달리 밝히고 있지 않기 때문에 알 수가 없다. 앞서 말한 것처럼 맑스의 원본이나 엥겔스의 수정본 「포이어바하에 관한 테제들」은 MEW 제3권에 실려 있는 것이다.

유물론 철학자이자 무신론자로 알려진 루트비히 안드레아스 포이어바하(Ludwig Andreas Feuerbach)는 1804년 6월 란츠후트(Landshut)에서 태어나 1872년 9월 13일 뉘른베르크(Nürnberg)에서 68세를 일기로 타계한다. 그의 철학에 대해서는 다음에 좀 더 자세히 언급하겠지만 포이어바하의 우리말 표기가 양재혁처럼 종래에는 주로 '루드비히 포이에르바하'였으며, 오늘날도 그 표기가 '루트비히 포이어바흐', 또는 '루드비히 포이어바하' 등으로 약간 혼란스럽다. 여기서는 인용문 이외에는 '루트비히 포이어바하(Ludwig Feuerbach)'로 표기할 것이며, 또한 '카를 마르크스' 역시 마찬가지로 '카를 마르크스'가 아닌 '칼 맑스(Karl Marx)'로 표기하기로 한다. 우리는 1920·30년대에도 주로 '칼 맑스'로 표기해 왔으며, 왜 그것을 '카를 마르크스'로 표기하게 된 것인지 이해할 수 없다.

3 F.Engels, 『루트비히 포이어바하와 독일 고전철학의 종말(*Ludwig Feuerbach und der Ausgang der klassischen deutschen Philosophie*)』, in: MEW, Bd.21 (Berlin: Dietz Verlag, 1979), 264쪽. 이하 '*L.Feuerbach und der Ausgang*'으로 표기함./참조, F.Engels, *Ludwig Feuerbach und der Ausgang der*

klassischen deutschen Philosophie, hrsg. von H.Hajek(Leipzig: Verlag von Felix Meiner, 1946), 2쪽.

원문: Die Kritik der Feuerbachschen Doktrin selbst fehlt darin; für den gegenwärtigen Zweck war es also unbrauchbar. Dagegen habe ich in einem alten Heft von Marx die im Anhang abgedruckten elf Thesen über Feuerbach gefunden. Es sind Notizen für spätere Ausarbeitung, rasch hingeschrieben, absolut nicht für den Druck bestimmt, aber unschätzbar als das erste Dokument, worin der geniale Keim der neuen Weltanschauung niedergelegt ist.

엥겔스의 『루트비히 포이어바하와 독일 고전철학의 종말』이 출간되기에 이른 경위는 원래 슈투트가르트(Stuttgart)의 디츠출판사(Verlag J.H.W. Dietz)에서 출간되고 있었던 『새 시대(Neue Zeit)』라는 평론지에 1886년 발표된 글이었으며, 그 후 1888년 『새 시대』의 별쇄로 엥겔스가 써서 덧붙인 '서문'과 함께 『루트비히 포이어바하와 독일 고전철학의 종말』이란 표제를 붙여 최초로 책으로 편집하여 출간되기에 이른 것이다. 그리고 그 부록으로 엥겔스가 책의 표제와 함께 덧붙인 '칼 맑스의 1845년 포이어바하에 관하여(Karl Marx über Feuerbach i. J. 1845)', 그리고 부록 내용의 표제는 '1845년 봄 브뤼셀에서 썼던 칼 맑스의 포이어바하에 관하여(Karl Marx über Feuerbach, niedergeschrieben in Brüssel im Frühjahr 1845)' 라는 글이 실리게 되었다. 즉, 이 '칼 맑스의 1845년 포이어바하에 관하여' 라는 부록으로 실린 글이 바로 맑스의 「포이어바하에 관한 테제들」이며, 그리고 1895년 이후 제2판, 제3판이 출간되면서 널리 읽히면서 알려지게 되었다.(참조, F.Engels, *Ludwig Feuerbach und der Ausgang der klassischen deutschen Philosophie*, hrsg. von H.Hajek, Leipzig: Verlag von Felix Meiner, 1946, 'Bibliographie', 128쪽)

그리고 이때 '종말'이라고 번역한 'der Ausgang'은 독일 고전철학, 곧 독일 관념론이 '끝났다'라는 말이라기보다는 '출구'란 의미에서 독일 고전철학에서 나오는 길, 또는 독일 고전철학에서 벗어나는 길이란 의미가 아닌가 싶다. 특히 엥겔스는 이 책에서 독일 고전철학의 응결물이라고 할 수 있는 헤겔철학을 존재와 사유의 관계 문제로 요약하면서 헤겔철학처럼 존재가 사유에 의해서 규정되는 것이 아니라 그와는 반대로 사유가 존재로부터 규정되는 존재의 제1차적 근원성을 밝혀나가는 유물론 철학을 확립하고 있는 것이다.

4 이 번역은 독일 맑스주의-레닌주의 연구소(Institut für Marxismus-Leninismus)에서 1958년 출간한 MEW 제3권(MEW, Bd.3), 5~7쪽에 실린 맑스 자신의 「포이어바하에 관한 테제들」에 의거한 것이며, 표제 자체를 '[포이어바하에 관한 테제들], 1. 포이어바하에 관하여'라고 붙인 것은 그 저작집 제3권 그곳에 그렇게 붙이고 있기 때문이다. 물론 맑스의 메모 원고 그대로라면 '1. 포이어바하에 관하여'라고만 붙이면 될 것이다. 이는 맑스가 벨기에의 수도 브뤼셀에서 1845년 연초에 썼던 것을 1932년 모스크바의 맑스-엥겔스-레닌 연구소(Marx-Engels-Lenin-Institut)에서 발간한 것을 대본으로 하였다고 밝히고 있다.(참조, MEW, Bd.3, '후주1', 547쪽) 또한 동시에 같은 책, 533~535쪽에 실려 있는 맑스의 원본인 수고본에 대한 엥겔스의 수정본을 함께 대조하여 참조하면서 맑스의 수고본을 중심으로 후주를 달아 번역한 것이다. 일반적으로 우리말 번역본은 맑스의 원본이 아니라 엥겔스의 수정본을 번역 대본으로 삼곤 하지만 『칼 맑스·프리드리히 엥겔스 저작선집 1』에서는 엥겔스의 수정본이 아닌 맑스의 수고 원본을 최인호의 번역으로 싣고 있다.(참조, 김세균 감수, 『칼 맑스·프리드리히 엥겔스 저작선집 1』, 박종철출판사, 1991. 185~189쪽)

「포이어바하에 관한 테제들」이 실려 있는 MEW, Bd.3, 즉 MEW 제3권은 맑스와 엥겔스의 공동저작이면서 특히 맑스의 철학사상을 이해하는데 있어 매우 중요한 저작인 『독일 이데올로기(*Die deutsche Ideologie*)』가 실려 있으며, 이는 그들이 1845·46년에 걸쳐 작업한 저서인 것이다. 『독일 이데올로기』는 '포이어바하, B.바우어, 슈티르너가 대표하고 있는 최근의 독일철학 비판과, 그리고 여러 예언자들 속에 있는 독일 사회주의 비판(*Kritik der neuesten deutschen Philosophie in ihren Repräsentanten Feuerbach, B.Bauer und Stirner, und des deutschen Sozialismus in seinen verschiedenen Propheten*)'이라는 긴 부제를 달고 있다. 우리에게는 아직 완간 번역본이 없으며, 최인호에 의하여 약간의 발췌 번역으로 『칼 맑스·프리드리히 엥겔스 저작선집 1』에 실려 있다.(참조, 칼 맑스·프리드리히 엥겔스, 『칼 맑스·프리드리히 엥겔스 저작선집 1』, 김세균 감수, 박종철출판사, 1991. 191~264쪽) 그러나 이때 번역대본은 MEW 제3권이 아니고 '수고에 의거함'으로 되어 있을 뿐 MEW 제3권과는 목차가 많이 달라 그 전거를 확인하기가 어렵다. 또한 MEW 제3권을 대본으로 그 일부를 번역한 책으로는 두레출판사에서 1989년 출간한 책이 있다. 그러나 그 이후 완간되지 못하고 중단되었던 것 같다.(참조, 칼 마르크스·프리드리히 엥겔스, 김대웅 역, 『독일 이데올로기 1』, 두레출판사, 1989)

5 ‘*Objekt*’란 말을 ‘**객관**’으로 번역해야 할지, 아니면 ‘**객체**’로 번역하는 것이 좋을지 선뜻 구별하기가 어렵다. 그 큰 차이는 없겠으나 곧 이어 나오는 ‘subjektiv’란 말과 관련하여 번역한다면 ‘객체’라고 하는 것이 좀 더 낫지 않을까 싶다. 그리고 독일어 원문에서 이탤릭체로 쓰인 말은 번역문에서는 강조의 의미에서 고딕체로 표시하기로 한다.

6 이때 ‘**직관**’으로 번역한 ‘*Anschauung*’이란 말은 보통은 감성적 인식과 관련하여 사용하는 용어지만, 여기서는 단순히 감성적 인식의 의미에 한정하여서만 ‘**직관**’이란 말이 사용되고 있는 것 같지는 않다. 그보다는 ‘**객체**(*Objekt*)’란 말과 관련하여 ‘주체가 개입되어 있지 않는’이란 의미에서, 또는 ‘비실천적’이란 의미에서 ‘**관조**’란 의미로도 일정하게는 사용하고 있을 것이다. 그러나 더 깊은 의미는 감성적 인식이란 의미에서 대상이나 현실에 대해 ‘**직관**’에만 머무를 뿐, 즉 ‘**감성적인 인간의 활동**’, 곧 ‘**실천**’으로는 파악하지 못하고 감성적인 인식으로서의 ‘**직관**’에만 머무르고 만다는 의미에서 ‘**직관**’이란 개념 자체를 ‘실천적으로’ 폐기 지양하고자 한 것이 아닌가 한다. 제5테제와 제9테제에서도 이 ‘**직관**’이란 말이 강조되어 다시 언급되고 있는바, 거기에서도 ‘**직관**’이란 개념 자체를 비판적이고 부정적으로 사용하고 있는 것이다. 따라서 칸트에서 헤겔에 이르는 독일 관념론 철학에서 인식론적인 중요한 개념의 하나인 ‘직관’이란 개념과도 일정하게는 관련되어 있는 용어일 것이기 때문에 여기서도 ‘직관’으로 번역하는 것이 좋을 듯싶다.

7 ‘**감성적인 인간의 활동**’으로 번역한 ‘*sinnlich menschliche Tätigkeit*’를 엥겔스는 ‘*menschliche sinnliche Tätigkeit*’로 수정하고 있다. 엥겔스의 수정에 따르면 ‘**인간의 감성적 활동**’, 또는 ‘**인간적인 감성적 활동**’으로 번역할 수 있을 것이지만, 그러나 약간의 의미상의 차이가 있겠다. 맑스에 의하면 인간의 존재 자체가 본질적으로 감성적인 존재라는 것을 강조하고 있는 것이라고 할 수 있으며, 단순히 인식론적인 의미에서만이 아니고 인간의 삶 자체가 감성적인 활동으로 이루어진다는 것을 강조하고 있는 것이 아닌가 싶다.

8 엥겔스는 이 문장을 수정하고 있으며, 약간 달리 번역하면 다음과 같다.
“따라서 다음과 같은 사태가 나타나게 되었던바, 즉 **활동적인** 측면이 유물론과는 달리 관념론에 의하여 전개되기에 이르렀지만, - 그러나 관념론은 현실적이고 감성적인 활동 그 자체를 인식하지 못했기 때문에 단지 추상적으로만 전개되기에 이르렀던 것이다.”

9 이 번역은 앞서 잠깐 언급했던 것처럼 독일 맑스주의-레닌주의 연구소(Institut für Marxismus-Leninismus)에서 1958년 출간한 『칼 맑스·프리드리히 엥겔스 저작집』 제3권(MEW, Bd.3), 533~535쪽에 실린 엥겔스의 수정본이며, 표제 자체를 '칼 맑스 [포이어바하에 관한 테제들]'이라고 붙이고 있다. 즉, 맑스가 직접 메모한 '1. 포이어바하에 관하여'란 말이 빠져있으며, 여기서도 그에 따라 표기한 것이다. 맑스의 수고본과 엥겔스의 수정본을 구별하여 표기하기 위한 것이다. 이하 제1테제와 마찬가지로 제2테제부터는 맑스의 수고본에 이어 '엥겔스 수정본'이라고 표기할 것이다. 물론 이하 테제들의 번역에서도 맑스의 원본에 이어 엥겔스의 수정본을 이어서 덧붙인다. 아울러 엥겔스의 『루트비히 포이어바하와 독일 고전철학의 종말』이 실려 있는 『칼 맑스·프리드리히 엥겔스 저작집』 제21권(MEW, Bd.21)에는 "칼 맑스 [포이어바하에 관한 테제들]"이 실려 있지 않으며, 엥겔스의 수정본 역시 부록으로 실려 있지 않다.

10 헤겔 변증법의 일반적인 체계와 구조는 즉자태, 또는 즉자존재(Ansichsein)와 대자태, 또는 대자존재(Fürsichsein), 그리고 종합적인 의미의 즉자대자태, 또는 즉자대자존재(Anundfürsichsein)로 이루어진다. 이와 같은 논리적 체계와 서술구조는 그의 『대논리학(*Wissenschaft der Logik*)』이나 『소논리학(*Die Wissenschaft der Logik*)』의 기본 골격을 이루고 있으며, 맑스 또한 자신이 말하고 있는 것처럼 특히 그의 주저 『자본』에서 '가치론(Werttheorie)'을 다루면서 '헤겔의 고유한 표현방식을 흉내 내기도' 한다. (참조, K.Marx, *Das Kapital l*, MEW, Bd.23, Berlin: Dietz Verlag, 1977. 27쪽. 이하에서는 『자본』 제1권으로 '*Das Kapital l*'로 표기하며, 맑스의 『자본』에 대해서는 다음에 간략하게나마 다시 언급하기로 한다.) 특히 맑스가 흉내 내고 있는 표현방식으로 『자본』 제1권의 '상품' 장 곳곳에서 '즉자대자적으로(an und für sich)'란 말을 사용하고 있으며, 예컨대 "그와는 달리 생산력의 변천은 가치 속에 표현되어 있는 노동과는 즉자대자적으로 전혀 마주치지 않는다.(Dagegen trifft ein Wechsel der Produktivkraft die im Wert dargestellte Arbeit an und für sich gar nicht.)"라는 문장이 그러하다.(K.Marx, *Das Kapital l*, 60~61쪽) 맑스의 『자본』에 대해서는 물론 다음에 좀 더 자세히 언급하겠지만, 이 문장을 우리말의 헤겔적인 표현을 끌어들여 이해할 수만은 없을 것이다. 그런 의미에서는 '노동 그 자체'로 표현하는 것이 좀 더 자연스러울 수도 있다.(참조, G.W.F.Hegel, 『대논리학 II(*Wissenschaft der Logik II*)』, Hamburg: Felix Meiner Verlag,

1975. 'Vom Begriff im allgemeinen', 214쪽. 이하 '*Wissenschaft der Logik II*'로 표기함) 맑스도 어디에선가 말하고 있는 것처럼 자신의 변증법을 다룬 저서를 따로 기획하여 저술하려 했지만 아쉽게도 시간에 쫓겨 결국은 포기하고 말았던 것이다.

11 K.Marx · F.Engels, 『독일 이데올로기(*Die deutsche Ideologie*)』, in: MEW, Bd.3(Berlin: Dietz Verlag, 1978), 44쪽. 이하 '*Die deutsche Ideologie*'로만 표기함.

원문: (…); aber wo wäre ohne Industrie und Handel die Naturwissenschaft? Selbst diese „reine" Naturwissenschaft erhält ja ihren Zweck sowohl wie ihr Material erst durch Handel und Industrie, durch sinnliche Tätigkeit der Menschen. So sehr ist diese Tätigkeit, dieses fortwährende sinnliche Arbeiten und Schaffen, diese Produktion die Grundlage der ganzen sinnlichen Welt, wie sie jetzt existiert, daß, wenn sie auch nur für ein Jahr unterbrochen würde, Feuerbach eine ungeheure Veränderung nicht nur in der natürlichen Welt vorfinden, sondern auch die ganze Menschenwelt und sein eignes Anschauungsvermögen, ja seine Eigne Existenz sehr bald vermissen würde.

12 법률적인, 또는 법철학적인 의미에서의 사물에 대한 지배관계나 권리는 소유(所有, Eigentum)와 점유(占有, Besitz)로 구분될 수 있으며, 이때 여기에서의 '전유성(專有性, Aneignung)'이란 말은 그런 소유적인 의미에서가 아니고 일반적인 언어적 의미에서의 '자기의 것으로 삼다', 또는 '자기 자신에로 동화되기에 이른다'란 의미에서 그러하다.

13 K.Marx, 『1844년 경제학-철학 수고(*Ökonomisch-philosophische Manuskripte aus dem Jahre 1844*)』, in: MEW, EB, Erster Teil(Berlin: Dietz Verlag, 1981), 573쪽. 이하 '*Ökonomisch-philosophische Manuskripte*'르 표기함.

원문: Die Vindizierung der gegenständlichen Welt für den Menschen – z.B. die Erkenntnis, daß das *sinnliche* Bewußtsein kein *abstrakt* sinnliches Bewußtsein, sondern ein *menschlich* sinnliches Bewußtsein, daß die Religion, der Reichtum etc. nur die entfremdete Wirklichkeit der *menschlichen* Vergegenständlichung, der zum Werk herausgebornen *menschlichen* Wesenskräfte und darum nur der *Weg* zur wahren *menschlichen* Wirklichkeit sind –, diese Aneignung oder die Einsicht in diesen Prozeß erscheint daher bei Hegel so, daß die *Sinnlichkeit*, *Religion*, Staatsmacht etc. geistige Wesen sind – denn nur der *Geist* ist das *wahre* Wesen des Menschen, und die wahre Form des Geistes ist der denkende Geist, der logische, spekulative Geist. Die *Menschlichkeit* der Natur und der von der Geschichte erzeugten Natur, der Produkte des Menschen, erscheint darin, daß sie *Produkte* des abstrakten Geistes sind und insofern also *geistige* Momente, *Gedankenwesen*.

『칼 맑스·프리드리히 엥겔스 저작집(Karl Marx·Friedrich Engels Werke)』, 즉 MEW는 구동독, 즉 독일 민주공화국(Deutsche Demokratische Republik, DDR)의 '독일 사회주의통일당 중앙위원회'에 소속된 '맑스주의-레닌주의 연구소(Institut für Marxismus-Leninismus beim ZK der SED, ML연구소)'에서 1956년부터 1968년에 걸쳐 먼저 출간된 러시아어 판의 저작집 제2판을 모델로 하여 간행된 책들이다. 이 MEW판 저작집은 가장 일반적인 맑스·엥겔스의 저작집에 해당되며, 모두 39권으로 이루어져 있고, 기타 보충판(Ergänzungsband, EB)이 제 1·2권으로 출간되었다. 이 보충판 제1권에는 맑스의 예나(Jena)대학에서 받게 된 박사학위 논문『데모크리토스와 에피쿠로스의 자연철학의 차이(*Differenz der demokritischen und epikureischen Naturphilosophie*)』 및『1844년 경제학-철학 수고(*Ökonomisch-philosophische Manuskripte aus dem Jahre 1844*)』가 실려 있다. 이『1844년 경제학-철학 수고』는 1844년 4월부터 8월까지 썼던 수고이며, 맑스의 철학사상을 이해하는데 있어 매우 중요한 책으로, 맑스 자신은 아무런 책 제목도 붙이지 않았지만 1932년 베를린에서 출간되면서 편집자가 편의상 그렇게 붙인 것이다. 우리의 번역본은 앞서 말한 MEW의 보충판(EB) 제1권을 대본으로 도서출판 이론과 실천에서 출간한 것이 있으며, 약간 산만하지만 우리의 그 첫 번역서라는 점에서 의의가 있겠다.(참조, 칼 마르크스, 김태경 옮김,『경제학-철학 수고』, 이론과 실천, 1987) 그 이후 이 저작에 대해 두 종류의 책이 번역 출간되었던 것 같다.(참조, 칼 맑스, 최인호 옮김,『1844년의 경제학-철학 초고』, 박종철출판사, 1991./칼 마르크스, 강유원 옮김,『경제학-철학 수고』, 이론과 실천, 2006) 특히 최인호 번역은 보다 학술적인 또 하나의『칼 맑스·프리드리히 엥겔스 총전집(Karl Marx·Friedrich Engels Gesamtausgabe)』, 즉 MEGA판을 대본으로 하고 있는 매우 정성스런 번역본이 아닌가 싶다. 맑스와 엥겔스의 전집으로는 앞서 말한 MEW판이 있고, 다른 하나로는 MEGA판이 있다. 두 판본은 먼저 러시아혁명 후 러시아에서 곧 출간되기 시작했으며, 우리나라에서 대부분 번역 대본으로 삼고 있는 것은 MEW판이며, 맑스와 엥겔스의 저서 및 많은 논평문과 글들을 연도별로 엮어 출간한 판본이 MEW판이며 좀 더 일반적인 판본이라고 할 수 있다. 그에 비해 MEGA판은 역시 연도별로 편집된 전집으로 맑스와 엥겔스의 저작은 물론 기타 논문이나 평론 및 서한까지 아울러 총체적으로 편집한 100여권이 넘는 좀 더 학술적인 판본이 MEGA판 전집이라고 하겠다. 1960년대부터 MEGA판에 이어 신MEGA판이 출간되다가 1992년 국제 맑스·엥겔스재단에 의해 이 신MEGA판이 대폭 수정되어 오늘날까지 계속 출간되고 있는 실정이다. (참조, 마토바 아키히로 외 엮음, 오석철·이신철 옮김, 『맑스사전』, 도서출판 b, 2011. '맑스·엥겔스 전집(신MEGA)의 간행 상황', 549~553쪽)

14 K.Marx · F.Engels, *Die deutsche Ideologie*, 38쪽.(참조, '후주124')

15 참조, 배영호, 『신학의 주제로서의 맑스주의』(가톨릭대학교 출판부, 2000), 14쪽.

북한의 주체철학에 대한 연구의 필요성을 배영호는 다음과 같이 말한다. "'사회주의 이념은 귀양 가지 않았다.' 그것은 인류 해방의 꿈으로서 다만 새로운 해석의 마당을 맞이하고 있을 뿐이다. 더구나 북한과의 관계 현실을 목전에 두고 있는 우리 한국의 전반적 상황에서는 그 같은 개방이 오히려 이제까지 미진하였던 맑스 연구를 재촉하고 있는 실정이다. 북한의 개방 가능성을 가늠하고 통일의 날을 구체적으로 논의하고 있는 우리에게 공산주의의 정체에 대한 연구의 필수성이 주체사상에 대한 연구와 함께 그 어느 때보다도 절대적으로 요구되고 있는 것이다."

16 참조, 사회과학출판사 편, 『주체사상 총서 1, 주체사상의 철학적 원리』(백산서당, 1989), 152~153쪽. 이하 '『주체사상 총서 1』'로 표기함.

17 L.Feuerbach, 『기독교의 본질(*Das Wesen des Christentums*)』. in: L.Feuerbach Werke in sechs Bänden, Bd.5, hrsg. von E.Thies(Frankfurt/M.: Suhrkamp Verlag, 1975), 136쪽. 이하 '*Das Wesen des Christentums*'로만 표기함.(참조, 루트비히 포이어바흐, 강대석 옮김, 『기독교의 본질』, 한길사, 1992)

원문: Die Juden haben sich in ihrer Eigentümlichkeit bis auf den heutigen Tag erhalten. Ihr Prinzip, ihr Gott ist das *praktischste* Prinzip von der Welt – der Egoismus, und zwar der *Egoismus in der Form der Religion*. Der Egoismus ist der Gott, der seine Diener nicht zuschanden werden läßt. Der Egoismus ist wesentlich *monotheistisch*, denn er hat nur *eines*, nur *sich* zum Zweck.

18 L.Feuerbach, *Das Wesen des Christentums*, 219쪽.

원문: Und dieses Verhalten zu Gott als einem andern Wesen ist einerseits ein natürliches, unwillkürliches, unbewußtes, andererseits ein bewußtes, durch Reflexion vermitteltes. Das unbewußte Verhalten wurzelt im Ursprung der Religion selbst, beruht auf ihrem wesentlichen Standpunkt. Dieser Standpunkt ist der *praktische*.

19 K.Marx · F.Engels, *Die deutsche Ideologie*, 38쪽.(참조, '후주124')

20 독일어 'Macht'를 여기서 '위력'으로 번역한다. 이때 '위력'이란 말은 일반적인, 또는 물리적인 '힘'을 의미하는 것이 아니고, 진리가 현실 속에서 살아 움직이는 어떤 실용적이고 실제적인 실체의 힘을 의미할 것이다. 헤겔은 물리적인 힘을 포함한 실재적이고 정신적인 동력으로서의 힘을 'Kraft'란 말로 표현한다.

"**힘**은 전체와 부분 사이의 모순이 그 속으로 해소되어버린 부정적 통일이며, 그 전체와 부분의 최초 관계의 진리이다.(**Die Kraft** ist die negative Einheit, in welche sich der Widerspruch des Ganzen und der Teile aufgelöst hat, die Wahrheit jenes ersten Verhältnisses.)"(G.W.F.Hegel, *Wissenschaft der Logik II*, 144쪽)

"우유적인 것들은 그 자체에 있어 지양되지만, 그러나 동시에 이와 같은 지양 속에서 실체적인 것이 계시되기에 이르며, 그런 한에 있어서 실체는 우유적인 것들의 **위력**(*Macht*)이다.(Die Substanz ist die *Macht* der Akzidenzen, insofern sie sich an sich selbst aufheben, zugleich aber in diesem Aufheben sich das Substantielle offenbart.)"(F.헤겔, 위상복 옮김, 『김나지움 논리학입문』, 용의 숲, 2판: 2017. 253～254쪽)

21 차안성(此岸性)은 'Diesseitigkeit'의 번역어로 피안성(彼岸性, Jenseitigkeit)과 대립된 낱말이다. 즉, 생과 사의 '저 세상'에 대하여 '이 세상'을 말한다.

22 '순전히 **스콜라주의적인** 문제(eine rein *scholastische* Frage)'란 중세의 지배적인 기독교철학으로서의 스콜라주의(Scholastizismus)를 말하며, 근대로 접어들면서 교조적인 궤변, 또는 공리공담에 지나지 않는 철학을 빙자하여 그렇게 부르기도 했다.

23 엥겔스는 이 제2테제에 대해서는 거의 수정하지 않고 있다.

24 F.Engels, *L.Feuerbach und der Ausgang*, 277~278쪽.

원문: Die Materie ist nicht ein Erzeugnis des Geistes, sondern der Geist ist selbst nur das höchste Produkt der Materie. Dies ist natürlich reiner Materialismus. Hier angekommen, stutzt Feuerbach. Er kann das gewonheitsmäßge, philosophische Vorurteil nicht überwinden, das Vorurteil nicht gegen die Sache, sondern gegen den Namen des Materialismus.

25 F.Engels, *L.Feuerbach und der Ausgang*, 275쪽.

원문: Die Frage nach der Stellung des Denkens zum Sein, die übrigens auch in der Scholastik des Mittelalters ihre große Rolle gespielt, die Frage: Was ist das Ursprüngliche, der Geist oder die Natur? – diese Frage spietzte sich, der Kirche gegenüber, dahin zu: Hat Gott die Welt erschaffen, oder ist die Welt von Ewigkeit da?

26 F.Engels, *L.Feuerbach und der Ausgang*, 280~281쪽.

원문: 그리하여 사회에 관한 학문, 다시 말해 이른바 역사적 및 철학적 학문들의 총체 개념을 유물론적 토대와 일치시키며 그리고 그 토대 위에 재구성하는 것이 문제였다. 그러나 포이어바하는 이 일을 해낼 수 없었다. 그는 그 "토대"에도 불구하고 물려받은 관념론적 굴레에 갇힌 채 머물러 있었으며, 그는 이러한 사실을 다음과 같이 말하며 인정하고 있다.

즉, "나는 뒤를 향해서는 유물론자들에 동의하지만, 그러나 앞을 향해서는 동의하지 않는다."(Es handelte sich also darum, die Wissenschaft von der Gesellschaft, d.h. den Inbegriff der sogenannten historischen und philosophischen Wissenschaften, mit der materialistischen Grundlage in Einklang zu bringen und auf ihr zu rekonstruieren. Dies aber war Feuerbach nicht vergönnt. Hier blieb er, trotz der „Grundlage", in den überkommen idealistschen Banden befangen, und dies erkennt er an mit den Worten:

„Rückwärts stimme ich den Materialisten bei, aber nicht vorwärts.")

포이어바하는 "뒤를 향해서는 유물론자들과 일치하나, 그러나 앞을 향해서는 일치하지 않는다."라고 직접 말하고 있으면서도, 그럼에도 불구하고 엥겔스에 의하면 포이어바하는 앞을 향해서 유물론을 더 이상 확립하지 못하고 만다. 즉, 18세기 이후의 속류 유물론(vulgarisierter Materialismus), 또는 기계론적 유물론(mechanischer Materialismus)을 정립한 포크트(Karl Vogt, 1817～1895)나 몰레쇼트(Jakob Moleschott, 1822～1893), 뷔히너(Ludwig Büchner, 1824～1899)의 유물론에서 결코 벗어나지 못한 것이다. "그것은 당시의 자연과학의 위치와 그에 관련되어 있는 철학적 사유의 형이상학적인, 즉 반변증법적인 방식에 상응한 것이었다.(Dies entsprach dem damaligen Stand der Naturwissenschaft und der damit zusammenhängenden metaphysischen, d.h. antidialektischen Weise des Philosophierens.)"고 말한다.(F.Engels, *L.Feuerbach und der Ausgang,* 279쪽) 그러니까 포이어바하의 유물론은 '앞을 향해서(vorwärts)' 유물론적인 '사회적 영역(das gesellschaftliche Gebiet)'이나 '역사의 영역(Gebiet der Geschichte)'으로 나아가지 못한 것이다.

27 L.Feurbach, 『미래철학의 근본명제(*Grundsätze der Philosophie der Zukunft*)』, in: L. Feuerbach Werke in sechs Bänden, Bd.3, hrsg. von E.Thies (Frankfurt/M.: Surhkamp Verlag, 1975), §60[58], 320쪽. 이하 '*Grundsätze der Philosophie der Zukunft*'로 표기함.

원문: 진리는 사유 속에 실존하지 않으며, 지식 그 자체 속에 실존하지 않는다. **진리는 오직 인간의 삶과 본질의 총체성일 뿐이다.**(Die Wahrheit existiert nicht im Denken, nicht im Wissen für sich selbst. *Die Wahrheit ist nur die Totalität des menschlichen Lebens und Wesens.*)

28 L.Feuerbach, *Grundsätze der Philosophie der Zukunft*, §49[48], 313쪽.

원문: Nur das durch die *sinnliche Anschauung sich bestimmende* und *rektifizierende Denken* ist *reales, objektives* Denken – Denken *objektiver Wahrheit.*

Es ist das Wichtigste, zu erkennen, daß das absolute, d.h. das isolierte, von der Sinnlichkeit abgesonderte Denken *nicht über die formale Identität* – die *Identität des Denkens mit sich selbst* hinauskommt; (…)

29 K.Marx, *Das Kapital I*, 192쪽.(참조, 카를 마르크스, 강신준 옮김, 『자본 Ⅰ-1』, 도서출판 길, 2008).

원문: Die Arbeit ist zunächst ein Prozeß zwischen Mensch und Natur, ein Prozeß, worin der Mensch seinen Stoffwechsel mit der Natur durch seine eigne Tat vermittelt, regelt und kontrolliert. Er tritt dem Naturstoff selbst als eine Naturmacht gegenüber.

칼 맑스의 주저로 간주되고 있는 『자본(*Das Kapital*)』은 완간되기까지 그 출간 배경이 매우 복잡하며, 그에 대해 개략적인 소개를 한다면 그 전체는 4권으로 이루어진 방대한 저작이다. 우선 그 제4권은 『잉여가치론(*Theorien über die Mehrwert*)』으로 별다른 제목 없이 초고 형태로 전해진 것을 후에 구동독의 맑스주의-레닌주의 연구소에서 그와 같은 제목으로 출간한 것이다. 맑스 생전에 출간된 『자본』은 제1권뿐이며, 1867년 그 초판이 함부르크(Hamburg)에서, 그리고 다시 많은 수정을 가하여 그 제2판은 1872년 출간되었다. 맑스가 타계한 후 엥겔스에 의하여 『자본』 제2권이 1885년에, 제3권은 1894년에 간행되었다. 좁은 의미에서 『자본』은 이 세 권을 말하며, 이는 MEW판으로는 제23권, 제24권, 제25권이 『자본』 제1권, 제2권, 제3권을 이루고 있다. 『자본』은 그 부제가 '정치경제학 비판(Kritik der politischen Ökonomie)'이며, 제1권은 '자본의 생산과정(Der Produktionsprozeß des Kapitals)', 제2권은 '자본의 유통과정(Der Zirkulationsprozeß des Kapitals)', 제3권은 '자본주의적 생산의 총 과정(Der Gsamtprozeß der kapitalistischen Produktion)'으로 되어 있다. 우리나라에서는 이 MEW판을 대본으로 김영민과 강신준이 번역하여 제1권, 제2권, 제3권을 각각 3분책으로 모두 9분책으로 1987년부터 1989년까지 최초로 완간되기에 이른다. 그 후 곧 영문판을 대본으로 김수행에 의하여 『자본론』이 1989년부터 번역되어 출간되며, 또한 북한판 『자본론』의 복사본도 출간된다. 그 후 강신준에 의하여 MEW판을 대본으로 개역판이 출간되며, 역시 김수행에 의하여 영문판 개역판도 출간되었다. 특히 『자본』 제1권 맨 앞에서 다루고 있는 '상품' 장은 맑스 자신도 그렇게 말하고 있는 것처럼 무척 난해할 뿐만 아니라 『자본』 전체의 백미를 이루고 있는 부분으로 평가되며, 상품에 대한 정치경제학적인 의미와 그 분석을 떠나 맑스 자신의 철학사상적인 내용도 함께 응축되어 있는 부분으로 간주된다. 맑스가 『자본』 제1권의 '제1판 서문' 첫머리에서 하고 있는 말을 직접 들어보자. "모든 일의 시작이 어렵다고 하는 것은 어떤 학문에서도 그대로 타당하다. 따라서 제1장, 특히 상품의 분석을 포함하고 있는 절의 이해가 가장 난해할 것이다. 좀 더 자세히 말한다면 가치실체와 가치크기의 분석과 관련해서 나는 그것들을 가능한 한 쉽도록 평이하게 하였다. (Aller Anfang ist schwer, gilt in jeder Wissenschaft. Das Verständnis des ersten Kapitels, namentlich des Abschnitts, der die Analyse der Ware enthält, wird daher die meiste Schwierigkeit machen. was nun näher die Analyse der Wertsubstanz und der Wertgröße betrifft, so habe ich sie möglichst popularisiert.)"(K.Marx, *Das Kapital l*, '제1판 서문', 11쪽)

30 K.Marx, *Das Kapital l*, '제2판 후기', 27쪽.

원문: Meine dialektische Methode ist der Grundlage nach von der Hegelschen nicht nur verschieden, sondern ihr direktes Gegenteil. Für Hegel ist der Denkprozeß, den er sogar unter dem Namen Idee in ein selbständiges Subjekt verwandelt, der Demiurg des Wirklichen, das nur seine äußere Erscheinung bildet. Bei mir ist umgekehrt das Ideelle nichts andres als das im Menschenkopf umgesetzte und übersetzte Materielle.

31 K.Marx, *Ökonomisch-philosophische Manuskripte*, 569쪽.

원문: **포이어바하**는 헤겔 변증법에 대해 **진지하고도 비판적인** 관계를 갖고서 이 영역에서 참된 발견을 이루어낸 유일한 사람이며, 일반적으로 낡은 철학의 진정한 극복자로서 유일한 사람이다.(*Feuerbach* ist der einzige, der ein *ernsthaftes*, ein *kritisches* Verhältnis zur Hegelschen Dialektik hat und wahrhafte Entdeckungen auf diesem Gebiete gemacht hat, überhaupt der wahre Überwinder der alten Philosophie ist.)

32 K.Marx, *Ökonomisch-philosophische Manuskripte*, 572쪽.

원문: Nicht, daß das menschliche Wesen sich *unmenschlich*, im Gegensatz zu sich selbst sich *vergegenständlicht*, sondern, daß es im *Unterschied* vom und im *Gegensatz* zum abstrakten Denken sich *vergegenständlicht*, gilt als das gesetzte und als das aufzuhebende Wesen der Entfremdung.

33 K.Marx, *Ökonomisch-philosophische Manuskripte*, 574쪽.

원문: 노동은 **외화** 속에서의 **인간**의 **대자화**이거나 또는 **외화된** 인간으로서의 **대자화**이다. 헤겔이 알고 있고 인정한 노동은 오직 **추상적인 정신적** 노동일뿐이다.(Die Arbeit ist das *Fürsichwerden* des *Menschen* innerhalb der *Entäußerung* oder als *entäußerter* Mensch. Die Arbeit, welche Hegel allein kennt und anerkennt, ist die *abstrakt geistige*.)

34 K.Marx, *Ökonomisch-philosophische Manuskripte*, 547쪽.

원문: 모든 생산물이란 하나의 미끼인 것인바, 그 미끼로 또 다른 미끼의 본질이라고 할 그것의 화폐를 자기 자신에게로 유인하고자 하는 것이며, 모든 현실적 욕구나 가능적 욕구란 하나의 약점인 것인바, 파리를 아

교막대기에로 가까이 끌어들이는 것과 같은 약점인 것이다. – 그것은 곧 인간의 모든 불완전성이 하늘을 함께 묶고 있는 끈인 것과 같이, 그리고 인간의 마음을 사제에게 다가가게 하는 측면인 것과 같이 공동체적인 인간적 본질의 보편적인 착취인 것이다; …(jedes Produkt ist ein Köder, womit man das Wesen des andern, sein Geld, an sich locken will, jedes wirkliche oder mögliche Bedürfnisist eine Schwachheit, die die Fliege an die Leimstange heranführen wird – allgemeine Ausbeutung des gemeinschaftlichen menschlichen Wesens, wie jede Unvollkommenheit des Menschen ein Band mit dem Himmel ist, eine Seite, wo sein Herz dem Priester zugänglich; …)”

35 K.Marx, *Ökonomisch-philosophische Manuskripte*, 541～542쪽.

원문: 왜냐하면 오감뿐만 아니라 소위 정신적인 감각들, 실천적인 감각들(의지, 사랑 등등), 한마디로 말해 **인간적인** 감각, 곧 감각들의 인간성도 **그의** 대상의 현존재를 통해서, 즉 **인간화된** 자연을 통해서 비로소 생성되기 때문이다. 오감의 **형성**은 이제까지의 세계사 전체의 노동이다.(Denn nicht nur die 5 Sinne, sondern auch die sogenannten geistigen Sinne, die praktischen Sinne(Wille, Liebe etc.), mit einem Wort der *menschliche* Sinn, die Menschlichkeit der Sinne wird erst durch das Dasein *seines* Gegenstandes, durch die *vermenschlichte* Natur. Die *Bildung* der 5 Sinne ist eine Arbeit der ganzen bisherigen Weltgeschichte.)

36 K.Marx, *Ökonomisch-philosophische Manuskripte*, 542쪽.

원문: (…); 그리하여 이론적 관점에서나 실천적 관점에서 인간적 본질의 대상화는 인간의 감각들을 **인간적으로** 만들기 위해서도, 그리고 인간적이고 자연적인 본질의 전체적인 부를 위한 그에 상응하는 **인간적인 감각**을 창조하기 위해서도 필요한 것이다.(…; also die Vergegenständlichung des menschlichen Wesens, sowohl in theoretischer als praktischer Hinsicht, gehört dazu, sowohl um die *Sinne* des Menschen *menschlich* zu machen als um für den ganzen Reichtum des menschlichen und natürlichen Wesens entsprechenden *menschlichen Sinn* zu schaffen.)

37 K.Marx, *Ökonomisch-philosophische Manuskripte*, 542쪽.

원문: (…); man sieht, wie die Lösung der *theoretischen* Gegensätze selbst *nur* auf eine *praktische* Art, nur durch die praktische Energie des

Menschen möglich ist und ihre Lösung daher keineswegs nur eine Aufgabe der Erkenntnis, sondern eine *wirkliche* Lebensaufgabe ist, welche die *Philosophie* nicht lösen konnte, eben weil sie dieselbe als *nur* theoretische Aufgabe faßt.

38 이 문장의 원문은 다음과 같다.

"Sie muß daher die Gesellschaft in zwei Teile – von denen der eine über ihr erhaben ist – sondieren."

이 문장에서 'sondieren'을 엥겔스는 'sondern'으로 수정하고 있으며, 따라서 '분리하다', '분할하다'로 그렇게 번역해야 할 것이다. 또한 엥겔스는 이 문장 끝에 "예컨대 로버트 오언(Robert Owen)의 경우처럼"이란 말을 삽입하고 있다. 엥겔스에 의하면, 로버트 오언과 같은 유물론자는 사회를 두 부분으로 나누어 그 한 부분이 사회를 초월해 있는 부분으로 설정하지 않으면 안 되었던 것인바, 그것은 인간이 환경에 의하여 변화될 뿐만 아니라 환경이 인간에 의하여 변화되고, 교육자는 타인을 교육할 뿐만 아니라 교육자 자신이 타인으로부터 교육되지 않으면 안 된다는 것을, 즉 인간과 환경, 교육과 피교육의 변증법적 관계를 망각하고 있었기 때문에 필연적으로 그럴 수밖에 없었다고 말하고 있는 것이다.

39 엥겔스는 이 문장에서 맑스 수고본의 '자기변화(Selbstveränderung)'란 말을 삭제하고 있으며, 또한 '**혁명적 실천**(*revolutionäre Praxis*)'이란 말도 '**변혁적 실천**(*umwälzende Praxis*)'이란 말로 수정한다. 엥겔스가 '**혁명적 실천**'이란 말을 '**변혁적 실천**'으로 수정한 이유는 이때 실천의 의미가 정치 사회적인 혁명 활동이 아닌 '자기변화', 곧 자기 자신의 갱신과 변혁이란 의미를 띠는 것이겠기 때문이다. 또한 그 때문에 '자기변화'란 말도 삭제했을 것이다.

물론 이때 형식적으로는 '혁명(Revolution)'이나 '변혁(Umwälzung)'이란 말의 의미는 큰 차이는 없다. 일반적으로 '혁명'으로 번역하는 Revolution은 라틴어 revolutio에서 유래하며, 원래 천문학적인 '위성의 공전(公轉)'을 의미하는 용어였으나 프랑스혁명을 계기로 '민중봉기', 곧 '혁명'이란 말로 사용되었던 것이다.

40 엥겔스는 이 문장에서 '예컨대 로버트 오언의 경우처럼'이란 표현을 덧붙인다. 로버트 오언(Robert Owen, 1771~1858)은 생시몽(Saint-Simon, 1760~1825), 샤를르 푸리에(Charles Fourier, 1772~1837) 등과 함께 흔

히 대표적인 '공상적 사회주의자'로 불린다. 오언은 영국의 근대적 사회주의의 창시자로 간주되며, '면직왕(綿織王)'으로 불리어질 만큼 직접 방직공장을 경영하면서 산업혁명에 의한 근대적 자본주의가 완성되어 가던 시대를 살다간 인물이다. 그는 특히 사회 환경과 교육의 개선에 중점을 두었던 바, 그것은 인간의 성격이 사회 환경과 교육에 의하여 결정되는 것이라고 보았기 때문이다. 이 테제에서 엥겔스는 오언의 그와 같은 관점의 결함을 지적하고 있다. 즉, 앞서 언급한 것처럼 인간과 환경, 인간과 교육의 변증법적 관계를 무시한다는 것이다. 물론 맑스는 '공상적(utopisch)' 사회주의를 지양하고 '과학적(wissenschaftlich)' 사회주의를 주장하지만, 16세기 이후 토마스 모어(Thomas More, 1478~1535) 등에 의하여 제기된 근대철학의 중심 주제의 하나였던 이상사회론(Utopia, Utopismus)의 계승적 지양과 관련되어 있다고 할 수 있다. 그리고 또한 이때 '과학적 사회주의(der wissenschaftliche Sozialismus)'라고 번역하고 있는 말은 좀 더 일반적으로는 '학문적 사회주의'라고 번역할 수도 있을 것이며, 학문성, 또는 학문적 정신(Wissenschaftlichkeit)이 실현된 사회주의를 뜻한다고 볼 수도 있을 것이다.

41 참조, F.Engels, *L.Feuerbach und der Ausgang,* 274~275쪽.

엥겔스는 "모든 철학, 특히 근대철학의 중요한 근본문제는 사유와 존재의 관계에 대한 문제이다.(Die große Grundfrage aller, speziell neueren Philosophie ist die nach dem Verhältnis von Denken und Sein.)"라고 말하며, "따라서 철학 전체의 최고의 문제이기도 한 존재에 대한 사유의 관계, 곧 자연에 대한 정신의 관계의 문제는 모든 종교에 있어서와 마찬가지로 미개상태의 우매하고도 무지한 표상에 그 뿌리를 두고 있는 것이다.(Die Frage nach dem Verhältnis des Denkens zum Sein, des Geistes zur Natur, die höchste Frage der gesamten philosophie hat also, nicht minder als alle Religion, ihre Wurzel in den bornierten und unwissenden Vorstellungen des Wildheitszustands.)"라고 말한다. 그리하여 사유, 곧 정신을 근원적인 것으로 보는 관념론과 존재, 곧 물질적 자연을 근원적인 것으로 보는 유물론과를 구별한다.

42 F.Engels, *L.Feuerbach und der Ausgang,* 276쪽.

원문: Die schlagendste Widerlegung dieser wie aller andern philosophischen Schrullen ist die Praxis, nämlich das Experiment und die Industrie.

43 참조, 『주체사상 총서 1』, 183쪽 이하.
"의식 가운데서도 사상의식은 사람의 모든 활동을 규제한다. 그것은 사상의식이 사람들의 요구와 이해관계를 반영한 의식이기 때문이다. 사상의식이 반영하는 사람의 요구는 개체 보존과 종보존의 요구와 같은 생명물질 일반의 생리적, 본능적 요구가 아니라 사회생활 과정에 제기되는 요구이다."(같은 책, 185쪽)

44 참조, 『주체사상 총서 1』, 247~248쪽.
"세계에 대한 관점과 입장이 사람의 운명개척에 복무하는 가장 일반적인 방법론으로 되기 위해서는 세계를 있는 그대로 반영할 뿐 아니라 사람이 자주적으로, 창조적으로, 의식적으로 세계를 개조하고 지배해나갈 수 있게 하는 관점과 입장으로 되어야 한다."(같은 책, 248쪽)

45 K.Marx · F.Engels, *Die deutsche Ideologie*, 38쪽.
원문: (……) – daß also die Umstände ebensosehr die Menschen, wie die Menschen die Umstände machen. Diese Summe von Produktionskräften, Kapitalien und sozialen Verkehrsformen, die jedes Individuum und jede Generation als etwas Gegebenes vorfindet, ist der reale Grund dessen, was sich die Philosophen als „Substanz" und „Wesen des Menschen" vorgestellt, was sie apotheosiert und bekämpft haben, ein realer Grund, der dadurch nicht im Mindesten in seinen Wirkungen und Einflüssen auf die Entwicklung der Menschen gestört wird, daß diese Philosophen als „Selbstbewußtsein" und „Einzige" dagegen rebellieren.

46 물론 맑스의 『자본』 부제가 '정치경제학 비판(Kritik der politischen Ökonomie)'이며, K.코르쉬는 맑스에 있어 정치경제학의 의미에 대하여 다음과 같이 규정한다.
"정치경제학은 사회의 일정한 역사적 발전단계에 있어 부르주아적 생산양식 자체에서 유래하게 된 부르주아적 학문이며, 그것의 이데올로기적 보완작업을 위한 부르주아적 학문인 것이다."(Karl Korsch, *Karl Marx*, Frankfurt a.M.: Europäische Verlagsanstalt, 1967. 226쪽)
따라서 코르쉬에 의하면 맑스의 『자본』은 그 부제가 말하고 있는 것처럼 부르주아 경제학, 곧 정치경제학에 대한 비판이라고 할 수 있으며, 그런 의미에서 경제학 일반에 대한 비판은 아닐 것이다.

47 K.Marx · F.Engels, *Die deutsche Ideologie*, 42쪽.

원문: 〔…〕 sich in Wirklichkeit und für den *praktischen* Materialisten, d.h. *Kommunisten*, darum handelt, die bestehende Welt zu revolutionieren, die vorgefundnen Dinge praktisch anzugreifen und zu verändern.

48 엥겔스는 이 문장에서 "세계가 종교적 세계와 현세적 세계로 이원화된다는 사실로부터"란 구절을 "세계가 종교적인 표상적 세계와 현실적 세계로 이원화된다는 사실로부터"로 수정한다.

49 엥겔스는 이 문장을 "그리하여 이 현세적 토대 자체가 먼저 그 자신의 모순 속에서 이해되지 않으면 안 되며, 그 다음 모순의 제거를 통하여 실천적으로 혁명화 되지 않으면 안 된다."라고 수정한다.

50 엥겔스는 이 끝 문장, 즉 "따라서 예컨대 세속가족이 신성가족의 비밀로서 폭로된 그 다음에는, 이제 전자, 곧 세속가족 그 자체가 이론적으로, 그리고 실천적으로 폐기되지 않으면 안 된다.(Also nachdem z.B. die irdische Familie als das Geheimnis der heiligen Familie entdeckt ist, muß nun erstere selbst theoretisch und praktisch kritisiert und praktisch vernichtet werden)"란 문장을 "따라서 예컨대 세속가족이 신성가족의 비밀로서 폭로된 그 다음에는, 이제 전자, 즉 세속가족 그 자체가 이론적으로 비판되어야하며, 그리고 실천적으로 변혁되지 않으면 안 된다.(Also z.B., nachdem die irdische Familie als das Geheimnis der heiligen Familie entdeckt ist, muß nun erstere selbst theoretisch kritisiert und praktisch umgewälzt werden)"라고 수정한다. 또한 제3테제에서와 마찬가지로 엥겔스는 여기서도 '변혁(umgewälzt)'이란 말을 사용한다. 물론 '실천적으로 변혁되지 않으면 안 된다'란 말을 '실천적으로 지양되지 않으면 안 된다'란 의미로 받아들일 수도 있을 것이다. 즉, 신성가족의 비밀은 세속가족 속에 있기 때문에 신성가족의 비판과 지양은 세속가족의 비판에 토대를 갖는 것이며, 그렇다고 그런 다음에도 세속가족이 그대로 온존해야만 하는 것이 아니고 세속가족 역시 이론적으로 비판되면서 실천적으로 변혁, 또는 지양되어야 한다고 엥겔스는 이 구절을 이해하고 있는 것이다.

51 K.Marx, 「헤겔 법철학 비판에 대하여. 서론(Zur Kritik der Hegelschen Rechtsphilosophie. Einleitung)」, in: MEW, Bd.1(Berlin: Dietz Verlag, 1976), 378쪽. 이하 'Zur Kritik der Hegelschen Rechtsphilosophie. Einleitung'으로만 표기함.

원문: Das Fundament der irreligiösen Kritik ist: *Der Mensch macht die Religion*, die Religion macht nicht den Menschen. Und zwar ist die Religion das Selbstbewußtsein und das Selbstgefühl des Menschen, der sich selbst entweder noch nicht erworben oder schon wieder verloren hat. Aber *der Mensch*, das ist kein abstraktes, außer der Welt hockendes Wesen. Der Mensch, das ist *die Welt des Menschen*, Staat, Sozietät. Dieser Staat, diese Sozietät produzieren die Religion, ein *verkehrtes Weltbewußtsein*, weil sie eine *verkehrte Welt* sind.

52 L.Feuerbach, *Grundsätze der Philosophie der Zukunft*, §7, 252쪽.
원문: Die innere Notwendigkeit, daß Gott aus einem *Objekt* des Menschen zum *Subjekt*, *zum denkenden Ich* des Menschen wird, ergibt sich aus dem bereits Entwickelten näher so: Gott ist Gegenstand des Menschen und nur des Menschen, nicht des Tieres.

53 L.Feuerbach, *Grundsätze der Philosophie der Zukunft*, §7, 254쪽.
원문: Es gehört also zum Wesen Gottes selbst, daß er keinem andern Wesen außer dem Menschen Gegenstand, daß er ein spezifisch menschlicher Gegenstand, ein Geheimnis des Menschen ist. Wenn aber nur im Menschen Gott offenbar ist, was offenbart sich uns im Wesen Gottes? Nichts andres als das Wesen des Menschen.

54 K.Marx, Zur Kritik der Hegelschen Rechtsphilosophie. Einleitung, 378쪽.
원문: Sie ist die *phantastische Verwirklichung* des menschlichen Wesens, weil das *menschliche Wesen* keine wahre Wirklichkeit besitzt. Der Kampf gegen die Religion ist also mittelbar der Kampf gegen *jene Welt*, deren geistiges *Aroma* die Religion ist.

55 L.Feuerbach, *Grundsätze der Philosophie der Zukunft*, §29, 295쪽.
원문: Nur im Elend des Menschen hat Gott seine Geburtsstätte. Nur aus dem Menschen nimmt Gott alle seine Bestimmungen, Gott *ist*, was der Mensch sein *will* – sein eignes Wesen, sein eignes Ziel, vorgestellt als wirkliches Wesen.

56 K.Marx, Zur Kritik der Hegelschen Rechtsphilosophie. Einleitung, 378～379쪽.

원문: Das *religiöse* Elend ist in einem der *Ausdruck* des wirklichen Elendes und in einem die *Protestation* gegen das wirkliche Elend. Die Religion ist der Seufzer der bedrängten Kreatur, das Gemüteiner herzlosen Welt, wie sie der Geist geistloser Zustände ist. Sie ist das *Opium* des Volkes.

Die Aufhebung der Religion als des *illusorischen* Glücks des Volkes ist die Forderung seines *wirklichen* Glücks. Die Forderung, die Illusionen über seinen Zustand aufzugeben, ist die *Forderung, einen Zustand aufzugeben, der der Illusionen bedarf.* Die Kritik der Religion ist also im *Keim* die *Kritik des Jammertales*, dessen *Heiligenschein* die Religion ist.

57 K.Marx, Zur Kritik der Hegelschen Rechtsphilosophie. Einleitung, 379쪽.

원문: Es ist also die *Aufgabe der Geschichte*, nachdem das *Jenseits der Wahrheit* verschwunden ist, die *Wahrheit des Diesseits* zu etablieren. Es ist zunächst die *Aufgabe der Philosophie*, die im Dienste der Geschichte steht, nachdem die *Heiligen-gestalt* der menschlichen Selbstentfremdung entlarvt ist, die Selbstentfremdung in ihren *unheiligen Gestalten* zu entlarven. Die Kritik des Himmels verwandelt sich damit in die Kritik der Erde, die *Kritik der Religion* in die *Kritik des Rechts*, die *Kritik der Theologie* in die *Kritik der Politik*.

58 엥겔스는 "**직관**"이란 말을 "**감성적인 직관**"으로 수정한다. 여기서는 물론 '**직관**'을 '**관조**'란 의미로 번역할 수는 없을 것이다. 이때의 '**직관**'이란 말과 관련하여 이미 제1테제에서도 언급되었지만, 감성적 인식으로서의 이 '**직관**'의 의미는 감성을 인식론적으로 한정해버리는 오류를 범하게 되는 계기가 되었다는 것이다. 다시 말해 실천적인 의미의 감성으로 나아가지 못하고 단순히 '**감성적인 직관**'에만 머무르는 오류를 범하고 말았다는 것이다. 내용적으로도 밀접하게 관련되어 있는 제9테제에서 '직관'에 대해 다시 언급하고 있지만, 이 제5테제에서도 제1테제에서와 마찬가지로 직관의 개념을 비판적이고 부정적으로 간주하며, 맑스는 오히려 감성을 인간의 실천적 활동으로 파악하지 못하게 하는 폐기되어야 할 개념으로 직관을 간주하고 있는 것이다. 즉, 직관은 감성과 연관되어 있는 개념이면서도, 감성을 실천적 활동으로 이해하는데 있어 저해되는 개념에 지나지 않다는 것이다.

59 L.Feuerbach, *Grundsätze der Philosophie der Zukunft*, §19, 277쪽.

원문: 근대철학의 **완성**이 곧 **헤겔**의 철학이다. 따라서 새로운 철학의 **역사적 필연성**과 **그 정당성**은 주로 **헤겔 비판**과 결부되어 있다.(Die *Vollendung* der neueren Philosophie ist die *Hegel*sche Philosophie. Die *historische Notwendigkeit* und *Rechtfertigung* der neuen Philosophie knüpft sich daher hauptsächlich an die *Kritik Hegels*.)

60 L.Feuerbach, *Grundsätze der Philosophie der Zukunft*, §19, 277쪽.(참조, '후주59')

61 L.Feuerbach, *Grundsätze der Philosophie der Zukunft*, §24, 285쪽.

원문: Das Denken setzt sich das Sein entgegen, aber *innerhalb seiner selbst* und hebt dadurch unmittelbar, ohne Schwierigkeit den Gegensatz desselben gegen sich auf; denn das Sein als Gegensatz des Denkens *im Denken* ist nichts andres als selbst ein Gedanke. Wenn das Sein weiter nichts ist als das Unmittelbare, die Unmittelbarkeit allein seinen Unterschied vom Denken ausmacht, wie leicht ist es nachzuweisen, daß auch dem Denken die Bestimmung der Unmittelbarkeit, also Sein zukommt! Wenn eine bloße *Gedankenbestimmtheit* das Wesen des Seins ausmacht, wie sollte das Sein vom Denken unterschieden sein?

62 L.Feuerbach, *Grundsätze der Philosophie der Zukunft*, §24, 285쪽.

원문: Die Identität von Denken und Sein drückt daher nur die *Identität des Denkens mit sich selbst* aus. Das heißt: Das absolute Denken kommt *nicht von sich weg, nicht aus sich heraus zum Sein.*

63 참조, L.Feuerbach, *Grundsätze der Philosophie der Zukunft*, §28, 289~290쪽.

원문: 우리가 논리적인 '이것'을 자연법에 있어서 타당한 것으로 간주한다면, 우리는 저것과 이것 사이에 아무런 구별이 없는 저마다의 모두가 모두를 갖는 재산공동소유제 사회나 부인공동소유제 사회로 곧장 나아가게 된다. - 또는 오히려 곧바로 모든 법률의 지양으로 나아가게 될 것이다. 왜냐하면 법률은 단지 이것과 저것에 대한 구별의 실재성에 근거를 두고 있기 때문이다.(Würden wir das logische ≫Diese≪ im Naturrecht gelten lassen, so kämen wir direkt auf die Güter- und Weibergemeinschaft, wo kein Unterschied ist zwischen jener und dieser, jeder jede hat - oder vielmehr geradezu auf die Aufhebung alles rechtes; denn das Recht ist nur gegründet auf die Realität des Unterschieds von Diesem und Jenem.)

포이어바하가 여기서 언급하고 있는 '부인공유제 사회(Weibergemeinschaft)', 또는 '부인 공동소유제 사회'는 근대의 이상사회론(Utopismus)에서 매우 중요한 주제의 하나였다. 특히 근대 초기 이상적 공산주의를 주창했던 캄파넬라(Tommaso Campanella, 1568～1639)는 그의 저서 『태양의 국가(Civitas solis, Der Sonnenstaat)』(1602)에서 사회적 불평등의 근원이 사적 소유에 있으며, 사적 소유의 원천이 가족관계의 일부일처제(Monogamie)에 의거하기 때문에 그것을 해체하고 부인공유제 사회를 주장하게 된다. 맑스는 부인공유제 사회에 대해 일종의 '매음(Prostitution)'에 지나지 않다는 강한 비판을 한다. "(…); 끝으로 보편적인 사적 소유를 사적 소유에 대항하고자 하는 이와 같은 운동은 부인이 **공동체적**이고 **공유적**인 소유가 되는 **부인공유제 사회**가 **혼인**(물론 **배타적 사적 소유**의 한 **형태**이기도 한)에 대해 반대하여 대항하게 된다는 것을 동물적인 형식으로 표현하기에 이른다. 이러한 **부인공유제 사회**에 대한 사상은 완전히 야만적이고 경솔하기 그지없는 공산주의에 대한 **분명하게 언급된 비밀**이란 것을 말해도 좋을 것이다.(…; endlich spricht sich diese Bewegung, dem Privateigentum das allgemeine Privateigentum entgegenzustellen, in der tierischen Form aus, daß der *Ehe*(welche allerdings eine *Form* des *exklusiven Privateigentums* ist) die *Weibergemeinschaft*, wo also das Weib zu einem *gemeinschaftlichen* und *gemeinen* Eigentum wird, entgegengestellt wird. Man darf sagen, daß dieser Gedanke der *Weibergemeinschaft* das *ausgesprochne Geheimnis* dieses noch ganz rohen und gedankenlosen Kommunismus ist.)"(K.Marx, *Ökonomisch-philosophische Manuskripte*, 534쪽.)

64 L.Feuerbach, *Grundsätze der Philosophie der Zukunft*, §28, 290쪽.

원문: Die Frage vom Sein ist eben eine praktische Frage, eine Frage, bei dem unser Sein beteiligt ist, eine Frage auf Tod und Leben.

65 K.Marx · F.Engels, *Die deutsche Ideologie*, 42쪽.

원문: Feuerbachs „Auffassung" der sinnlichen Welt beschränkt sich einerseits auf die bloße Anschauung derselben und andrerseits auf die bloße Empfindung, er sagt „*den* Menschen" statt d[ie] „wirklichen historischen Menschen". „*Der* Mensch" ist realiter „der Deutsche".

66 L.Feuerbach, *Grundsätze der Philosophie der Zukunft*, §34[35], 300쪽.

원문: Der Schmerz des Hungers besteht nur darin, daß nichts Gegenständliches im Magen, der Magen sich selbst gleichsam Objekt ist, die leeren Wände sich aneinander reiben, statt an einem Stoffe.

67 L.Feuerbach, *Grundsätze der Philosophie der Zukunft*, §36[35], 301쪽.

원문: 그러나 객관적으로 그러한 것과 마찬가지로 또한 주관적으로도 사랑은 존재의 표지이며, – 진리와 현실성의 표지이다.(Wie aber objekt, so ist auch subjekt die Liebe das Kriterium des Seins – das Kriterium der Wahrheit und wirklichkeit.)

68 L.Feuerbach, *Grundsätze der Philosophie der Zukunft*, §35[34], 301쪽.

원문: **새로운 철학은 사랑의 진리**에, **감각의 진리**에 의존한다. 사랑 속에서, 즉 감각 일반 속에서 **모든 사람은 새로운 철학의 진리를 고백한다**.(Die *neue Philosophie* stüzt sich auf die *Wahrheit der Liebe*, die *Wahtheit der Empfindung*. In der Liebe, in der Empfindung überhaupt *gesteht jeder Mensch die Wahrheit der neuen Philosophie ein*.)

69 L.Feuerbach, *Grundsätze der Philosophie der Zukunft*, §36[35], 301쪽.

원문: 과거의 철학이 **사유되지 않은** 것, **그것은 존재하지 않는다**, 라고 말했다면, **새로운** 철학은 그와는 달리 사랑을 받지 않고 **사랑을 받을 수 없는** 것, 그것은 **존재하지 않는다**, 라고 말한다.(Wenn die alte Philosophie sagte: Was *nicht gedachte* ist, *das ist nicht*; so sagt dagegen die *neue* Philosophie: Was nicht geliebt wird, nicht geliebt werden kann, das *ist nicht*.)

70 K.Marx · F.Engels, *Die deutsche Ideologie*, 44쪽.

원문: Feuerbach hat allerdings den großen Vorzug vor den „reinen" Materialisten, daß er einsieht, wie auch der Mensch „sinnlicher Gegenstand" ist; aber abgesehen davon, daß er ihn nur als „sinnlichen Gegenstand", nicht als „sinnliche Tätigkeit" faßt, da er sich auch hierbei in der Theorie hält, die Menschen nicht in ihrem gegebenen gesellschaftlichen Zusammenhange, nicht unter ihren vorliegenden Lebensbedingungen, die sie zu Dem gemacht haben, was sie sind, auffaßt, so kommt er nie zu den wirklich existierenden, tätigen Menschen, sondern bleibt bei dem Abstraktum „der Mensch" stehen und bringt es nur dahin, den „wirklichen, individuellen, leibhaftigen Menschen" in der Empfindung anzuerkennen, d.h., er kennt keine andern „menschlichen Verhältnisse" „des Menschen zu Menschen", als Liebe und Freundschaft, und zwar idealisiert.

71 참조, L.Feurbach, *Grundsätze der Philosophie der Zukunft*, '서문(Vorwort)', 247～248쪽./§1, 287쪽.

원문: 미래철학의 과제는 절대자의 철학으로부터, 곧 신학으로부터 인간의 철학, 곧 인간학의 필연성을 이끌어내는 것이었으며, **신적인** 철학의 **비판**을 통해 **인간적인** 철학의 **진리**를 정초하는 것이었다.(Ihre Aufgabe war, aus der Philosophie des Absoluten, d.i. der Theologie, die Notwendigkeit der Philosophie des Menschen, d.i. der Anthropologie, abzuleiten und durch die *Kritik der göttlichen* Philosophie die *Wahrheit der menschlichen* zu begründen.)

원문: 근대의 과제는 신의 실현이고 신의 인간화였다. - 즉 신학을 인간학으로 **전화시키고** 해소하는 것이었다.(Die Aufgabe der neueren Zeit war die Verwirklichung und Vermenschlichung Gottes - die *Verwandlung* und Auflösung der Theologie in die Anthropologie.)

72 L.Feurbach, *Grundsätze der Philosophie der Zukunft*, §42[41], 306쪽.

원문: Den *Sinnen* sind nicht nur ≫*äußeriche*≪ Dinge Gegenstand. Der *Mensch* wird *sich selbst nur durch den Sinn gegeben* - er ist sich selbst als Sinnenobjekt Gegenstand. Die *Identität von Subjekt und Objekt*, im *Selbstbewußtsein* nur *abstrakter Gedanke*, ist *Wahrheit* und *Wirklichkeit* nur in der *sinnlichen Anschauung des Menschen vom Menschen.*

73 L.Feurbach, *Grundsätze der Philosophie der Zukunft*, §42[41], 306쪽.

원문: Wir fühlen nicht nur Steine und Hölzer, nicht nur Fleisch und Knochen, wir fühlen auch Gefühle, indem wir die Hände oder Lippen eines fühlenden Wesens drücken.

74 L.Feurbach, *Grundsätze der Philosophie der Zukunft*, §42[41], 306쪽.

원문: Nicht nur Äußerliches also - auch *Innerliches*, nicht nur Fleisch - auch *Geist*, nicht nur das Ding - auch das *Ich* ist Gegenstand der Sinne.

75 L.Feurbach, *Grundsätze der Philosophie der Zukunft*, §42[41], 306쪽.

원문: 그 때문에 우리의 모든 관념 또한 감관으로부터 발생한다. 곧 거기에서는 경험론이 완전히 정당한 것이다. 경험론은 단지 인간의 가장 중요하고도 가장 본질적인 감관의 객체가 **인간 그 자신**이란 것을 망각하고 있을 뿐이며, 인간들에 있어서의 인간의 시선 속에서만 의식과 오성의 빛이 점화된다는 것을 망각하고 있을 뿐이다.(Alle unsere Ideen entspringen darum auch aus den Sinnen; darin hat der Empirismus vollkommen recht; nur vergißt er, daß das wichtigste, wesentlichste Sinnenobjekt des Menschen der *Mensch selbst* ist, daß nur im Blicke des Menschen in den Menschen das Licht des Bewußtseins und Verstandes sich entzündet.)

76 L.Feurbach, *Grundsätze der Philosophie der Zukunft*, §42[41], 306쪽.
원문: Der Idealismus hat daher recht, wenn er *im* Menschen der Ursprung den Ideen sucht, aber unrecht, wenn er sie aus dem isolierten, als für sich seiendem Wesen, als Seele fixierten Menschen, mit einem Worte: aus dem Ich ohne ein sinnlich gegebenes Du ableiten will.

77 L.Feurbach, *Grundsätze der Philosophie der Zukunft*, §42[41], 306～307쪽.
원문: Nicht allein, nur selbander kommt man zu Begriffen, zur Vernunft überhaupt. Zwei Menschen gehören zur Erzeugung des Menschen – des geistigen so gut wie des physischen: Die Gemeinschaft des Menschen mit dem Menschen ist das erste Prinzip und Kriterium der Wahrheit und Allgemeinheit.

78 L.Feurbach, *Grundsätze der Philosophie der Zukunft*, §44[43], 309쪽.
원문: Die Realität des Menschen hängt nur von der Realität seines Gegenstandes ab. *Hast* du nichts, so *bist* du nichts.

79 L.Feuerbach, *Das Wesen des Christentums*, 21쪽.
원문: An dem Gegenstand wird daher der Mensch *seiner selbst* bewußt: Das Bewußtsein des Gegenstnds ist das *Selbstbewußtsein* des Menschen. Aus dem Gegenstande erkennst du den Menschen; an ihm *erscheint dir* sein Wesen: Der Gegenstand ist sein offenbares Wesen, sein *wahres*, *objektives* Ich.

80 K.Marx · F.Engels, *Die deutsche Ideologie*, 43쪽.(참조, '후주161')

원문: Er sieht nicht, wie die ihn umgebende sinnliche Welt nicht ein unmittelbar von Ewigkeit her gegebenes, sich stets gleiches Ding ist, sondern das Produkt der Industrie und des Gesellschaftszustandes, und zwar in dem Sinne, daß sie ein geschichtliches Produkt ist, das Resultat der Tätigkeit einer ganzen Reihe von Generationen, deren Jede auf den Schultern der vorhergehenden stand, ihre Industrie und ihren Verkehr weiter ausbildete, ihre soziale Ordnung nach den veränderten Bedürfnissen modifizierte.

81 엥겔스는 '본질은'이란 말을 '포이어바하에 있어서 인간적 본질은'이라고 수정하고 있다.

82 L.Feuerbach, *Grundsätze der Philosophie der Zukunft*, §64[62], 321쪽.

원문: *Die wahre Dialektik ist kein Monolog des einsamen Denkers mit sich selbst, sie ist ein Dialog zwischen Ich und Du.*

83 참조, L.Feuerbach, 『철학의 개혁에 대한 예비적 테제들(*Vorläufige Thesen zur Reformation der Philosophie*)』, in: L.Feuerbach Werke in sechs Bänden, Bd.3, hrsg. von E.Thies(Frankfurt/M.: Suhrkamp Verlag, 1975), 238~239쪽. 이하 '*Vorläufige Thesen zur Reformation der Philosophie*'로만 표기함.

원문: 존재에 대한 사유의 참다운 관계는 오직 다음과 같다. 즉 **존재**는 **주어**이고, **사유**는 **술어**이지만, 그러나 그와 같은 술어는 그 자신의 주어의 **본질**을 포함한다. 사유는 존재에서 비롯되지만, 그러나 존재는 사유에서 비롯되는 것이 아니다.(Das wahre Verhältnis vom Denken zum Sein ist nur dieses: Das *Sein* ist *Subjekt*, das *Denken Prädikat*, aber ein solches Prädikat, welches das *Wesen* seines Subjekts enthält. Das Denken ist aus dem Sein, aber das Sein nicht aus dem Denken.)

84 L.Feuerbach, 『헤겔철학 비판에 대하여(*Zur Kritik der Hegelschen Philosophie*)』, in: L.Feuerbach Werke in sechs Bänden, Bd.3, hrsg. von E.Thies (Frankfurt/M.: Suhrkamp Verlag, 1975), 50쪽. 이하 '*Zur Kritik der Hegelschen Philosophie*'로만 표기함.

원문: Das Nichts ist nur eine Schranke menschlicher Vorstellungsweise; es stammt nicht aus dem Denken, sondern dem *Nicht*-Denken. Das Nichts ist eben nichts – damit auch nichts für das Denken; weiter läßt sich darüber nichts sagen; das Nichts widerlegt sich selbst. Nur die

Phantasie macht das Nichts zu einem Substantiv, aber nur so, daß sie das Nichts selbst in ein gespenstisches, wesenloses Wesen metamorphosiert. Hegel hat daher die Genesis des Nichts nicht untersucht; er hat das Nichts als bare Münze angenommen.

85 G.W.F.Hegel, 『대논리학 I (*Wissenschaft der Logik I*)』, hrsg. von G.Lasson (Hamburg: Felix Meiner Verlag, 1975), 67쪽. 이하 '*Wissenschaft der Logik I*'로 표기함.

원문: **Das reine Sein und das reine Nichts ist also dasselbe**. Was die Wahrheit ist, ist weder das Sein, noch das Nichts, sondern daß das Sein in Nichts, und das Nichts in Sein – nicht übergeht, – sondern übergegangen ist. Aber ebensosehr ist die Wahrheit nicht ihre Ununterschiedenheit, sondern daß **sie nicht dasselbe**, daß sie **absolut unterschieden**, aber ebenso ungetrennt und untrennbar sind und unmittelbar **jedes in seinem Gegenteil verschwindet**. Ihre Wahrheit ist also diese **Bewegung** des unmittelbaren Verschwindens des Einen in dem Anderen: **das Werden**; eine Bewegung, worin beide unterschieden sind, aber durch einen Unterschied, der sich ebenso unmittelbar aufgelöst hat.

또한 헤겔은 생성에 대해 다음과 같이 말한다.

"생성은 무가 무로 머물러 있는 것이 아니고 무가 그 자신의 타자, 즉 존재로 이행해 간다는 것을 포함하는 것이다.(Das Werden enthält, daß Nichts nicht Nichts bleibe, sondern in sein Anderes, in das übergehe.)" (G.W.F.Hegel, *Wissenschaft der Logik I*, 68～69쪽)

86 F.Engels, 『자연 변증법(*Dialektik der Natur*)』, in: MEW, Bd.20(Berlin: Dietz Verlag, 1975), 348쪽. 이하 '*Dialektik der Natur*'로 표기함.

원문: 이를테면 변증법의 법칙들은 자연의 역사 및 인간사회의 역사에서 추상화된 것이다. 그 법칙들은 역사적인 발전의 이와 같은 두 국면에 있어 가장 보편적인 법칙들이며 또한 사유 그 자체의 가장 보편적인 법칙들인 것이다. 나아가 이들 법칙은 그 중심에 있어 다음과 같은 세 가지 법칙으로 환원된다.

양의 질로의 전화에 관한 법칙 및 그 역의 법칙;
대립물들의 침투에 관한 법칙;
부정의 부정에 관한 법칙.

(Es ist also die Geschichte der Natur wie der menschlichen Gesellschaft, aus der die Gesetze der Dialektik abstrahiert werden. Sie sind eben nichts andres als die allgemeinsten Gesetze dieser beiden Phasen der geschichtlichen Entwicklung sowie des Denkens selbst. Und zwar reduzieren sie sich der Hauptsache nach auf drei:

das Gesetz des Umschlagens von Quantität in Qualität und umgekehrt;
das Gesetz von der Durchdringung der Gegensätze;
das Gesetz von der Negation der Negation.)

87 L.Feuerbach, *Das Wesen des Christentums*, 47쪽.
원문: 종교는 인간의 무의식적인 자기의식이다.(Die Religion ist das bewußtlose Selbstbewußtsein des Menschen.)

88 L.Feuerbach, *Das Wesen des Christentums*, 47쪽.
원문: 그러나 인간은 종교 속에서 자신의 고유하고도 신비스런 본질을 대상화 한다.(Aber der Mensch vergegenständlicht in der Religion sein eignes, geheimes Wesen.)

89 L.Feuerbach, *Das Wesen des Christentums*, 19쪽.
원문: Aber was ist denn das Wesen des Menschen, dessen er sich bewußt ist, oder was konstituiert die Gattung, die eigentliche Menschheit im Menschen? *Die Vernunft, der Wille, das Herz.* Zu einem vollkommenen Menschen gehört die Kraft des Denkens, die Kraft des Willens, die Kraft des Herzens. Die Kraft des Denkens ist das Licht der Erkenntnis, die Kraft des Willens die Energie des Charakters, die Kraft des Herzens die Liebe.

90 L.Feuerbach, *Vorläufige Thesen zur Reformation der Philosophie*, 241쪽.
원문: 신이란 명칭은 인간에게 단지 최고의 힘이자 최고의 본질, 즉 최고의 감정이자 최고의 사상에 해당하는 것의 명칭일 따름이다.(Der Name Gottes ist nur der Name dessen, was dem Menschen für die höchste Kraft, das höchste Wesen, d.h. für das höchste Gefühl, den höchsten Gedanken gilt.)

91 K.Marx · F.Engels, *Die deutsche Ideologie*, 29～30쪽.
원문: Die Produktion des Lebens, sowohl des eignen in der Arbeit

wie des fremden in der Zeugung, erscheint nun schon sogleich als ein doppeltes Verhältnis – einerseits als natürliches, andrerseits als gesellschaftliches Verhältnis –, gesellschaftlich in dem Sinne, als hierunter das Zusammenwirken mehrerer Individuen, gleichviel unter welchen Bedingungen, auf welche Weise und zu welchem Zweck, verstanden wird.

92 엥겔스는 '**사회적 산물**(ein *gesellschaftliches Produkt*)'이란 말을 강조하고 있다.

93 '추상적 개체(das abstrakte Individuum)'란 말은 '추상적 개인'으로 번역할 수도 있으며, 개인이 발 딛고 있는 현실적인 사회를 도외시할 경우 그러한 개인은 추상적일 수밖에 없다는 의미이다. 예컨대 생물학적인 개인이란 추상적일 뿐이다. 물론 제6테제에서는 '고립된'이란 의미에서 '추상적'이란 말을 사용하며, 그 둘은 같은 의미일 것이다.

94 여기 '사회형식(Gesellschaftsform)', 또는 '사회형태'란 말은 맑스에 있어 '사회구성체(Gesellschaftsformation)'의 개념과 관련되어 있을 것이며, 일반적인 의미에서는 사회구성체 역시 하나의 사회형식에 속할 것이다. 그러나 이 무렵 사회구성체에 대한 개념이 아직 정립되지 않은 상태에서 '사회형식', 또는 '사회형태'란 개념을 사용하게 된 것이 아닌가 한다.

95 『주체사상 총서 1』, 137쪽.

96 『주체사상 총서 1』, 137쪽.

97 K.Marx · F.Engels, *Die deutsche Ideologie*, 27쪽.

원문: Nicht das Bewußtsein bestimmt das Leben, sondern das Leben bestimmt das Bewußtsein. In der ersten Betrachtungsweise geht man von dem Bewußtsein als dem lebendigen Individuum aus, in der zweiten, dem wirklichen Leben entsprechenden, von den wirklichen lebendigen Individuen selbst und betrachtet das Bewußtsein nur als *ihr* Bewußtsein.

98 K.Marx, 『정치경제학 비판에 대하여(*Zur Kritik der Politischen Ökonomie*)』, in: MEW, Bd.13(Berlin: Dietz Verlag, 1974), 9쪽. 이하 '*Zur Kritik der Politischen Ökonomie*'로만 표기함.

원문: Daher stellt sich die Menschheit immer nur Aufgaben, die sie lösen kann, denn genauer betrachtet wird sich stets finden, daß die Aufgabeselbst nur entspringt, wo die materiellen Bedingungen ihrer Lösung schon vorhanden oder wenigstens im Prozeß ihres Werdens begriffen sind.

99 K.Marx · F.Engels, *Die deutsche Ideologie*, 26쪽.
원문: 의식은 의식된 존재 이외의 다른 어떤 것일 수 없으며, 그리고 인간들의 존재는 그들의 현실적인 생활과정이다.(Das Bewußtsein kann nie etwas Andres sein als das bewußte Sein, und das Sein der Menschen ist ihr wirklicher Lebensprozeß.)

100 K.Marx, *Zur Kritik der Politischen Ökonomie,* 9쪽.
원문: 개인이란 무엇인가를 그 개인이 자기 자신을 무엇이라고 생각하느냐에 따라 판단하지 않듯이 그러한 변혁의 시기를 그에 대한 의식으로부터 판단할 수는 없으며, 오히려 이 의식을 물질적 생활의 모순들로부터, 즉 사회적 생산력과 생산관계 사이의 현존하는 갈등으로부터 해명하지 않으면 안 된다.(Sowenig man das, was ein Individuum ist, nach dem beurteilt, was es sich selbst dünkt, ebensowenig kann man eine solche Umwälzungsepoche aus ihrem Bewußtsein beurteilen, sondern muß vielmehr dies Bewußtsein aus den Widersprüchen des materiellen Lebens, aus dem vorhandenen Konflikt zwischen gesellschaftlichen Produktivkräften und Produktionsverhältnissen erklären.)

101 엥겔스는 '모든 사회적 생활'에서 '모든'이란 말을 빼고 그냥 '사회적 생활'이라고 수정하고 있다.

102 '신비(Mystik)', 또는 '신비주의(Mystizismus)'란 말을 맑스는 그의 인식론과 관련하여, 특히 『신성가족』이란 책에서 많이 사용한다. 그런 의미에서 맑스의 인식론은 신비주의의 비밀을 밝히는 것이며, 신비주의에서 벗어나는 것이 곧 그의 인식론이기도 할 것이다. '신비'란 말을 의미하는 독일어 'Mystik'은 '눈을 감고 입을 닫는다'란 의미의 희랍어 'myein'에서 유래한다. 엥겔스와 맑스의 최초의 공동저작인 『신성가족(*Die heilige Familie*)』에 대해서는 다음에 다시 언급할 것이다.(참조, F.Engels · K.Marx, *Die heilige Familie, oder Kritik der kritischen Kritik. Gegen Bruno Bauer und Konsorten,* in: MEW, Bd.2, Berlin: Dietz Verlag, 1980. 이하 '*Die heilige Familie*'로만 표기함)

103 참조, K.Marx·F.Engels, *Die deutsche Ideologie*, 44쪽.(참조, '후주70')

104 참조, 『주체사상 총서 1』, 159쪽 이하.

북한의 주체철학에서 인간에 대한 사회적 존재규정은 '연계'라는 특이한 개념을 사용한다. 즉, 연계란 관계라는 개념과는 구별되는 바, 관계가 대립적 의미를 띤다면 연계는 협동적 의미를 띤다고 한다.

"계급사회에는 적대적 계급 사이의 정치적 관계가 있다. 그러나 이것은 계급적 이해관계의 대립에 기초한 것으로서 강권에 의하여 유지되는 지배와 복종의 관계이거나 투쟁의 관계이다. 그러나 이것은 이해관계의 공통성에 기초한 사람들의 정치적, 사상적 연계와는 근본적으로 구별된다."(위의 책, 161쪽)

105 '감성적 활동'으로서의 실천 개념은 유물변증법에 있어 그 토대 개념일 것이다. 이는 관념 변증법에 있어서도 '사유활동'으로서의 실천 개념이 그 토대개념에 속한 것과 대비되는 문제이다. 그러나 주체철학에 있어서 변증법의 문제가 제기되고 있지 않은 것은 실천의 개념에 대한 역사성을 고려하지 않은 것과도 무관하지 않을 것이다.

106 『주체사상 총서 1』, 163~175쪽.(참조, '후주104')

"사람에게 있어 자주성이 생명이라고 할 때 그것은 사회정치적 생명을 말한다. (……). 사람이 사회정치적 생명을 잃게 되면 사회적 존재이기를 그만두게 되고 단순한 생물학적 존재의 수준에 떨어지게 된다."(위의 책, 172쪽)

107 L.Feuerbach, *Das Wesen des Christentums*, 290쪽.

원문: 종교의 **비밀의** 본질은 신적인 본질과 인간적인 본질의 **동일성**인 것이며, - 그것이 종교의 형식인 것이지만, 그러나 또한 종교의 드러난 **의식된** 본질은 그 둘의 **구별**이기도 하다.(Das *geheime* Wesen der Religion ist die *Identität* des göttlichen Wesens mit dem menschlichen - die Form der Religion aber oder das offenbare, *bewußte* Wesen derselben der *Unterschied*.)

108 L.Feuerbach, *Das Wesen des Christentums*, 290쪽.

원문: (…); 왜냐하면 신은 인간성의 신비적인 유개념 이외에 다른 것이 아니며, 따라서 신과 인간의 분리는 인간과 인간의 분리, 곧 공동체적인 유대의 해소인 것이다.(…; denn Gott ist nichts andres als der mystische

Gattungsbegriff der Menschheit, die Trennung Gottes vom Menschen daher die Trennung des Menschen vom Menschen, die Auflösung des gemeinschaftlichen Bandes.)

109 L.Feuerbach, *Das Wesen des Christentums*, 317쪽.
원문: – **신적인 지혜** 역시 **인간적인 지혜**이고, **신학의 비밀**은 **인간학**이며, 절대정신의 비밀은 이른바 유한적인 주관적 정신이란 것을 증명했었다.(– bewiesen, daß auch die *göttliche Weisheit menschliche Weisheit*, daß das *Geheimnis der Theologie* die *Anthropologie*, des absoluten Geistes des sogenannte endliche subjektive Geist ist.)

110 L.Feuerbach, *Vorläufige Thesen zur Reformation der Philosophie*, 223쪽.
원문: Das Geheimnis der *Theologie* ist die *Anthropologie*, das Geheimnis aber der *spekulativen Philosophie* – die *Theologie* – die *spekulative* Theologie, welche sich dadurch von der *gemeinen* unterscheidet, daß sie das von dieser aus Furcht und Unverstand in das Jenseits entfernte göttliche Wesen ins Diesseits versetzt, d.h. *vergegenwärtigt*, *bestimmt*, *realisiert*.

111 L.Feuerbach, *Grundsätze der Philosophie der Zukunft*, §53(52), 317쪽.
원문: Die neue Philosophie ist die *vollständige*, die *absolute*, die *widerspruchslose Auflösung der Theologie in der Anthropologie*; denn sie ist die Auflösung derselben nicht nur, wie die alte Philosophie, in der Vernunft, sondern auch *im Herzen*, kurz im *ganzen*, *wirklichen* Wesen des Menschen.

112 L.Feuerbach, *Zur Kritik der Hegelschen Philosophie*, 51쪽.
원문: 예술의 최고의 것은 인간의 **형체**이며 – (이때 형체란 가장 좁은 의미에서 뿐만 아니라 시의 의미에서조차도) –, 철학의 최고의 것은 인간의 **본질**이다.(Das Höchste der Kunst ist die menschliche *Gestalt* – (Gestalt nicht nur im engsten Sinne, sondern auch im Sinne der Poesie) –, das Höchste der Philosophie das menschliche *Wesen*.)

113 L.Feuerbach, *Zur Kritik der Hegelschen Philosophie*, 51쪽.(참조, '후주112')

114 L.Feuerbach, *Zur Kritik der Hegelschen Philosophie*, 52쪽.
원문: Die Philosophie ist die Wissenschaft der Wirklichkeit in ihrer Wahrheit und Totalität; aber der Inbegriff der Wirklichkeit ist die *Natur*

(Natur im universellsten Sinne des Worts). Die tiefsten Geheimnisse liegen in den einfachsten, natürlichen Dingen, die der jenseits schmachtende phantastische Spekulant mit Füßen tritt. Die Rückkehr zur Natur ist allein die Quelle des Heils. Falsch ist es, die Natur im Widerspruch mit der ethischen Freiheit zu fassen.

115 L.Feuerbach, *Vorläufige Thesen zur Reformation der Philosophie*, 237쪽.
원문: 헤겔철학은 특히 **칸트**가 그것을 언급했던 것처럼 사유와 존재의 모순의 지양인 것이지만, 그러나 **모순 내부에서의** 이와 같은 모순의 지양일 뿐이라는 것, – **하나의** 요소 내부에서의 – 즉 **사유 내부에서의** 이와 같은 모순의 지양일 뿐이라는 것을 주의할 필요가 있다. 헤겔에 있어 **사상**은 **존재**이다. – **사상**은 **주어**이고 **존재**는 **술어**이다.(Die Hegelsche Philosophie ist die Aufhebung des Widerspruchs von Denken und Sein, wie ihn insbesondere *Kant* ausgesprochen, aber, wohlgemerkt, nur die Aufhebung dieses Widerspruchs *innerhalb des Widerspruchs* – innerhalb des *einen* Elementes – *innerhalb des Denkens*. Der *Gedanke* ist bei H. das *Sein*; – der *Gedanke* das *Subjekt*, das *Sein* das *Prädikat*.)

116 L.Feuerbach, *Vorläufige Thesen zur Reformation der Philosophie*, 238～239쪽.(참조, '후주83')

117 L.Feuerbach, *Grundsätze der Philosophie der Zukunft*, §28, 289쪽.
원문: **헤겔철학**은 **존재와 사유의 모순을 넘어서서** 벗어나지 **못하고** 있다. **현상학**이 시작하는 **그 지점으로 삼고 있는 존재**는 **논리학이 출발하고 있는 존재**와 다를 바가 없으며, **현실적인 존재와 가장 직접적인 모순 속에** 있다.(Die *Hegelsche Philosophie* ist *nicht über den Widerspruch von Denken und Sein* hinausgekommen. Das *Sein, mit welchem die Phänomenologie* beginnt, steht nicht minder als *das Sein, mit welchem die Logik anhebt, im direktesten Widerspruch mit dem wirklichen Sein.*)

118 L.Feuerbach, *Grundsätze der Philosophie der Zukunft*, §28, 289쪽.
원문: **현상학**에서 이 모순은 '이것'과 '보편자'의 형식으로 나타나는바, 왜냐하면 개별자는 존재에 속하고 보편자는 사유에 속하기 때문이다.(Dieser Wideresspruch kommt in der *Phänomenologie* in der Form des ≫Diesen≪ und des ≫Allgemeinen≪ zum Vorschein, denn das Einzelne gehört dem Sein an, das Allgemeine dem Denken.)

119 L.Feuerbach, *Grundsätze der Philosophie der Zukunft*, §27, 288쪽.

원문: Das *Sein* der *Hegelschen Logik* ist das *Sein der alten Metaphysik*, welches von allen Dingen *ohne Unterschied* ausgesagt wird, weil nach ihr *alle darin übereinkommen, daß sie sind.* Dieses *unterschiedslose Sein* ist aber ein *abstrakter Gedanke*, ein Gedanke *ohne Realität. Das Sein ist so verschieden als die Dinge, welche sind.*

120 L.Feuerbach, *Grundsätze der Philosophie der Zukunft*, §28, 290쪽.

원문: 그러나 낱말이 사물이 아닌 것처럼 **말해지거나** 또는 **사유되어진** 존재가 현실적인 존재는 아니다.(Sowenig aber das Wort die Sache ist, so wenig ist das *gesagte* oder *gedachte* Sein das wirkliche Sein.)

121 L.Feuerbach, *Grundsätze der Philosophie der Zukunft*, §28, 290쪽.(참조, '후주64')

122 K.Marx · F.Engels, *Die deutsche Ideologie*, 26쪽.

원문: (···); es wird von den wirklich tätigen Menschen ausgegangen und aus ihrem wirklichen Lebensprozeß auch die Entwicklung der ideologischen Reflexe und Echos dieses Lebensprozesses dargestellt. Auch die Nebelbildungen im Gehirn der Menschen sind notwendige Sublimate ihres materiellen, empirisch konstatierbaren und an materielle Voraussetzungen geknüpften Lebensprozesses.

123 K.Marx · F.Engels, *Die deutsche Ideologie*, 37쪽.

원문: Diese Anschauung kann nun wieder spekulativ-idealistisch, d.h. phantastisch als „Selbsterzeugung" der Gattung(die „Gesellschaft als Subjekt") gefaßt und dadurch die aufeinanderfolgende Reihe von im Zusammenhange stehenden Individuen als ein einziges Individuum vorgestellt werden, das das Mysterium vollzieht, sich selbst zu erzeugen.

124 K.Marx · F.Engels, *Die deutsche Ideologie*, 38쪽.

원문: Sie hat in jeder Periode nicht, wie die idealistische Geschichtsanschauung, nach einer Kategorie zu suchen, sondern bleibt fortwährend auf dem wirklichen Geschichts*boden* stehen, erklärt nicht die Praxis aus der Idee, erklärt die Ideenformationen aus der materiellen Praxis und kommt demgemäß auch zu dem Resultat, daß alle Formen und Produkte des Bewußtseins nicht durch geistige Kritik, durch Auflösung ins „Selbstbewußtsein" oder Verwandlung in „Spuk", „Gespenster", „Sparren" etc., sondern nur durch den praktischen Umsturz der realen gesellschaftlichen Verhältnisse, aus denen diese idealistischen Flausen hervorgegangen sind, aufgelöst werden können – daß nicht die Kritik, sondern die Revolution die treibende Kraft der Geschichte auch der Religion, Philosophie und sonstigen Theorie ist.

125 참조, F.Engels · K.Marx, *Die heilige Familie.*

우리가 일반적으로 『신성가족』으로 부르고 있는 책은 엥겔스와 맑스의 최초의 공동저작으로, 그 원제목은 『신성가족, 또는 비판적 비판의 비판. 브루노 바우어와 그 아류들에 대항하여(*Die heilige Familie, oder Kritik der kritischen Kritik. Gegen Bruno Bauer und Konsorten*)』이다. 이 저서는 1844년 9월부터 11월까지 썼던 것으로 1845년 2월 말 프랑크푸르트(Frankfurt a.M.)에서 최초로 출간된다. 또한 이 저서는 앞서 '후주102'에서 잠깐 언급했던바와 같이 MEW의 제2권에 실려 있으며, 여기서는 1980년 출간된 MEW판을 참고한 것이다.

126 F.Engels · K.Marx, *Die heilige Familie,* 59～63쪽.

엥겔스와 맑스의 최초의 공동저작인 『신성가족』은 '서언(Vorrede)'에 이어 제1장부터 제9장까지 이루어진 책으로, 그 제5장은 '비밀의 장사꾼으로서의 "비판적 비판" 또는 쩰리가 씨와 같은 "비판적 비판"(Die „kritische Kritik" als Geheimniskrämer oder die „kritische Kritik" als Herr Szeliga)'으로 맑스에 의해 쓰인 글이다. 그리고 그 제2절이 '사변적 구성의 비밀(Das Geheimnis der spekulativen Konstruktion)'이다. 쩰리가는 쩰리가 비쉬뉘(Szeliga-Wischnu)라는 당시 프랑스의 평론가를 말한다.

127 F.Engels · K.Marx, *Die heilige Familie,* 60쪽.

원문: Wenn ich mir aus den wirklichen Äpfeln, Birnen, Erdbeeren, Mandeln die allgemeine Vorstellung „*Frucht*" bilde, wenn ich weitergehe und mir *einbilde*, daß meine aus den wirklichen Früchten gewonnene abstrakte Vorstellung „*die* Frucht" ein außer mir existierendes Wesen, ja das *wahre* Wesen der Birne, des Apfels etc. sei, so erkläre ich – *spekulativ* ausgedrückt – „*die* Frucht" für die „*Substanz*" der Birne, des

Apfels, der Mandel etc. Ich sage also, der Birne sei es unwesentlich, Birne, dem Apfel sei es unwesentlich, Apfel zu sein. Das Wesentliche an diesen Dingen, sei nicht ihr wirkliches, sinnlich anschaubares Dasein, sondern das von mir aus ihnen abstrahierte und ihnen untergeschobene Wesen, das Wesen meiner Vorstellung, „*die* Frucht". Ich erkläre dann Apfel, Birne, Mandel etc. für bloße Existenzweisen, *Modi* „*der* Frucht". Mein endlicher, von den Sinnen unterstützter Verstand *unterscheidet* allerdings einen Apfel von einer Birne und eine Birne von einer Mandel, aber meine spekulative Vernunft erklärt diese sinnliche Verschiedenheit für unwesentlich und gleichgültig. Sie sieht in dem Apfel *dasselbe* wie in der Birne und in der Birne dasselbe wie in der Mandel, nämlich „*die* Frucht". Die besondern wirklichen Früchte gelten nur mehr als *Schein*früchte, deren wahres Wesen „*die* Substanz", „*die* Frucht" ist.

128 참조, G.W.F.Hegel, *Wissenschaft der Logik II*, 312쪽 이하.
헤겔은 포섭(Subsumtion)과 내속(Inhärenz)을 일정하게는 대립적 의미로 쓰고 있으며, 그것은 내속의 개념이 포섭과는 달리 질적인 내용과 실재에 대한 변증법적 관계개념을 나타내는 것을 의미하기도 한다.

129 L.Feuerbach, *Grundsätze der Philosophie der Zukunft*, §10, 257쪽.
원문: 신은 아무런 열정도 없고, 외부로부터의 아무런 규정도 없는, 감성도 없고, 물질도 없는 순수한 정신이고, 순수한 본질이며, 순수한 활동 –actus purus – 이다. 사변철학은 이와 같은 **순수한 정신**이고, **사유행위로서 실현된 이와 같은 순수한 활동**이며 – **절대적인 사유로서의 절대적인 본질**이다.(Gott ist reiner Geist, reines Wesen, reine Tätigkeit – actus purus – ohne Leidenschaften, ohne Bestimmungen von außen, ohne Sinnlickeit, ohne Materie. Die spekulative philosophie ist dieser *reine Geist, diese reine Tätigkeit, verwirklicht als Denkakt – das absolute Wesen als absolutes Denken*.)

130 L.Feuerbach, *Grundsätze der Philosophie der Zukunft*, §10, 257쪽.(참조, '후주129')

131 L.Feuerbach, *Grundsätze der Philosophie der Zukunft*, §10, 257쪽.
원문: Aber Cartesius und Leibniz betrachten diese Abstraktion nur als eine subjektive Bedingung, das immaterielle göttliche Wesen zu

erkennen, sie stellten sich die Immaterialität Gottes als eine von der Abstraktion, vom Denken *unabhängige*, *objektive* Eigenschaft vor; sie standen noch auf dem Standpunkt des Theismus, machten das immaterielle Wesen nur zum *Objekt*, aber nicht zum *Subjekt*, zum *Prinzip*, zum *wirklichen Wesen* der Philosophie selbst.

132 L.Feuerbach, *Grundsätze der Philosophie der Zukunft*, §10, 257～258쪽.
원문: 신만이 철저한 관념론자, 즉 완전하고도 참된 관념론자인바, 왜냐하면 신만이 어두움이 없이, 다시 말해 라이프니츠철학의 의미에서 감관 및 상상력 없이 모든 사물들을 표상하겠기 때문이다.(Gott nur ist der konsequente, der vollständige, wahre Idealist, denn er nur stellt alle Dinge ohne Dunkelheit sich vor, d.h. im Sinne der Leibnizschen Philosophie ohne Sinne und Einbildungskraft.)

133 L.Feuerbach, *Vorläufige Thesen zur reformation der Philosophie*, 238～239쪽. (참조, '후주83'. '후주116')

134 L.Feuerbach, *Vorläufige Thesen zur reformation der Philosophie*, 243쪽.
원문: 모든 학문은 **자연**을 기초로 삼아야 한다. **자연적인 토대**를 발견하지 못하는 학설이란 단지 하나의 **가설**에 불과할 뿐이다.(Alle Wissenschaften müssen sich auf die *Natur* gründen. Eine Lehre ist solange nur eine *Hypothese*, solange nicht ihre *natürliche Basis* gefunden ist.)

135 L.Feuerbach, *Grundsätze der Philosophie der Zukunft*, §55(54), 319쪽.
원문: 새로운 철학은 인간의 토대로서의 **자연을 포함한 인간**을 철학의 **유일하면서도 보편적인**, 그리고 **최고의 대상**으로 삼게 되며, - 그리하여 **생리학을 포함한 인간학을 보편적 학문**으로 삼게 되는 것이다.(Die neue Philosophie macht den *Menschen* mit *Einschluß der Natur*, als der Basis des Menschen, zum *alleinigen*, *universalen* und *höchsten Gegenstand* der Philosophie - die *Anthropologie* also, mit *Einschluß der Physiologie*, zur *Universalwissenschaft*.)

136 F.Engels · K.Marx, *Die heilige Familie*, 60～61쪽.
원문: Die Spekulation, welche aus den verschiednen wirklichen Früchten *eine* „Frucht" der Abstraktion - *die* „Frucht" gemacht hat, muß daher, um zu dem Schein eines wirklichen Inhaltes zu gelangen, auf

irgendeine Weise versuchen, von *der* „Frucht", von der *Substanz* wieder zu den wirklichen *verschiedenartigen* profanen Früchten, zu der Birne, dem Apfel, der Mandel etc. zurückzukommen. So leicht es nun ist, aus wirklichen Früchten die abstrakte Vorstellung „*die* Frucht" zu erzeugen, so schwer ist es, aus der abstrakten Vorstellung „*die* Frucht" wirkliche Früchte zu erzeugen. Es ist sogar unmöglich, von einer Abstraktion zu dem *Gegenteil* der Abstraktion zu kommen, wenn ich die Abstraktion nicht *aufgebe*.

Der spekulative Philosoph gibt daher die Abstraktion *der* „Frucht" wieder auf, aber er gibt sie auf eine *spekulative*, *mystische* Weise auf, nämlich mit dem Schein, als ob er sie *nicht* aufgebe. Er geht daher auch wirklich nur zum Scheine über die Abstraktion hinaus. Er räsoniert etwa wie folgt:

Wenn der Apfel, die Birne, die Mandel, die Erdbeere in Wahrheit nichts anders als „*die* Substanz", „*die* Frucht" sind, so fragt es sich, wie kommt es, daß „*die* Frucht" sich mir bald als Apfel, bald als Birne, bald als Mandel zeigt, woher kommt dieser *Schein* der *Mannigfaltigkeit*, der meiner spekulativen Anschauung von der *Einheit*, von „*der* Substanz", von „*der* Frucht" so sinnfällig widerspricht?

137 F.Engels · K.Marx, *Die heilige Familie,* 61쪽.

원문: Das kommt daher, antwortet der spekulative Philosoph, weil „*die* Frucht" kein totes, unterschiedsloses, ruhendes, sondern ein lebendiges, sich in sich unterscheidendes, bewegtes Wesen ist. Die Verschiedenheit der profanen Früchte ist nicht nur für *meinen* sinnlichen Verstand, sondern für „*die* Frucht" selbst, für die spekulative Vernunft, von Bedeutung. Die verschiednen profanen Früchte sind verschiedne Lebensäußerungen der „*einen* Frucht", sie sind Kristallisationen, welche „*die* Frucht" selbst bildet. Also z.B. in dem Apfel gibt sich „*die* Frucht" ein apfelhaftes, in der Birne ein birnenhaftes Dasein Man muß also nicht mehr sagen, wie auf dem Standpunkt der Substanz: die Birne ist „*die* Frucht", der Apfel ist „die Frucht", die Mandel ist „die Frucht", sondern vielmehr: „*die* Frucht" setzt sich als Birne, „*die* Frucht" setzt sich als Apfel, „*die* Frucht" setzt sich als Mandel, und die Unterschiede, welche Apfel, Birne, Mandel voneinander trennen, sind eben die Selbstunterscheidungen „*der* Frucht" und machen die besondern Früchte eben zu unterschiednen Gliedern im Lebensprozesse „*der* Frucht". „*Die* Frucht" ist also keine inhaltslose, unterschiedslose Einheit mehr, sie ist die Einheit als *Allheit*, als „*Totalität*" der Früchte, die eine „*organisch gegliederte Reihenfolge*" bilden. In jedem Glied dieser Reihenfolge gibt „*die* Frucht" sich ein entwickelteres, ausgesprocheneres Dasein, bis sie endlich als die „Zusammenfassung" aller Früchte zugleich die lebendige *Einheit* ist, welche jeder derselben ebenso in sich aufgelöst enthält als aus sich erzeugt, wie z.B. alle Glieder des Körpers beständig in Blut sich auflösen und beständig aus dem Blut erzeugt werden.

138 F.Engels · K.Marx, *Die heilige Familie,* 61～62쪽.

원문: 그러나 우리가 사변적인 세계에서 다시 발견하게 된 사과, 배, 아몬드, 건포도는 **가상**의 사과, **가상**의 배, **가상**의 아몬드, **가상**의 건포도일 뿐인바, 왜냐하면 그들 과일은 "**그** 과일"의 생명의 계기, 곧 이와 같은 추상적인 **오성적 본질**의 생명의 계기이기 때문이며, 따라서 그들 과일 그 자체가 추상적인 **오성적 본질**이겠기 때문이다.(Aber die Äpfel, Birnen, Mandeln und Rosinen, die wir in der spekulativen Welt wiederfinden, sind nur mehr *Schein*äpfel, *Schein*birnen, *Schein*mandeln und *Schein*rosinen, denn sie sind Lebensmomente „*der* Frucht", dieses abstrakten *Verstandeswesens*, also selbst abstrakte *Verstandeswesen*.)

139 F.Engels · K.Marx, *Die heilige Familie,* 62쪽.

원문: Diese Operation nennt man in spekulativer Redeweise: die *Substanz* als *Subjekt*, als *inneren Prozeß*, als *absolute Person* begreifen, und dies Begreifen bildet den wesentlichen Charakter der *Hegelschen* Methode.

140 F.Engels · K.Marx, *Die heilige Familie,* 63쪽.

원문: Nachdem er die Kategorie „*das* Geheimnis" aus der wirklichen Welt erzeugt hat, erzeugt er die wirkliche Welt aus dieser Kategorie.

141 K.Marx, *Das Kapital I*, '제2판 후기', 27쪽.

원문: Die mystifizierende Seite der Hegelschen Dialektik habe ich vor beinah 30 Jahren, zu einer Zeit kritisiert, wo sie noch Tagesmode war. Aber grade als ich den ersten Band des „Kapital" ausarbeitete, gefiel sich das verdrießliche, anmaßliche und mittelmäßige Epigonentum, welches jetzt im gebildeten Deutschland das große Wort führt, darin, Hegel zu behandeln, wie der brave Moses Mendelssohn zu Lessings Zeit den Spinoza behandelt hat, nämlich als „toten Hund". Ich bekannte mich daher offen als Schüler jenes großen Denkers und kokettierte sogar hier und da im Kapitel über die Werttheorie mit der ihm eigentümlichen Ausdrucksweise. Die Mystifikation, welche die Dialektik in Hegels Händen erleidet, verhindert in keiner Weise, daß er ihre allgemeinen Bewegungsformen zuerst in umfassender und bewußter Weise dargestellt hat. Sie steht bei ihm auf dem Kopf. Man muß sie umstülpen, um den rationellen Kern in der mystischen Hülle zu entdecken.

142 L.Feuerbach, *Grundsätze der Philosophie der Zukunft*, §13, 264쪽.

원문: Wovon Gott frei ist, davon mußt du dich selbst frei machen, wenn du zu Gott kommen willst, und machst dich also wirklich frei, wenn du ihn dir vorstellt. Denkst du dir folglich Gott als ein Wesen ohne Voraussetzung irgendeines andern Wesens oder Objekts, so denkst du selbst ohne Voraussetzung eines äußerlichen Objektes; die Eigenschaft, die du in Gott verlegst, ist eine Eigenschaft deines Denkens.

143 K.Marx, *Das Kapital I*, 85쪽.

원문: Die Form des Holzes z.B. wird verändert, wenn man aus ihm einen Tisch macht. Nichtsdestoweniger bleibt der Tisch Holz, ein ordinäres sinnliches Ding. Aber sobald er als Ware auftritt, verwandelt er sich in ein sinnlich übersinnliches Ding. Er steht nicht nur mit seinen Füßen auf dem Boden, sondern er stellt sich allen andren Waren gegenüber auf den Kopf und entwickelt aus seinem Holzkopf Grillen, viel wunderlicher, als wenn er aus freien Stücken zu tanzen begänne.

144 K.Marx, *Das Kapital I*, 86쪽.

원문: Woher entspringt also der rätselhafte Charakter des Arbeitsprodukts, sobald es Warenform annimmt? Offenbar aus dieser Form selbst. Die Gleichheit der menschlichen Arbeiten erhält die sachliche

Form der gleichen Wertgegenständlichkeit der Arbeitsprodukte, das Maß der Verausgabung menschlicher Arbeitskraft durch ihre Zeitdauer erhält die Form der Wertgröße der Arbeitsprodukte, endlich die Verhältnisse der Produzenten, worin jene gesellschaftlichen Bestimmungen ihrer Arbeiten betätigt werden, erhalten die Form eines gesellschaftlichen Verhältnisses der Arbeitsprodukte.

145 K.Marx, *Das Kapital I*, 86쪽.

원문: Das Geheimnisvolle der Warenform besteht also einfach darin, daß sie den Menschen die gesellschaftlichen Charaktere ihrer eignen Arbeit als gegenständliche Charaktere der Arbeitsprodukte selbst, als gesellschaftliche Natureigenschaften dieser Dinge zurückspiegelt, daher auch das gesellschaftliche Verhältnis der Produzenten zur Gesamtarbeit als ein außer ihnen existierendes gesellschaftliches Verhältnis von Gegenständen. Durch dies Quidproquo werden die Arbeitsprodukte Waren, sinnlich übersinnliche oder gesellschaftliche Dinge.

146 K.Marx, *Das Kapital I*, 86～87쪽.

원문: Um daher eine Analogie zu finden, müssen wir in die Nebelregion der religiösen Welt flüchten. Hier scheinen die Produkte des menschlichen Kopfes mit eignem Leben begabte, untereinander und mit den Menschen in Verhältnis stehende selbständige Gestalten. So in der Warenwelt die Produkte der menschlichen Hand. Dies nenne ich den Fetischismus, der den Arbeitsprodukten anklebt, sobald sie als Waren produziert werden, und der daher von der Warenproduktion unzertrennlich ist.

147 물론 맑스 자신이 '상품철학'이란 말을 사용하고 있지는 않으며, 아직 일상적인 용어도 아니다. 그러나 인간 그 자신마저도 노동을 통해서만, 그리고 그 물질적 대상만이 상품화의 길을 가는 것이 아니라 의식은 물론 인격 그 자체마저도 강가의 돌멩이처럼 광적으로 상품화의 길을 걷고 있는 것이 오늘 우리의 모습이 아닌가 한다. 우리는 결코 우리 자신의 상품성으로부터 자유스러울 수가 없는 현실을 살아가고 있는 것은 아닐까?

148 맑스의 '직관적 유물론(der anschauende Materialismus)'이란 표현에서 엥겔스는 **'직관적** 유물론(der *anschauende* Materialismus)'으로 **'직관적'**이란

말을 강조하고 있다. '직관적 유물론'을 '관조적 유물론'으로 번역할 수도 있겠지만, 좀 더 철학적인 의미에서 역시 '직관적 유물론'으로 번역하는 것이 좋을 것이며, 물론 이 제9테제에서도 제5테제에서처럼 '직관'이란 개념을 비판적이고 부정적으로 간주하고 있기는 마찬가지이다. 포이어바하의 유물론이 도달한 인식론의 그 중심 개념이 '감성적'이었다는 것은 인정할 수 있었음에도 불구하고, 그러나 그것은 곧 실천 개념을 도외시한 감성이자 '직관'이었다는 것을 의미할 것이다.

149 이 제9테제는 다음의 제10테제와 밀접하게 관련되어 있으며, 'die bürgerliche Gesellschaft'를 '시민사회'라고 번역하기보다는 제10테제에서와 마찬가지로 여기서도 '부르주아사회'라고 번역한다.(참조, 칼 맑스·프리드리히 엥겔스, 『칼 맑스·프리드리히 엥겔스 저작선집 1』, 김세균 감수, 박종철출판사, 1991, 189쪽)

엥겔스는 이 '부르주아사회'란 말에 인용부호를 붙여 '"부르주아사회"' 라고 표시하며, 좀 더 강조되어야 할 의미를 갖는다는 것을 그렇게 표시하고 있을 것이다. 따라서 통상적인 의미에서 '시민사회'라고 번역하기보다는 '부르주아사회'라고 번역하는 것이 좋을 듯싶다. 물론 이 무렵 맑스는 부르주아지와 프롤레타리아트 개념을 정립하여 가던 과정 중이기도 했지만, 그러나 「포이어바하에 관한 테제들」 이전, 즉 1843년의 『헤겔 법철학 비판에 대하여(*Zur Kritik der Hegelschen Rechtsphilosophie*)』나 1844년의 『유대인 문제에 대하여(*Zur Judenfrage*)』에서 인간 해방의 담지자로서 프롤레타리아 개념을 정립하였기 때문에 '부르주아'란 표현이 좀 더 적절하지 않나 싶다. 즉, 이 테제에서 직관과 유물론의 개념을 계급적 의미로 이해하는 것이 좋을 것이다.

독일어에서 산을 의미하는 'Berg', 그리고 그로부터 전화된 낱말로 산성(山城)을 의미하는 'Burg'란 말이 있다. 원래 이 말은 중세 라틴어의 burgarius나 burgensis에서 유래하며, F.카프카의 유명한 소설로 『성(城)』이란 작품도 있는바, 이때의 '성'은 봉건영주나 군주가 거처하는 궁성(宮城), 또는 성채(城砦)를 의미하는 성으로서 'Schloß'란 말을 사용한다. 따라서 'Schloß'와는 달리 'Burg'는 산성으로 에워싸인 도시란 의미로 전화되어 독일의 많은 도시들의 명칭에 'Schloß'란 말이 아니라 'Heidelberg', 'Hamburg', 'Marburg' 등 '-berg', '-burg'란 접미어가 붙게 된 것이다. 그로부터 'Bürger'란 말은 도시에 거주하는 사람들, 곧 우리말로 '산성 안에 거주하는 사람들'이라는 의미의 '시민'이란 말로 사용되고 있으며,

이에 해당하는 프랑스 말이 'Bourgeois'이고, 계급적 의미의 표현으로 'Bourgeoisie'이다. 그러나 독일어에서는 오늘에 이르기까지 '도시의 거주민'이란 일반적인 표현 이외에 그 역사성을 담고 있는 표현으로는 Bürger란 말을 사용하고 있으며, 그에 해당하는 말이 다른 서구어에서는 다양하게 분화되었다. 특히 프랑스어에서는 11세기 이후 bourgeois, citoyen, citadin이란 말이 사용되곤 했다. 따라서 시민, 또는 시민계급을 독일어의 표현으로는 'Bürger'나 'Bürgertum'이라고 하며, 맑스의 철학과 관련하여 우리말의 번역을 '부르주아'라고 해야 할지, 아니면 '시민'이라고 해야 할지는 그때마다 의미가 약간 다를 것이다. 맑스의 철학에서 'Bourgeois'나 'Bourgeoisie'는 '유산자', 또는 '유산계급'으로서의 생산수단의 소유자, 곧 임금노동자의 고용주인 자본가를 지칭하며, 그에 대립적인 개념이 'Proletarier'이고 'Proletariat'이다. 우리말로는 오늘날 그냥 음사하여 '부르주아', '부르주아지', '프롤레타리아', '프롤레타리아트' 등으로 사용한다. 맑스에 있어서 '유산자'에 대립적인 '무산자', 또는 '무산계급', 곧 '생산수단을 소유하고 있지 못한 임금노동자'를 의미하는 'Proletarier'는 그 어원이 라틴어 'proletarius'에서 전화되었으며, 이는 곧 '자손'을 뜻하는 'proles'에서 유래하는바, 고대 로마에 있어서 아무것도 가진 것이 없기 때문에 자손을 낳아 국가에 봉사하는 최하층 계급을 일컫는 말이었다.

150 우리말의 '시민(市民)'이란 말의 유래를 알 수 없지만 서구어의 번역어가 일본으로부터 유입되었던 것이 아닌가 한다. 독일어의 시민을 뜻하는 Bürger의 역사를 거슬러 올라가보면 고대 그리스나 로마의 도시국가(πόλιζ, civitas, Polis), 그리고 아리스토텔레스의 규정에 따르면 그 곳에 거주하는 '관직이나 법정의 운영에 참여하는 사람들'을 '시민(πολιτηζ, civis, Polites)'이라고 불렀다. 그 후 근·현대적인 다양한 의미의 역사를 거치면서 맑스와 엥겔스에 의하여 일정하게는 오늘날의 의미로 정착되었다. 곧 부르주아, 부르주아지는 프롤레타리아, 프롤레타리아트의 대립개념으로 확립되면서 '시민(Bürger)'과 '인간(Mensch)'이란 대립개념을 대체하게 되었다. 그 중심 개념으로서의 프롤레타리아는 부르주아에 대항 세력이면서 단순히 '인간'인 것이 아니라 인간을 대변하는, 인간의 해방을 담지하는 세력으로 정립된 것이다.

151 칼 맑스·프리드리히 엥겔스, 『공산주의당 선언』, 『칼 맑스·프리드리히 엥겔스 저작선집 1』(김세균 감수, 박종철출판사, 1991), 401쪽.

'성외(城外)시민'으로 번역한 Pfahlbürger는 Spießbürger라고도 하며, 이

말은 좀 더 정확하게는 성안에 거주하던 시민(Bürger)과 성 밖에 거주하던 노예나 농노(Leibeigene) 사이의 경계선에 거주하던 사람들로 일정하게는 영주로부터 시민권을 부여받은 사람들이었으며, 전쟁이 일어나면 곧 무장하여 적과 싸우던 사람들이었다. 그러나 근대의 공업과 상업 중심의 자본주의가 성숙해 가던 시기 농노 출신이었던 이들은 시민계급의 중심적인 위치로 나아가게 되면서 부르주아계급의 핵심세력으로 등장하게 된다. 이를테면 Pfahlbürger가 Bürger의 중심세력으로 전환된 것이 바로 근대 자본주의 사회였던 것이다.

152 제1테제나 제5테제에서도 그러하지만 특히 제9테제는 'Anschauung'이란 말에 대한 이해에 주목할 필요가 있다. 예컨대 "관조(직관)하는 유물론, (…)각각의 개체들 및 시민사회의 관조(혹은 직관)이다."(칼 맑스·프리드리히 엥겔스, 『칼 맑스·프리드리히 엥겔스 저작선집 1』, 김세균 감수, 박종철출판사, 1991, 189쪽)라고 '관조'와 '직관'이란 말을 함께 사용하여 번역하고 있으며, 다른 번역들도 대체로 어느 한 쪽을 선택하여 번역함으로써 별다른 주목을 하지 않고 있는 것 같다. 그러나 제1테제와 제5테제에서 맑스는 'Anschauung'이란 말에 어떤 의미를 부여하여 이탤릭체로 쓰고 있으며, 엥겔스의 수정본에서도 마찬가지이다. 따라서 이 말은 포이어바하가 사용한 의미에서 맑스가 쓰고 있는 것이라면 '직관'이라고 옮겨 이해하는 것이 적절할 것이며, 더욱이 제9테제에서는 그러한 차이를 뚜렷이 보여준다고 하겠다. 맑스는 제9테제에서 'anschauende'와 'Anschauung'이란 말을 앞에서처럼 이탤릭체로 쓰고 있지 않지만, 엥겔스는 'anschauende'를 이탤릭체로 수정하여 쓰고 있고, 'Anschauung'은 맑스가 쓴 그대로 두고 있다. 그렇다면 이때 'anschauende'는 '직관적'이란 의미로 이해하는 것이 좋을 것이며, 'Anschauung'은 일반적인 의미대로 '관점'이나 '견해' 쯤으로 이해할 수도 있을 것이다.

153 K.Marx · F.Engels, *Die deutsche Ideologie*, 45쪽.

원문: 포이어바하가 유물론자인 한 그에게 역사는 보이지 않으며, 그가 역사를 고려하는 한 그는 유물론자가 아니다. 그에게 있어 유물론과 역사는 이미 앞에서 말했었던 것처럼 완전히 서로를 배척하고 있는 것들이다.(Soweit Feuerbach Materialist ist, kommt die Geschichte bei ihm nicht vor, und soweit er die Geschichte in Betracht zieht, ist er kein Materialist. Bei ihm fallen Materialismus und Geschichte ganz auseinander, was sich übrigens schon aus dem Gesagten erklärt.)

154 L.Feuerbach, *Grundsätze der Philosophie der Zukunft*, §49(48), 313쪽.
원문: Nur das durch die *sinnliche Anschauung sich bestimmende* und *rektifizierende Denken* ist *reales*, *objektives* Denken – Denken *objektiver Wahrheit*.

155 L.Feuerbach, *Grundsätze der Philosophie der Zukunft*, §49(48), 313쪽.
원문: So bringt es das Denken *für sich selbst allein* zu keinem *positiven Unterschiede* und *Gegensatze von sich*, hat aber ebendeswegen auch kein anderes Kriterium der Wahrheit, als daß etwas nicht der Idee, nicht dem Denken widerspricht – also ein nur formales, subjektives Kriterium, welches nicht darüber entscheidet, ob die gedachte Wahrheit auch eine wirkliche Wahrheit ist. Das Kriterium, welches hierüber entscheidet, ist einzig die *Anschauung*.

156 L.Feuerbach, *Grundsätze der Philosophie der Zukunft*, §49(48), 314쪽.
원문: Wie daher nur die durch das Denken *beschränkte* Anschauung die wahre ist, so ist auch umgekehrt nur das durch die Anschauung *erweiterte* und *aufgeschlossene* Denken das wahre, dem Wesen der Wirklichkeit entsprechende Denken.

157 참조, L.Feuerbach, *Grundsätze der Philosophie der Zukunft*, §34(35), 300쪽.
원문: **사랑이 없는 곳에는 역시 진리도 없다**. 그리고 **어떤 것을 사랑하는** 사람만이 존재하는 **그 어떤 것**이며 – **아무것도 존재하지 않는 것**과 **아무것도 사랑하지 않는 것**은 동일한 것이다. 한 사람이 더욱더 많이 존재하면 할수록 그는 그만큼 더 많이 사랑하는 것이며, 그 반대도 마찬가지이다.(*Wo keine Liebe, ist auch keine Wahrheit*. Und nur der ist *etwas*, der *etwas liebt* – *nichts sein* und *nichts lieben* ist identisch. Je mehr einer ist, desto mehr liebt er, und umgekehrt.)

158 K.Marx · F.Engels, *Die deutsche Ideologie*, 42쪽.
원문: 포이어바하에 있어서 종종 그러한 방식의 직관들이 발견되기도 하지만, 그것들은 결코 개별화된 예감 이상을 벗어나지 못하며, 발전의 가능성이 있는 맹아 이외에는 다른 어떤 것도 찾아볼 수 없는 것으로서 그의 일반적인 직관 방식에 너무 적은 영향을 미치고 있는 것이다.(Wenn bei Feuerbach sich zuweilen derartige Anschauungen finden, so gehen sie doch nie über vereinzelte Ahnungen hinaus und haben auf seine

allgemeine Anschauungsweise viel zuwenig Einfluß, als daß sie hier anders denn als entwicklungsfähige Keime in Betracht kommen könnten.)

159 L.Feuerbach, *Grundsätze der Philosophie der Zukunft*, §28, 290쪽.(참조, '후주64')

160 L.Feuerbach, *Grundsätze der Philosophie der Zukunft*, §28, 290쪽.

원문: Allein auch hier verdanke ich meine Existenz nun und nimmermehr dem sprachlichen oder logischen Brote – dem Brote in abstracto –, sondern immer nur *diesem* Brote, dem ≫*Unsagbaren*≪. Das Sein, gegründet auf lauter solche Unsagbarkeiten, ist darum selbst etwas Unsagbares. Jawohl, das Unsagbare. Wo die Worte aufhören, da fängt erst das Leben an, erschließt sich erst das Geheimnis des Seins.

161 K.Marx · F.Engels, *Die deutsche Ideologie*, 43쪽.(참조, '후주80')

원문: Selbst die Gegenstände der einfachsten „sinnlichen Gewißheit" sind ihm nur durch die gesellschaftliche Entwicklung, die Industrie und den kommerziellen Verkehr gegeben. Der Kirschbaum ist, wie fast alle Obstbäume, bekanntlich erst vor wenig Jahrhunderten durch den *Handel* in unsre Zone verpflanzt worden und wurde deshalb erst *durch* diese Aktion einer bestimmten Gesellschaft in einer bestimmten Zeit der „sinnlichen Gewißheit" Feuerbachs gegeben.

162 K.Marx · F.Engels, *Die deutsche Ideologie*, 44쪽.(참조, '후주11')

163 L.Feuerbach, *Grundsätze der Philosophie der Zukunft*, §15, 268쪽.

원문: Der Pantheismus ist daher nichts andres als das zum *göttlichen Wesen*, zu einem *religionsphilosophischen Prinzip* erhobene *Wesen der neuern Zeit*.

164 L.Feuerbach, *Grundsätze der Philosophie der Zukunft*, §15, 268쪽.

원문: Der Empirismus oder Realismus, worunter hier überhaupt die sogenannten realen Wissenschaften, insbesondere die Naturwissenschaften verstanden werden, negiert die Theologie aber nicht theoretisch, sondern *praktisch – durch die Tat*, indem der Realist das, was die Negation Gottes oder wenigstens *nicht* Gott ist, zur *wesentlichen* Angelegenheit seines Lebens, zum *wesentlichen Gegenstand* seiner Tätigkeit macht.

165 L.Feuerbach, *Grundsätze der Philosophie der Zukunft*, §15, 267쪽.

원문: 범신론은 **신학적 무신론**, **신학적 유물론**, **신학의 부정**이지만, 그러나 그 자체 **신학의 입장**에서이다. 왜냐하면 범신론은 물질 곧 신의 부정을 **신적 본질의 술어** 혹은 **그 속성**으로 삼고 있기 때문이다.(Der Pantheismus ist der *theologische Atheismus*, der *theologische Materialismus*, die *Negation der Theologie*, aber selbst auf dem *Standpunkte der Theologie*; denn er macht die Materie, die Negation Gottes zu einem *Prädikat* oder *Attribut des göttlichen Wesens*.)

166 L.Feuerbach, *Grundsätze der Philosophie der Zukunft*, §15, 269쪽.

원문: Aber nur wo die Theorie nicht die Praxis, die Praxis nicht die Theorie verleugnet, ist Charakter, Wahrheit und Religion. Spinoza ist der Moses der modernen Freigeister und Materialisten.

167 L.Feuerbach, *Grundsätze der Philosophie der Zukunft*, §62(60), 321쪽.

원문: *Einsamkeit* ist *Endlichkeit* und *Beschränktheit*, *Gemeinschaftlichkeit* ist *Freiheit* ud *Unendlichkeit*. Der Mensch *für sich* ist Mensch(im gewöhnlichen Sinn); der Mensch *mit* Mensch - die *Einheit von Ich und Du ist Gott*.

168 L.Feuerbach, *Grundsätze der Philosophie der Zukunft*, §24, 285쪽.(참조, '후주61')

169 L.Feuerbach, *Grundsätze der Philosophie der Zukunft*, §25, 286쪽.

원문: Diese von mir als Denkendem unterschiednen Zeugen sind die Sinne. Sein ist etwas, wobei nicht ich allein, sondern auch die andern, vor allem auch der *Gegenstand selbst beteiligt* ist.

170 L.Feuerbach, *Grundsätze der Philosophie der Zukunft*, §25, 287쪽.

원문: 나는 사유 속에서 절대적인 주체이고, 나는 모든 것을 오직 사유하는 사람으로서의 나의 객체이거나 술어로서만 간주할 뿐이며, 그 이외에는 배척할 뿐이다. 그와는 반대로 감관의 활동 속에서 나는 자유로우며, 나는 대상, 즉 나 자신인바의 그것, 곧 주체이자 **현실적이고 스스로 활동적인** 본질로 존재하게 된다. 감관만이, 직관만이 나에게 **주체로서의** 어떤 것을 부여해줄 뿐이다.(Im Denken bin ich absolutes Subjekt, ich lasse alles nur gelten als Objekt oder Prädikat von mir, dem Denkenden, bin intolerant; in der Sinnentätigkeit dagegen bin ich liberal, ich lasse den Gegenstand sein, was ich selber bin – Subjekt, *wirkliches*, *sich selbst betätigendes* Wesen. Nur der Sinn, nur die Anschauung gibt mir etwas *als Subjekt*.)

171 L.Feuerbach, *Grundsätze der Philosophie der Zukunft*, §42(41), 306쪽.
원문: Den *Sinnen* sind nicht nur ≫*äußerliche*≪ Dinge Gegenstand. Der *Mensch* wird *sich selbst nur durch den Sinn gegeben* – er ist sich selbst als Sinnenobjekt Gegenstand. Die *Identität von Subjekt und Objekt*, im *Selbstbewußtsein* nur *abstrakter Gedanke*, ist *Wahrheit* und *Wirklichkeit* nur in der *sinnlichen Anschauung des Menschen vom Menschen*.

172 참조, K.Marx · F.Engels, *Die deutsche Ideologie*, 44쪽.(참조, '후주70')

173 K.Marx · F.Engels, *Die deutsche Ideologie*, 44쪽.(참조, '후주70')

174 참조, K.Marx · F.Engels, *Die deutsche Ideologie*, 44쪽.(참조, '후주70')

175 L.Feuerbach, *Grundsätze der Philosophie der Zukunft*, §42(41), 306～307쪽.
원문: Nicht allein, nur selbander kommt man zu Begriffen, zur Vernunft überhaupt. Zwei Menschen gehören zur Erzeugung des Menschen – des geistigen so gut wie des physischen: Die Gemeinschaft des Menschen mit dem Menschen ist das erste Prinzip und Kriterium der Whrheit und Allgemeinheit.

176 K.Marx · F.Engels, *Die deutsche Ideologie*, 36쪽.
원문: 지금까지의 모든 역사적 단계에서 존재했던 생산력들을 통하여 제약된 교류형태, 그리고 반대로 그것들을 제약하는 교류형태가 **부르주아 사회**이며, 이 부르주아사회는 이미 앞에서 보았던바와 같이 단순가족과 이른바 종족이라고 하는 복합가족을 전제로서 그리고 기초로서 갖는 것이며, 그에 대한 보다 자세한 규정은 앞에서 다루었었다.(Die durch die auf allen bisherigen geschichtlichen Stufen vorhandenen Produktionskräfte bedingte und sie wiederum bedingende Verkehrsform ist die *bürgerliche Gesellschaft*, die, wie schon aus dem Vorhergehenden hervorgeht, die eifache Familie und die zusammengesetzte Familie, das sogenannte Stammwesen zu ihrer Voraussetzung und Grundlage hat, und deren nähere Bestimmungen im Vorhergehenden enthalten sind.)

177 K.Marx · F.Engels, *Die deutsche Ideologie*, 36쪽.

원문: Die bürgerliche Gesellschaft umfaßt den gesamten materiellen Verkehr der Individuen innerhalb einer bestimmten Entwicklungsstufe der Produktivkräfte.

178 K.Marx · F.Engels, *Die deutsche Ideologie*, 36쪽.

원문: 이와 같은 부르주아사회가 모든 역사의 진정한 중심지이며 그 무대라는 것을, 그리고 큰소리로 허풍을 치는 군주나 국가의 행위에 갇힌 채 현실적인 관계들을 무시하는 지금까지의 역사관이 얼마나 불합리한 것인가를 이미 보여주고 있다.(Es zeigt sich schon hier, daß diese bürgerliche Gesellschaft der wahre Herd und Schauplatz aller Geschichte ist, und wie widersinnig die bisherige, die wirklichen Verhältnisse vernachlässigende Geschichtsauffassung mit ihrer Beschränkung auf hochtönende Hauptund Staatsaktionen ist.)

179 K.Marx · F.Engels, *Die deutsche Ideologie*, 31쪽.

원문: Die Teilung der Arbeit wird erst wiklich Teilung von dem Augenblicke an, wo eine Teilung der materiellen und geistigen Arbeit eintritt. Von diesem Augenblicke an *kann* sich das Bewußtsein wirklich einbilden, etwas Andres als das Bewußtsein der bestehenden Praxis zu sein, *wirklich* etwas vorzustellen, ohne etwas Wirkliches vorzustellen – von diesem Augenblicke an ist das Bewußtsein imstande, sich von der Welt zu emanzipieren und zur Bildung der „reinen" Theorie, Theologie, Philosophie, Moral etc. überzugehen.

180 K.Marx · F.Engels, *Die deutsche Ideologie*, 32~33쪽.

원문: 나아가 노동의 분화와 더불어 동시에 개별적인 개인, 혹은 개별적인 가족의 이해와 상호 교류하는 모든 개인들의 공동적인 이해 사이의 모순도 주어지게 된다. 이때의 공동적인 이해는 물론 '보편적인 것'으로서 표상에 있어서만 실재하는 것이 아니라 노동이 분화된 개인들의 상호의존성으로서 현실적으로 실재한다.(Ferner ist mit der Teilung der Arbeit zugleich der Widerspruch zwischen dem Interesse des einzelnen Individuums oder der einzelnen Familie und dem gemeinschaftlichen Iteresse aller Individuen, die miteinander verkehren, gegeben; und zwar existiert dies gemeinschaftliche Interesse nicht bloß in der Vorstellung, als „Allgemeines", sondern zuerst in der Wirklichkeit als gegenseitige Abhängigkeit der Individuen, unter denen die Arbeit geteilt ist.)

181 K.Marx · F.Engels, *Die deutsche Ideologie*, 33쪽.

원문: 이를테면 노동이 분화되기 시작하자마자 저마다 그들을 압박하면서 결코 벗어날 수 없게 하는 일정한 배타적 활동영역을 갖게 된다; (…).(Sowie nämlich die Arbeit verteilt zu werden anfängt, hat Jeder einen bestimmten ausschließlichen Kreis der Tätigkeit, der ihm aufgedrängt wird, aus dem er nicht heraus kann: (…))

182 참조, K.Marx, *Ökonomisch-philosophische Manuskripte*, 534쪽.(참조, '후주 63')/참조, K.Marx, *Ökonomisch-philosophische Manuskripte*, '각주1', 538쪽.

'각주1'의 원문: (…; 매음은 **노동자**의 **일반적인** 매음의 **특수한** 표현에 불과할 뿐이며, 매음은 몸을 파는 사람 뿐 아니라 몸을 사는 사람조차도 빠져드는 어떤 관계인 것이기 때문에 – 몸을 사는 사람의 파렴치함이 훨씬 큰 것인바 –, 자본가 등등이 역시 이와 같은 범주에 속한다.(…; Die Prostitution nur ein *besondrer* Ausdruck der *allgemeinen* Prostitution des *Arbeiters*, und da die Prostitution ein Verhältnis ist, worin nicht nur der Prostituierte, sondern auch der Prostituierende fällt – dessen Niedertracht noch größer ist –, so fällt auch der Kapitalist etc. in diese Kategorie.)

맑스가 여기서 '매음'을 들어 노동자와 자본가를 비교하고 있는 것은 단순히 성욕에만 관련하여 말하고 있는 것이 아니라 물욕, 곧 물질에 대한 사적 소유의 문제를 빗대어 몸을 팔고 있는 노동자와 몸을 사고 있는 자본가를 비유적으로 그렇게 언급하고 있을 것이다.

183 K.Marx, *Ökonomisch-philosophische Manuskripte*, 540쪽.

원문: Die Aufhebung des Privateigentums ist daher die vollständige *Emanzipation* aller menschlichen Sinne und Eigenschaften; aber sie ist diese Emanzipation grade dadurch, daß diese Sinne und Eigenschaften *menschlich*, sowohl subjektiv als objektiv, geworden sind.

184 K.Marx, *Ökonomisch-philosophische Manuskripte*, 540쪽.

원문: Das Bedürfnis oder der Genuß haben darum ihre *egoistische* Natur und die Natur ihre bloße *Nützlichkeit* verloren, indem der Nutzen zum *menschlichen* Nutzen geworden ist.

185 여기서도 제9테제에서와 마찬가지로 'die bürgerliche Gesellschaft'를 '시민사회'로 번역하기보다는 '부르주아적 사회', 또는 '부르주아사회'라고 번역하는 것이 좋을 것이다. 엥겔스는 '부르주아적 사회(die bürgerliche Gesellschaft)'란 말에서 '"**부르주아적**" 사회(die "*bürgerliche*" Gesellschaft)'라고 '**부르주아적**(*bürgerliche*)'이란 말에 인용부호를 붙이고 있으며, 또한 이탤릭체로 강조하고 있다. '인간적 사회(die menschliche Gesellschaft)'란 말에서도 '**인간적** 사회(die *menschliche* Gesellschaft)'라고 '**인간적**(*menschliche*)'이란 말을 강조하고 있는바, 이는 '"**부르주아적**" 사회'와 '**인간적** 사회'를 좀 더 뚜렷하게 대비하고자 하는 의미에서일 것이다.

186 여기서 'die gesellschaftliche Menschheit'를 '사회적 인간성'으로 번역한 것이며, 엥겔스는 이 말을 '사회화된 인간성(die vergesellschaftete Menschheit)'으로 수정하고 있다. 이 'die gesellschaftliche Menschheit'를 통상적으로 '사회적 인류'라고 번역하기도 하지만(참조, 칼 맑스·프리드리히 엥겔스, 『칼 맑스·프리드리히 엥겔스 저작선집 1』, 김세균 감수, 박종철출판사, 1991, 189쪽), 그러나 여기에서 'Menschheit'란 말은 '인간으로서의 질적, 양적 총체성'이나 '인간의 본성'을 의미한다는 점에서 '인류'라기보다는 '인간성'으로 번역하는 것이 좋을 듯싶다. 따라서 '사회적 인간성'이란 말은 엥겔스가 그렇게 수정하여 표현하고 있는 것처럼 '사회적으로 실현된 인간성, 인간적으로 실현된 사회성'이란 의미에서 '인간의 사회화와 동시에 사회의 인간화'를 뜻하는 것이 아닐까 한다.

187 L.Feuerbach, *Vorläufige Thesen zur Reformation der Philosophie*, 243쪽.
원문: Der Mensch ist das Hen kai pan des Staates. Der Staat ist die realisierte, ausgebildete, explizierte Totalität des menschlichen Wesens. Im Staate werden die wesentlichen Qualitäten oder Tätigkeiten des Menschen in besondern Ständen verwirklicht, aber in der Person des Staatsoberhaupts wieder zur Identität zurückgeführt.

188 K.Marx, Zur Kritik der Hegelschen Rechtsphilosophie. Einleitung, 391쪽.
원문: 철학이 프롤레타리아계급에게서 **물질적** 무기를 발견하는 것과 마찬가지로 프롤레타리아계급은 철학에서 그의 **정신적** 무기를 발견하게 되며, 그리고 사상의 섬광이 이 소박한 민중의 대지 속으로 철저히 뚫고 들어가자마자 **인간**을 향한 **독일인들**의 해방이 성취되기에 이른다.(Wie die Philosophie im Proletariat ihre *materiellen*, so findet das Proletariat in

der Philosophie seine *geistigen* Waffen, und sobald der Blitz des Gedankens gründlich in diesen naiven Volksboden eigeschlagen ist, wird sich die Emanzipation der *Deutschen* zu *Menschen* vollziehen.)

189 K.Marx · F.Engels, *Die deutsche Ideologie*, 48쪽.

원문: 〔Randbemerkung von Marx:〕 Die Allgemeinheit entspricht 1.der Klasse contra Stand, 2.der Konkurrenz, Weltverkehr, etc., 3.der großen Zahlreichheit der herrschenden Klasse, 4.der Illusion der *gemeinschaftlichen* Interessen(im Anfang diese Illusion wahr), 5.der Tauschung der Ideologen und der Teilung der Arbeit.

190 G.W.F.Hegel, 『역사철학 강의(*Vorlesungen über die Philosophie der Geschichte*)』, in: G.W.F.Hegel Werke in zwanzig Bänden, Bd.12 (Frankfurt a.M.: Suhrkamp Verlag, 1970), 32쪽.

원문: 세계의 역사는 자유의식에 있어서의 진보이며, 우리가 그 필연성 속에서 인식하지 않으면 안 되는 진보이다.(Die Weltgeschichte ist der Fortschritt im Bewußtsein der Freiheit – ein Fortschritt, den wir in seiner Notwendigkeit zu erkennen haben.

191 K.Marx · F.Engels, *Die deutsche Ideologie*, 37쪽.

원문: 물론 지금까지의 역사에서 개별적인 개인들은 그 활동이 세계사적인 것에로 확대됨에 따라 그들에게는 낯선 권력(그들이 소위 세계정신 등등의 횡포로 표상하게 된 압력) 아래 더욱더 노예가 된다는 것은 하나의 경험적인 사실이며, 그 권력은 점점 더 대규모로 커지면서 **세계시장**으로서의 최후의 심급 속에서 스스로를 증명하기에 이른다.(In der bisherigen Geschichte ist es allerdings ebensosehr eine empirische Tatsache, daß die einzelnen Individuen mit der Ausdehnung der Tätigkeit zur Weltgeschichtlichen immer mehr unter einer ihnen fremden Macht geknechtet worden sind(welchen Druck sie sich denn auch als Schikane des sogenannten Weltgeistes etc. vorstellten), einer Macht, die immer massenhafter geworden ist und sich in letzter Instanz als *Weltmarkt* ausweist.)

192 K.Marx · F.Engels, *Die deutsche Ideologie*, 36쪽.

원문: Das Proletariat kann also nur *weltgeschichtlich* existieren, wie der Kommunismus, seine Aktion, nur als „weltgeschichtliche" Existenz überhaupt vorhanden sein kann; weltgeschichtliche Existenz der Individuen, d.h. Existenz der Individuen, die unmittelbar mit der Weltgeschichte verknüpft ist.

193 L.Feuerbach, *Vorläufige Thesen zur Reformation der Philosophie*, 224쪽.
원문: Der Pantheismus ist die *Negation der Theologie auf dem Standpunkte der Theologie.*

194 L.Feuerbach, *Vorläufige Thesen zur Reformation der Philosophie*, 224쪽.
원문: Der ≫Atheismus≪ ist der umgekehrte ≫Pantheismus≪.)

195 L.Feuerbach, *Vorläufige Thesen zur Reformation der Philosophie*, 223쪽.
원문: **'범신론'**은 신학의(또는 유신론의) **필연적인 귀결**이며, – **철저한** 신학이다. **'무신론'**은 '범신론'의 **필연적인 귀결**이고, **철저한** '범신론'이다. (Der ≫*Pantheismus*≪ ist die *notwendige Konsequenz* der Theologie(oder des Theismus) – die *konsequente* Theologie; der ≫*Atheismus*≪ die *notwendige Konsequenz* des ≫Pantheismus≪, der *konsequente* ≫Pantheismus≪.)

196 L.Feuerbach, *Grundsätze der Philosophie der Zukunft*, §15, 267쪽.(참조, '후주165')

197 L.Feuerbach, *Grundsätze der Philosophie der Zukunft*, §15, 269쪽.
원문: 따라서 스피노자는 신은 일정한 범위 안의 본질, 다시 말해 물질적 본질이라는 역설적인 명제를 던짐으로써 정곡을 찔렀다. 그는 적어도 그의 시대에 있어 근대의 유물론적 경향에 대한 참된 철학적 표현을 발견했었다. 즉 그는 유물론적 경향을 정식화 하고 그 효력을 부여했던 것이다. 신 그 자신이 유물론자이다.(Spinoza traf daher mit seinem paradoxen Satz: Gott ist ein ausgedehntes, d.i. materielles Wesen, den Nagel auf den Kopf. Er fand den, für seine Zeit wenigstens, wahren philosophischen Ausdruck für die materialistische Tendenzder neuern Zeit; er legitimierte, sanktionierte sie. Gott selbst ist Materialist.)

198 K.Marx · F.Engels, *Die deutsche Ideologie*, 35쪽.
원문: Der Kommunismus ist für uns nicht ein *Zustand*, der hergestellt werden soll, ein *Ideal*, wonach die Wirklichkeit sich zu richten haben [wird]. Wir nennen Kommunismus die *wirkliche* Bewegung, welche den jetzigen Zustand aufhebt. Die Bedigungen dieser Bewegung ergeben

sich aus der jetzt bestehenden Voraussetzung.

199 K.Marx · F.Engels, *Die deutsche Ideologie*, 70쪽.
원문: 공산주의는 이제까지의 모든 생산관계와 교류관계의 토대를 변혁하며, 그리고 모든 자연발생적인 전제들을 최초로 의식적으로 이제까지의 인간의 창조물로서 다룬다는 것, 또한 그 전제들의 자연발생성을 벗겨내고 결합된 개인들의 권력에 예속시킨다는 점에서 지금까지의 모든 운동과는 구별된다.(Der Kommunismus unterscheidet sich von allen bisherigen Bewegungen dadurch, daß er die Grundlage aller bisherigen Produktions- und Verkehrsverhältnisse umwälzt und alle naturwüchsigen Voraussetzungen zum ersten Mal mit Bewußtsein als Geschöpfe der bisherigen Menschen behandelt, ihrer Naturwüchsigkeit entkleidet und der Macht der vereinigten Individuen unterwirft.)

200 K.Marx · F.Engels, *Die deutsche Ideologie*, 70쪽.(참조, '후주199')

201 K.Marx · F.Engels, *Die deutsche Ideologie*, 70쪽.(참조, '후주199')

202 K.Marx · F.Engels, *Die deutsche Ideologie*, 70쪽.
맑스가 서술하고 있는 『독일 이데올로기』의 '[C.]공산주의. - 교류형태 그 자체의 생산(Kommunismus. - Produktion der Verkehrsform selbst)' 이란 제목이 그것을 말하고 있는 것이다.

203 K.Marx · F.Engels, *Die deutsche Ideologie*, 72쪽.
원문: 처음에는 자기활동의 조건으로, 나중에는 자기활동의 족쇄로 현상하게 되는 이와 같은 다양한 조건들은 전체적인 역사의 발전에 있어서 일련의 연관적인 교류형태들을 형성하며, 그들 연관성은 족쇄가 되어버린 그 이전의 교류형태 대신에 새로운 교류형태가 보다 발전된 생산력들에 상응하여, 그리고 또한 개인들의 자기활동의 진보적인 방식에 상응하여 정립되는 가운데 이루어지게 되고, 이 교류형태는 다시금 족쇄가 되면서 또 다른 교류형태를 통해 대체되기에 이른다.(Diese verschiedenen Bedingungen, die zuerst als Bedingungen der Selbstbetätigung, später als Fesseln derselben erschienen, bilden in der ganzen geschichtlichen Entwicklung eine zusammenhängende Reihe von Verkehrsformen, deren Zusammenhang darin besteht, daß an die Stelle der früheren, zur Fessel grwordenen Verkehrsform eine neue, den entwickelteren Pro-

duktivkräften und damit der fortgeschrittenen Art der Selbstbetätigung der Individuen entsprechende gesetzt wird, die à son tour(ihrerseits) wieder zur Fessel und dann durch eine andre ersetzt wird.)

204 K.Marx · F.Engels, *Die deutsche Ideologie*, 73쪽.

원문: Alle Kollisionen der Geschichte haben also nach unsrer Auffassung ihren Ursprung in dem Widerspruch zwischen den Produktivkräften und der Verkehrform. Es ist übrigens nicht nötig, daß dieser Widerspruch, um zu Kollisionen in einem Lande zu führen, in diesem Lande selbst auf die Spitze getrieben ist.

205 K.Marx, *Zur Kritik der Politischen Ökonomie*, 9쪽.(참조, '후주100')

206 이때의 독일어 '*verändern*'은 '변화시키다', '바꾸다'의 뜻이기는 하지만, 그러나 좀 더 직접적으로는 '타자화하다'란 의미에서 '현존의 세계를 그 다른 새로운 형태로 변화시킨다'란 의미로 이해할 수 있다.

207 엥겔스의 수정본이 특별히 다른 곳은 없으며, 뒤 문장을 따로 분리하여 '세계를 **변화시킨다**'고 하는 것을 약간 더 강조하고 있을 뿐이다.

208 F.Engels, *L.Feuerbach und der Ausgang*, 290쪽.

원문: Vom Feuerbachschen abstrakten Menschen kommt man aber nur zu den wirklichen lebendigen Menschen, wenn man sie in der Geschichte handelnd betrachtet. Und dagegen sträubte sich Feuerbach, und daher bedeutete das Jahr 1848, das er nicht begriff, für ihn nur den endgültigen Bruch mit der wirklichen Welt, den Rückzug in die Einsamkeit.

209 K.Marx, *Das Kapital I*, 192쪽.

원문: Die seiner Leiblichkeit angehörigen Naturkräfte, Arme und Beine, Kopf und Hand, setzt er in Bewegung, um sich den Naturstoff in einer für sein eignes Leben brauchbaren Form anzueignen. Indem er durch diese Bewegung auf die Natur außer ihm wirkt und sie verändert, verändert er zugleich seine eigne Natur.

210 L.Feuerbach, *Grundsätze der Philosophie der Zukunft*, §54(53), 317～318쪽.

원문: *Der Mensch unterscheidet sich keineswegs nur durch das Denken von dem*

Tiere. Sein *ganzes Wesen* ist vielmehr *sein Unterschied vom Tiere.*

211 K.Marx, *Das Kapital l*, 193쪽.
원문: 우리는 노동을 어떠한 형태 속에서 바라보는바, 이를테면 노동이 전적으로 인간에게 속한다고 하는 그러한 형태 속에서 바라보는 것이다.(Wir unterstellen die Arbeit in einer Form, worin sie dem Menschen ausschließlich angehört.)

212 K.Marx, *Das Kapital l*, 193쪽.
원문: 노동과정의 단순한 계기들이란 합목적적 활동, 또는 노동 그 자체와, 그리고 노동의 대상과 노동의 수단이다.(Die einfachen Monente des Arbeitsprozesses sind die zweckmäßige Tätigkeit oder die Arbeit selbst, ihr Gegenstand und ihr Mittel.)

213 K.Marx, Zur Kritik der Hegelschen Rechtsphilosophie. Einleitung, 380쪽.
원문: Die Kritik für sich bedarf nicht der Selbstverständigung mit diesem Gegenstand, denn sie ist mit ihm im reinen. Sie gibt sich nicht mehr als *Selbstzweck*, sondern nur noch als *Mittel.* Ihr wesentliches Pathos ist die *Indignation*, ihre wesentliche Arbeit die *Denunziation.*

214 K.Marx, Zur Kritik der Hegelschen Rechtsphilosophie. Einleitung, 384쪽.
원문: 따라서 독일에서 **실천적인** 정치적 당이 **철학의 부정**을 요구하는 것은 정당하다.(Mit Recht fordert daher die *praktische* politische Partei in Deutschland die *Negation der Philosophie.*)

215 K.Marx, Zur Kritik der Hegelschen Rechtsphilosophie. Einleitung, 384쪽.
원문: Mit einem Worte: *Ihr könnt die Philosophie nicht aufheben, ohne sie zu verwirkichen.*

216 K.Marx, Zur Kritik der Hegelschen Rechtsphilosophie. Einleitung, 391쪽. (참조, '후주188')

217 K.Marx, Zur Kritik der Hegelschen Rechtsphilosophie. Einleitung, 391쪽.
원문: Die *Emanzipation des Deutschen* ist die *Emanzipation des Menschen.* Der *Kopf* dieser Emanzipation ist die *Philosophie*, ihr *Herz* das *Proletariat.* Die Philosophie kann sich nicht verwirklichen ohne die Aufhebung des Proletariats, das Proletariat kan sich nicht aufheben ohne die

Verwirklichung der Philosophie.

218 L.Feuerbach, *Vorläufige Thesen zur Reformation der Philosophie*, 234쪽.
원문: Die Philosophie hat daher nicht *mit sich*, sondern mit ihrer *Antithese*, mit der *Nichtphilosophie* zu beginnen. Dieses vom Denken unterschiedene, unphilosophische, absolut *antischolastische* Wesen in uns ist das Prinzip des *Sensualismus.*

219 L.Feuerbach, *Vorläufige Thesen zur Reformation der Philosophie*, 235쪽.
원문: Das Herz revolutioniert, der Kopf reformiert; der Kopf bringt die Dinge *zustande*, das Herz in *Bewegung.*

220 L.Feuerbach, *Grundsätze der Philosophie der Zukunft*, §54(53), 318쪽.
원문: Der Mensch ist kein partikuläres Wesen wie das Tier, sondern ein *universelles*, darum kein beschränktes und unfreies, sondern uneingeschränktes, freies Wesen, denn Universalität, Unbeschränktheit, Freiheit sind unzertrennlich.

221 L.Feuerbach, *Vorläufige Thesen zur Reformation der Philosophie*, 243쪽.(참조, '후주134')
원문: Alle Wissenschaften müssen sich auf die *Natur* gründen. Eine Lehre ist solange nur eine *Hypothese*, solange nicht ihre *natürliche Basis* gefunden ist. Dieses gilt insbesondere von der *Lehre der Freiheit.* Nur der neuen philosophie wird es gelingen, die Freiheit, die bisher eine *anti-* und *supranaturalistische Hypothese* war, zu *naturalisieren.*

222 G.W.F.Hegel, *Wissenschaft der Logik II*, 214쪽.
원문: So ist der Begriff die **Wahrheit** der Substanz, und indem die bestimmte Verhältnisweise der Substanz die **Notwendigkeit** ist, zeigt sich die **Freiheit** als die **Wahrheit der Notwendigkeit** und als die **Verhältnisweise des Begriffs**.

223 G.W.F.Hegel, 『역사에 이어서 이성, 세계사의 철학에 대한 강의(*Die Vernunft in der Geschichte, Vorlesungen über die Philosophie der Weltgeschichte*)』, Bd.1(Hamburg: Verlag von Felix Meiner, 1955), 63쪽.
원문: *Die Weltgeschichte ist der Fortschritt im Bewußtsein der Freiheit, - ein Fortschritt, den wir in seiner Notwendigkeit zu erkennen haben.*

224 K.Marx · F.Engels, *Die deutsche Ideologie*, 38～39쪽.

원문: Diese vorgefundenen Lebensbedingungen der verschiedenen Generationen entscheiden auch, ob die periodisch in der Geschichte wiederkehrende revolutionäre Erschütterung stark genug sein wird oder nicht, die Basis alles Bestehenden umzuwerfen, und wenn diese materiellen Elemente einer totalen Umwälzung, nämlich einerseits die vorhandnen Produktivkräfte, andrerseits die Bildung einer revolutionären Masse, die nicht nur gegen einzelne Bedingungen der bisherigen Gesellschaft, sodern gegen die bisherige „Lebensproduktion" selbst, die „Gesamttätigkeit", worauf sie basierte, revolutioniert - nicht vorhanden sind, so ist es ganz gleichgültig für die praktische Entwicklung, ob die *Idee* dieser Umwälzung schon hundertmal ausgesprochen ist - wie die Geschichte des Kommunismus dies beweist.

225 K.Marx, Zur Kritik der Hegelschen Rechtsphilosophie. Einleitung, 386쪽.

원문: Die Revoluion bedürfen nämlich eines *passiven* Elementes, einer *materiellen* Grundlage.

226 K.Marx, Zur Kritik der Hegelschen Rechtsphilosophie. Einleitung, 386쪽.

원문: Werden die theoretischen Bedürfnisse unmittelbar praktische Bedürfnisse sein? Es genügt nicht, daß der Gedanke zur Verwirklichung drängt, die Wirklichkeit muß sich selbst zum Gedanken drängen.

227 K.Marx · F.Engels, *Die deutsche Ideologie*, 46쪽.

원문: Die Gedanken der herrschenden Klasse sind in jeder Epoche die herrschenden Gedanken, d.h. die Klasse, welche die herrschende *materielle* Macht der Gesellschaft ist, ist zugleich ihre herrschende *geistige* Macht.

228 K.Marx · F.Engels, *Die deutsche Ideologie*, 47쪽.

원문: Die Existenz revolutionärer Gedanken in einer bestimmten Epoche setzt bereits die Existenz einer revolutionären Klasse voraus, über deren Voraussetzungen bereits oben das Nötige gesagt ist.

229 K.Marx · F.Engels, *Die deutsche Ideologie*, 48쪽.

원문: Als die französische Bourgeoisie die Herrschaft der Aristokratie stürzte, machte sie es dadurch vielen Proletariern möglich, sich über das Proletariat zu erheben,aber nur, insofern sie Bourgeois wurden.

230 K.Marx · F.Engels, *Die deutsche Ideologie*, 69쪽.

원문: 철학자들은 분업에 더 이상 포섭되지 않은 개인들을 "인간"이란 이름 아래 이상형으로 표상했으며, 그리고 우리에 의하여 발전된 전체 과정을 "인간"의 발전과정으로 파악함으로써 "인간"을 그때마다의 역사적 단계에서 앞서 말한 개인들에로 전가시킴으로써 그들을 역사의 추동력으로 서술했었다. 그리하여 전체 과정이 "인간"의 자기소외 과정으로 파악되었으며, 따라서 이것은 본질적으로는 보다 이후 단계에 있는 평균적 개인이 보다 이전 단계의 평균적 개인으로, 그리고 보다 이후의 의식이 보다 이전의 의식으로 전가되기에 이른 것이다. 애초부터 현실적 조건들을 추상해버린 이와 같은 왜곡을 통해 전체 역사를 의식의 발전과정으로 변화시키는 것이 가능했던 것이다.(Die Individuen, die nicht mehr unter die Teilung der Arbeit subsumiert werden, haben die Philosophen sich als Idealunter dem Namen „der Mensch" vorgestellt, und den ganzen, von uns entwickelten Prozeß als den Entwicklungsprozeß „des Menschen" gefaßt, so daß den bisherigen Individuen auf jeder geschichtlichen Stufe „der Mensch" untergeschoben und als die treibende Kraft der Geschichte dargestellt wurde. Der ganze Prozeß wurde so als Selbstentfremdungsprozeß „des Menschen" gefaßt, und dies kommt wesentlich daher, daß das Durchschnittsindividuum der späteren Stufe immer der früheren und das spätere Bewußtsein den früheren Individuen untergeschoben[wurde]. Durch diese Umkehrung, die von vornherein von den wirklichen Bedingungen abstrahiert, war es möglich, die ganze Geschichte in einen Entwicklungsprozeß des Bewußtseins zu verwandeln.)

231 K.Marx · F.Engels, *Die deutsche Ideologie*, 69쪽.(참조, '후주230')

232 K.Marx · F.Engels, *Die deutsche Ideologie*, 69쪽.(참조, '후주230')

233 K.Marx · F.Engels, *Die deutsche Ideologie*, 74쪽.

원문: 우리가 보았던바와 같이 생산력과 교류형태 사이의 이와 같은 모순은 역사의 토대를 위태롭게 하는 것은 아니었지만, 그러나 이제까지의 역사에서 이미 여러 번 나타났던 것이며, 그때마다 혁명으로 폭발했었던 것이다. 혁명과 더불어 모순은 동시에 다양한 부수적인 양상을 동반하게

되었고, 충돌의 총체성으로서, 곧 여러 계급들의 충돌로서, 의식의 모순으로서의 사상투쟁 등등, 정치적 투쟁 등등으로서 나타났던 것이다.(Dieser Widerspruch zwischen den Produktivkräften und der Verkehrsform, der, wie wir sahen, schon mehreremal in der bisherigen Geschichte vorkam, ohne jedoch die Grundlage derselben zu gefährden, mußte jedesmal in einer Revolution eklatieren, wobei er zugleich verschiedene Nebengestalten annahm, als Totalität von Kollisionen, als Kollisionen verschiedener Klassen, als Widerspruch des Bewußtseins, Gedankenkampf etc., politischer Kampf etc.)

234 K.Marx · F.Engels, *Die deutsche Ideologie*, 77쪽.
원문: 그리하여 한편 탈출한 농노들은 그들의 이미 기존적인 생존조건들을 자유로이 발전시키면서 관철하고자 했으며, 최후의 심급으로서 자유로운 노동에 도달하고자 하는데 그친 반면 프롤레타리아들은 인격적으로 관철되기 위해서 동시에 지금까지의 전체 사회의 생존조건이기도 한 그들 자신의 이제까지의 생존조건이라고 할 노동을 지양하지 않으면 안 된다. 따라서 또한 프롤레타리아들은 사회의 개인들이 이제까지 하나의 전체의 표현으로 부여했던 형태, 곧 국가에 직접적으로 대립하게 되고, 그리고 그들의 인격성을 관철하기 위해서 국가를 타도해야 한다.(Während also die entlaufenden Leibeignen nur ihre bereits vorhandenen Existenzbedingungen frei entwickeln und zur Geltung bringen wollten und daher in letzter Instanz nur bis zur freien Arbeit kamen, müssen die Proletarier, um persönlich zur Geltung zu kommen, ihre eigne bisherige Existenzbedingung, die zugleich die der ganzen bisherigen Gesellschaft ist, die Arbeit, aufheben. Sie befinden sich daher auch im direkten Gegensatz zu der Form, in der die Individuen der gesellschaft sich bisher einen Gesamtausdruck gaben, und müssen den Staat stürzen, um ihre Persönlichkeit durchzusetzen.)

235 K.Marx · F.Engels, *Die deutsche Ideologie*, 77쪽.(참조, '후주234')

236 K.Marx · F.Engels, *Die deutsche Ideologie*, 42쪽.
원문: 〔…〕 sich in Wirklichkeit und für den *praktischen* Materialisten, d.h. *Kommunisten*, darum handelt, die bestehende Welt zu revolutionieren, die vorgefundnen Dinge praktisch anzugreifen und zu verändern.

237 L.Feuerbach, *Grundsätze der Philosophie der Zukunft*, §66(64), 322쪽.

원문: Die neue Philosophie dagegen, als die Philosophie des Menschen, ist auch wesentlich die *Philosophie für den Menschen* – sie hat unbeschadet der Würde und Selbständigkeit der Theorie, ja im innigsten Einklang mit derselben, wesentlich eine *praktische*, und zwar im höchsten Sinne praktische Tendenz; sie tritt an die Stelle der Religion, sie hat das *Wesen* der Religion in sich, sie ist in Wahrheit *selbst Religion*.

238 L.Feuerbach, *Grundsätze der Philosophie der Zukunft*, §66(64), 322쪽.(참조, '후주237')

239 참조, L.Feuerbach, *Vorläufige Thesen zur Reformation der Philosophie*, 243쪽.

원문: **철학은 다시 자연과학과 결합해야 하며, 자연과학은 철학과 결합하지 않으면 안 된다.** 상호적인 욕구와 내적 필연성에 근거하는 이와 같은 결합은 철학과 신학 사이의 **이제까지 어울리지 않는 결혼**보다 더 지속적이고, 더 행복하고, 더 많은 결실을 맺을 것이다.(*Die Philosophie muß sich wieder mit der Naturwissenschaft, die Naturwissenschaft mit der Philosophie verbinden.* Diese auf gegenseitiges Bedürfnis, auf innere Notwendigkeit gegründete Verbindung wird dauerhafter, glücklicher und fruchtbarer sein als die *bisherige Mesalliance* zwischen Philosophie und Theologie.)

240 참조, 강운빈, 『주체사상 총서 6, 인간개조이론』(조국, 1989). 이하 『주체사상 총서 6』으로 표기함.

241 강운빈, 『주체사상 총서 6』, 13쪽.

242 참조, G.W.F.Hegel, *Wissenschaft der Logik II*, 14~15쪽.

원문: …; 그리하여 이와 같은 합치는, **첫째** 자기 동등성이거나 또는 직접성이다. 그러나 **둘째** 이러한 직접성은 **부정자의** 자기 동등성이며, 따라서 자기 부정적 동등성이다. 즉, 이때의 직접성은 즉자적으로 부정자이고 직접성 그 자체의 부정자이며, 직접성이 아닌 바의 그것이다.(…; so ist dies Zusammengehen **erstlich** Gleichheit mit sich oder Unmittelbarkeit; aber **zweitens** ist diese Unmittelbarkeit die Gleichheit **des Negativen** mit sich, somit die sich selbst negierende Gleichheit; die Unmittelbarkeit, die an sich das Negative, das Negative ihrer selbst ist, dies zu sein, was sie nicht ist.)

243 K.Marx, *Das Kapital I*, '제2판 후기', 28쪽.

원문: Die widerspruchsvolle Bewegung der kapitalistischen Gesellschaft macht sich dem praktischen Bourgeois am schlagendsten fühlbar in den Wechselfällen des periodischen Zyklus, den die moderne Industrie durchläuft, und deren Gipfelpunkt - die allgemeine Krise. Sie ist wieder im Anmarsch, obgleich noch begriffen in den Vorstadien, und wird durch die Allseitigkeit ihres Schauplatzes, wie die Intensität ihrer Wirkung, selbst den Glückspilzen des neuen heiligen, preußisch-deutschen Reichs Dialektik.

244 참조, D.Wolf, *Hegel und Marx, Zur Bewegungsstruktur des absoluten Geistes und des Kapitals*(Hamburg: VSA-Verlag, 2000), 90쪽 이하.

특히 이 저서의 제3장은 '자연'과 '사유' 사이의 모순의 해소 운동으로서의 '절대정신'의 비합리적 운동 구조와 사용가치와 가치 사이의 모순의 해소 운동으로서의 자본의 합리적 운동 구조와의 일치에 대하여(Zur Übereinstimmung der als Lösungsbewegung des Widerspruchs zwischen ≫Natur≪ und ≫Denken≪ irrationalen Bewegungsstruktur des ≫absoluten Geistes≪ mit der als Lösungsbewegung des Widerspruchs zwischen Gebrauchswert und Wert rationalen Bewegungsstruktur des Kapitals)를 다룬다.

245 G.W.F.Hegel, 『법철학 강요(*Grundlinien der Philosophie des Rechts*)』, in: G.W.F. Hegel Werke in zwanzig Bänden, Bd.7, hrsg. v. E.Moldenhauer u. K.M.Michel(Frankfurt a.M.: Suhrkamp Verlag, 1970), 24쪽.

원문: 이성적인 것은 현실적이고, 그리고 현실적인 것은 이성적이다. (Was vernünftig ist, das ist wirklich; und was wirklich ist, das ist vernünftig.)

246 참조, K.Löwith(ausgewält u. eingeleitet), *Die Hegelsche Linke*(Stuttgart-Bad Cannstatt: Friedrich Frommann Verlag, 1962)

이 책에서 정리하고 있는 헤겔주의 좌파 철학사상가로는 Heinrich Heine (1797~1856), Arnold Ruge(1803~1880), Moses Hess(1812~1875), Max Stirner(1806~1856), Bruno Bauer(1809~1882), Ludwig Feuerbach (1804~1872), Karl Marx(1818~1883), Sören Kierkegaard(1813~1855)이다. 특히 현대 실존철학의 문을 열었던 철학자로 알려진 쇠렌 키에르케

고아를 헤겔주의 좌파 철학자로 분류하고 있는 것이 주목된다. 키에르케고아가 비록 맑스와는 달리 헤겔의 현실성 개념을 이해하고 있었지만, 그럼에도 불구하고 그의 실존 개념이 헤겔의 현실성 개념에서 유래한다는 점에서 그를 헤겔주의 좌파 철학자로 분류하고 있는 것이다.

247 K.Marx · F.Engels, *Die deutsche Ideologie*, 19쪽.

원문: Die Althegelianer hatten Alles *begriffen*, sobald es auf eine hegelsche logische Kategorie zurückgeführt war. Die Junghegelianer *kritisierten* Alles, indem sie ihm religiöse Vorstellungen unterschoben oder es für theologisch erklärten. Die Junghegelianer stimmen mit den Althegelianern überein in dem Glauben an die Herrschaft der Religion, der Begriffe, des Allgemeinen in der bestehenden Welt. Nur bekämpfen die Einen die Herrschaft als Usurpation, welche die Andern als legitim feiern.

248 K.Marx · F.Engels, *Die deutsche Ideologie*, 20쪽.

원문: Keinem von diesen Philosophen ist es eingefallen, nach dem Zusammenhange der deutschen Philosophie mit der deutschen Wirklichkeit, nach dem Zusammenhange ihrer kritik mit ihrer eignen materiellen Umgebung zu fragen.

249 참조, K.Marx, *Das Kapital I*, '제2판 후기', 27쪽.

원문: 물론 서술방식은 형식적으로는 연구방식과 구별되어야 한다. 연구는 소재를 세밀하게 습득하고 그것의 여러 발전 형태들을 분석하며 그 내적 연관을 찾아내야 한다. 이와 같은 작업이 끝난 뒤에야 비로소 그에 따르는 현실적인 운동이 서술될 수 있다. 이것이 완성되고, 그리고 이제 소재의 생명이 이념적으로 반영된다면 우리에게는 그것이 하나의 선천적 구성물과 관련되어 있는 것처럼 보일 수도 있다.(Allerdings muß sich die Darstellungsweise formell von der Forschungsweise unterscheiden. Die Forschung hat den Stoff sich im Detail anzueignen, seine verschiednen Entwicklungsformen zu analysieren und deren innres Band aufzuspüren. Erst nachdem diese Arbeit vollbracht, kann die wirkliche Bewegung entsprechend dargestellt werden. Gelingt dies und spiegelt sich nun das Leben des Stoffs ideell wider, so mag es aussehen, als habe man es mit einer Konstruktion a priori zu tun.)

250 K.Marx, *Das Kapital I*, '제2판 후기', 27~28쪽.

원문: In ihrer mystifizierten Form ward die Dialektik deutsche Mode, weil sie das Bestehende zu verklären schien. In ihrer rationellen Gestalt ist sie dem Bürgertum und seinen doktrinären Wortführern ein Ärgernis und ein Greuel, weil sie in dem positiven Verständnis des Bestehenden zugleich auch das Verständnis seiner Negation, seines notwendigen Untergangs einschließt, jede gewordne Form im Flusse der Bewegung, also auchnach ihrer vergänglichen Seite auffaßt, sich durch nichts imponieren läßt, ihrem Wesen nach kritisch und revolutionär ist.

251 마르쿠제의 『이성과 혁명』은 그 부제 '헤에겔과 사회이론의 융성', 또는 '헤겔철학의 기초'가 말하고 있는 것처럼 헤겔철학 연구서이며, 우리에게 최초로 번역 출간된 것은 김종호 번역의 박영사판이고, 1963년이었다. 그러나 40년 가까이 그때마다 금서에 묶여 헤매다가 1990년대 중반 금서에서 풀려났던 것이다. 현재까지 3종류의 『이성과 혁명』이 번역 출간되었지 않나 싶다.(참조, 마르쿠제, H., 김종호 역, 『이성과 혁명—헤에겔과 사회이론의 융성』, 박영사, 초판: 1963. 청구출판사: 1965. 문명사: 1970./마르쿠제, H., 김현일·윤길순 역, 『이성과 혁명—헤겔철학의 기초』, 중원문화, 1984./마르쿠제, H., 정항희 역, 『이성과 혁명』, 법경출판사, 1991) 물론 베를린에서 1898년 태어나 미국으로 망명하여 활동한 마르쿠제(H.Marcuse)는 아도르노(Th.W.Adorno) 등과 함께 비판이론(kritische Theorie)의 대표적인 철학자로서 68혁명에도 적극적으로 참여하며, 맑스주의 철학에 대한 연구와 함께 특히 헤겔철학에 대한 중요한 저서를 남긴다. 헤겔철학과 관련하여 그의 주저로는 앞에 말한 1941년 출간한 『이성과 혁명(*Reason and Revolution*, *Vernunft und Revolution*)』, 그리고 그보다 앞서 1932년 출간한 『헤겔의 존재론과 역사성 이론의 기초(*Hegels Ontologie und die Grundlegung einer Theorie der Geschichtlichkeit*)』가 있다. 서구 현대철학의 중심에 있었던 프랑크푸르트학파(Frankfurter Schule)의 비판이론이 1980년대부터 조금씩 유입되었지만, 그러나 오래도록 아예 그 유입마저 금지된 것도 우리네 철학과 학문의 반공주의에 따른 처절한 상처의 일단일 것이다.

252 맑스가 젊은 시절 다녔던 베를린대학, 곧 훔볼트(Humboldt)대학에는 오늘날 그 중앙 현관에 맑스의 이 11번 테제가 커다랗게 새겨진 동판이

마치 대학의 정신적 교훈이라도 되는 것처럼 학생들을 맞이하고 있으며, 그리고 대학의 뒤뜰에는 베를린대학 철학교수로 재직하면서 자신의 철학을 완성하기에 이른 헤겔의 동상이 서 있기도 하다. 물론 맑스는 베를린대학에서 철학을 공부하고 예나(Jena)대학에서 철학박사 학위를 받고서 졸업했지만 약혼녀 제니 폰 베스트팔렌(Jenny von Westphalen)과 크로이츠나하(Kreuznach)에서 결혼하고서는 곧 거듭되는 추방과 이주 끝에 후반생 35여년을 '정치적 망명객(Politischer Emigrant)'으로 생활하다가 영국의 런던에서 1883년 3월 14일 65세를 일기로 타계한다. 그 3일 후인 3월 17일 런던 하이게이트 공동묘지(Highgate-Cemetery Friedhof)에 1881년 극도의 빈곤 속에서 먼저 타계한 부인 제니와 함께 묻힌다. 엥겔스는 "인류는 머리 하나를 잃었다. 그것도 우리 시대의 가장 위대한 머리를."이라고 탄식했다. 아울러 엥겔스는 그 후 맑스의 『자본』 제2권과 제3권 등 여러 유고들을 정리하여 출간하며, 1895년 75세를 일기로 그 역시 런던에서 사망한다.

253 W.I.Lenin, Drei Quellen und drei Bestandteile des Marxismus, 『레닌 선집(W.I. Lenin, Ausgewählte Werke)』, Bd.I(Berlin: Dietz Verlag, 1961), 77~78쪽.

원문: Im Gegenteil: Die ganze Genialität Marx' besteht gerade darin, daß er auf die Fragen Antwort gegeben hat, die das Fortgeschrittene Denken der Menschheit bereits gestellt hatte. Seine Lehre entstand als direkte und unmittelbare *Fortsetzung* der Lehren der größten Vertreter der Philosophie, der politischen Ökonomie und des Sozialismus.

Die Lehre von Marx ist allmächtig, weil sie richtig ist. Sie ist in sich abgeschlossen und harmonisch, sie gibt den Menschen eine einheitliche Weltanschauung, die sich mit keinerlei Aberglauben, keinerlei Reaktion, keinerlei Verteidigung bürgerlicher Knechtung vereinbaren läßt. Sie ist die rechtmäßige Erbin des Besten, was die menschheit im 19. Jahrhundert in Gestalt der deutschen Philosophie, der englischen politischen Ökonomie und des französischen Sozialismus geschaffen hat.

Bei diesen drei quellen und gleichzeitig Bestandteilen des Marxismus wollen wir denn auch kurz verweilen.

구동독의 동베를린에 있는 맑스주의-레닌주의 연구소에서 1961년 출간한 『레닌 선집(W.I.Lenin, Ausgewählte Werke)』은 러시아어판 번역본이며, 각각 1천여 쪽으로 이루어진 책 Ⅰ·Ⅱ·Ⅲ권으로 출간된다. 레닌의 「맑스주의의 세 원천과 세 구성요소」란 글은 선집 제1권에 실려 있으며, 1913년 『계몽(Die Aufklärung)』이란 잡지에 발표한 논설문으로, 맑스 사망 30주년을 맞이하여 그에 대한 추도사로 쓴 글이었다.

254 참조, W.I.Lenin, Drei Quellen und drei Bestandteile des Marxismus, in: 『레닌 선집(W.I.Lenin, Ausgewählte Werke)』, Bd.I(Berlin: Dietz Verlag, 1961), 78~82쪽.

255 Heinrich Heine, *Gedichte*, Auswahl u. Nachwort von G.Schlocker (Stuttgart: Reclam, 1965), 150~151쪽.

1797년 독일 뒤셀도르프(Düsseldorf)에서 태어난 시인 하인리히 하이네는 1843년 12월 파리에서 맑스를 만나게 되며 곧 깊은 우정을 나눈다. 그리고 1856년 귀향하지 못한 채 파리에서 타계한다. 하이네의 '슐레지엔의 방직공들(Die schlesischen Weber)'이란 이 시는 "1844년 몹시 곤궁한 처지에서 일하던 슐레지엔의 방직공들이 들고 일어선 봉기(Aufstand der schwerbedrängten schlesischen Weber im Jahre 1844)"에 대해 노래한 것이라고 그 각주에서 언급하고 있으며, 독일 노동자들의 부르주아에 대한, 그리고 국가에 대한 최초의 유혈투쟁으로 그 이후 노동자들의 봉기와 파업을 이끄는 결정적인 계기가 되었던 상징적인 사건이었다. 그리고 이 봉기를 전후로 사회변혁의 열쇄가 사랑과 인간성에 있다는 독일의 '진정' 사회주의가 등장하게 된 것이다. 슐레지엔(Schlesien)은 독일과 폴란드의 국경 지역을 흐르고 있는 오데르(Oder)강 중류, 그리고 그 상류 일대에 위치한 지방을 말하며, 제2차 세계대전 이후 오늘날은 그 대부분이 폴란드 관할에 속해 있다. 하이네 시의 원문은 다음과 같다.

Die schlesischen Weber

Im düstern Auge keine Träne,/Sie sitzen am Webstuhl und fletschen die Zähne:/„Deutschland, wir weben dein Leichentuch,/Wir weben hinein den dreifachen Fluch—/Wir weben, wir weben!//Ein Fluch dem Gotte, zu dem wir gebeten/In Winterskälte und Hungersnöten;/Wir haben vergebens gehofft und geharrt,/Er hat uns geäfft und gefoppt und genarrt—/Wir weben, wir weben!//Ein Fluch dem König, dem König der Reichen,/Den unser Elend nicht konnte erweichen,/Der den letzten Groschen von uns erpreßt,/Und uns wie Hunde erschießen läßt—/Wir weben, wir weben!//Ein Fluch dem falschen

Vaterlande,/Wo nur gedeihen Schmach und Schande,/Wo jede Blume früh geknickt,/Wo Fäulnis und Moder den Wurm erquickt—/Wir weben, wir weben!//Das Schiffchen fliegt, der Webstuhl kracht,/Wir weben emsig Tag und Nacht—/Altdeutschland, wir weben dein Leichentuch,/Wir weben hinei den dreifachen Fluch,/Wir weben, wir weben!"

부록 1

「포이어바하에 관한 테제들(Thesen über Feuerbach)」의 맑스 수고본과 엥겔스 수정본 원문

앞에서도 잠깐 언급했었던 것처럼 맑스의 「포이어바하에 관한 테제들」의 초고가 1845년 봄에 브뤼셀에서 썼던 것을 엥겔스가 1888년 그의 『루트비히 포이어바하와 독일 고전철학의 종말』을 출간하면서 그 부록으로 약간 수정하여 「포이어바하에 관한 테제들」도 함께 출간함으로써 세상에 알려지게 되었다. 그러니까 맑스의 수고본과 엥겔스의 수정본 사이에는 44·5년의 시차가 있을 것이며, 따라서 엥겔스의 수정본은 맑스의 수고본에 대해 그와 같은 시대적인 변화를 어느만큼 반영하여 수정하게 되었다는 것을 고려할 수 있을 것이다. 그러나 물론 대폭적인 수정은 없으며, 몇몇 테제에 대한 약간의 수정이 맑스의 철학사상에 대한 엥겔스의 회의를 표현하고 있는 것도 아니란 것을 참고할 필요가 있지 않을까 싶다. 아래 맑스의 수고본 원문과 엥겔스의 수정본을 비교할 수 있도록 MEW 제3권에서 옮겨 적는다. 물론 MEW 제3권에 「포이어바하에 관한 테제들」의 맑스의 수고본(5～7쪽)과 엥겔스의 수정본(533～535쪽)이 함께 실려 있다.

제1테제

맑스의 수고본:

Der Hauptmangel alles bisherigen Materialismus(den Feuerbachschen mit eingerechnet) ist, daß der Gegenstand, die Wirklichkeit, Sinnlichkeit nur unter der Form des *Objekts oder der Anschauung* gefaßt wird; nicht aber als *sinnlich menschliche Tätigkeit, Praxis*; nicht subjektiv. Daher die *tätige* Seite abstrakt im Gegensatz zu dem Materialismus von dem Idealismus – der natürlich die wirkliche, sinnliche Tätigkeit als solche nicht kennt – entwickelt. Feuerbach will sinnliche – von den Gedankenobjekten wirklich unterschiedne Objekte: aber er faßt die menschliche Tätigkeit selbst nicht als *gegenständliche* Tätigkeit. Er betrachtet daher im „Wesen des Christenthums" nur das theoretische Verhalten als das echt menschliche, während die Praxis nur in ihrer schmuzig jüdischen Erscheinungsform gefaßt und fixiert wird. Er begreift daher nicht die Bedeutung der „revolutionären", der „praktisch-kritischen" Tätigkeit.

엥겔스의 수정본:

Der Hauptmangel alles bisherigen Materialismus – den Feuerbachschen mit eingerechnet – ist, daß der Gegenstand, die Wirklichkeit, Sinnlichkeit, nur unter der Form des *Objekts* oder der *Anschauung* gefaßt wird; nicht aber als *menschliche sinnliche Tätigkeit, Praxis*, nicht subjektiv. Daher geschah es, daß die *tätige* Seite, im Gegensatz zum Materialismus, vom Idealismus entwickelt wurde – aber nur abstrakt, da der Idealismus natürlich die wirkliche, sinnliche Tätigkeit als solche nicht kennt. Feuerbach will sinnliche, von den Gedankenobjekten wirklich unterschiedene Objekte; aber er faßt die menschliche Tätigkeit selbst nicht als *gegenständliche* Tätigkeit. Er betrachtet daher im „Wesen des Christenthums" nur das theoretische Verhalten als das echt menschliche, während die Praxis nur in ihrer schmuzig-jüdischen Erscheinungsform gefaßt und fixiert wird. Er begreift daher nicht die Bedeutung der „revolutionären", der „praktisch-kritischen" Tätigkeit.

제2테제

맑스의 수고본:

Die Frage, ob dem menschlichen Denken gegenständliche Wahrheit zukomme - ist keine Frage der Theorie, sondern eine *praktische* Frage. In der Praxis muß der Mensch die Wahrheit, i.e. Wirklichkeit und Macht, Diesseitigkeit seines Denkens beweisen. Der Streit über die Wirklichkeit oder Nichtwirklichkeit des Denkens - das von der Praxis isoliert ist - ist eine rein *scholastische* Frage.

엥겔스의 수정본:

Die Frage, ob dem menschlichen Denken gegenständliche Wahrheit zukomme, ist keine Frage der Theorie, sondern eine *praktische* Frage. In der Praxis muß der Mensch die Wahrheit, das heißt die Wirklichkeit und Macht, die Diesseitigkeit seines Denkens beweisen. Der Streit über die Wirklichkeit oder Nichtwirklichkeit eines Denkens, das sich von der Praxis isoliert, ist eine rein *scholastische* Frage.

제3테제

맑스의 수고본:

Die materialistische Lehre von der Veränderung der Umstände und der Erziehung vergißt, daß die Umstände von den Menschen verändert und der Erzieher selbst erzogen werden muß. Sie muß daher die Gesellschaft in zwei Teile - von denen der eine über ihr erhaben ist - sondieren.

Das Zusammenfallen des Ändern[s] der Umstände und der menschlichen Tätigkeit oder Selbstveränderung kann nur als *revolutionäre Praxis* gefaßt und rationell verstanden werden.

엥겔스의 수정본:

Die materialistische Lehre, daß die Menschen Produkte der Umstände und der Erziehung, veränderte Menschen also Produkte anderer Umstände und geänderter Erziehung sind, vergißt, daß die Umstände eben von den Menschen verändert werden und daß der Erzieher selbst erzogen werden muß. Sie kommt daher mit Notwendigkeit dahin, die Gesellschaft in zwei Teile zu sondern, von denen der eine über der Gesellschaft erhaben ist.(Z.B. bei Robert Owen.)

Das Zusammenfallen des Änderns der Umstände und der menschlichen Tätigkeit kann nur als *umwälzende Praxis* gefaßt und rationell verstanden werden.

제4테제

맑스의 수고본:

Feuerbach geht von dem Faktum der religiösen Selbstentfremdung, der Verdopplung der Welt in eine religiöse und eine weltliche aus. Seine Arbeit besteht darin, die religiöse Welt in ihre weltliche Grundlage aufzulösen. Aber daß die weltliche Grundlage sich von sich selbst abhebt und sich ein selbständiges Reich in den Wolken fixiert, ist nur aus der Selbstzerrissenheit und Sichselbstwidersprechen dieser weltlichen Grundlage zu erklären. Diese selbst muß also in sich selbst sowohl in ihrem Widerspruch verstanden als praktisch revolutioniert werden. Also nachdem z.B. die irdische Familie als das Geheimnis der heiligen Familie entdeckt ist, muß nun erstere selbst theoretisch und praktisch vernichtet werden.

엥겔스의 수정본:

Feuerbach geht aus von dem Faktum der religiösen Selbstentfremdung, der Verdopplung der Welt in eine religiöse, vorgestellte und eine wirkliche Welt. Seine Arbeit besteht darin, die religiöse Welt in ihre weltliche Grundlage aufzulösen. Er übersieht, daß nach Vollbringung dieser Arbeit die Hauptsache noch zu tun bleibt. Die Tatsache nämlich, daß die weltliche Grundlage sich von sich selbst abhebt und sich, ein selbständiges Reich, in den Wolken fixiert, ist eben nur aus der Selbstzerrissenheit und Sichselbst-Widersprechen dieser weltlichen Grundlage zu erklären. Diese selbst muß also erstens in ihrem Widerspruch verstanden und sodann durch Beseitigung des Widerspruchs praktisch revolutioniert werden. Also z.B., nachdem die irdische Familie als das Geheimnis der heiligen Familie entdeckt ist, muß nun erstere selbst theoretisch kritisiert und praktisch umgewälzt werden.

제5테제

맑스의 수고본:

Feuerbach, mit dem *abstrakten Denken* nicht zufrieden, will die *Anschauung*; aber er faßt die Sinnlichkeit nicht als *praktische* menschlich-sinnliche Tätigkeit.

엥겔스의 수정본:

Feuerbach, mit dem *abstrakten Denken* nicht zufrieden, appelliert an die *sinnliche Anschauung*; aber er faßt die Sinnlichkeit nicht als *praktische* menschlich-sinnliche Tätigkeit.

제6테제

맑스의 수고본:

Feuerbach löst das religiöse Wesen in das *menschliche* Wesen auf. Aber das menschliche Wesen ist kein dem einzelnen Individuum inwohnendes Abstraktum. In seiner Wirklichkeit ist es das ensemble der gesellschaftlichen Verhältnisse.

Feuerbach, der auf die Kritik dieses wirklichen Wesens nicht eingeht, ist daher gezwungen:

1. von dem geschichtlichen Verlauf zu abstrahieren und das religiöse Gemüt für sich zu fixieren, und ein abstrakt *-isoliert-* menschliches Individuum vorauszusetzen.

2. Das Wesen kann daher nur als „Gattung", als innere, stumme, die vielen Individuen *natürlich* verbindende Allgemeinheit gefaßt werden.

엥겔스의 수정본:

Feuerbach löst das religiöse Wesen in das *menschliche* Wesen auf. Aber das menschliche Wesen ist kein dem einzelnen Individuum innewohnendes Abstraktum. In seiner Wirklichkeit ist es das Ensemble der gesellschaftlichen Verhältnisse.

Feuerbach, der auf die Kritik dieses wirklichen Wesens nicht eingeht, ist daher gezwungen:

1. von dem geschichtlichen Verlauf zu abstrahieren und das religiöse Gemüt für sich zu fixieren und ein abstrakt *-isoliert-* menschliches Individuum vorauszusetzen;

2. kann bei ihm daher das menschliche Wesen nur als „*Gattung*", als innere, stumme, die vielen Individuen bloß *natürlich* verbindende Allgemeinheit gefaßt werden.

제7테제

맑스의 수고본:

Feuerbach sieht daher nicht, daß das „religiöse Gemüt" selbst ein gesellschaftliches Produkt ist und daß das abstrakte Individuum, das er analysiert, einer bestimmten Gesellschaftsform angehört.

엥겔스의 수정본:

Feuerbach sieht daher nicht, daß das „religiöse Gemüt" selbst ein *gesellschaftliches Produkt* ist und daß das abstrakte Individuum, das er analysiert, in Wirklichkeit einer bestimmten Gesellschaftsform angehört.

제8테제

맑스의 수고본:

Alles gesellschafliche Leben ist wesentlich *praktisch.* Alle Mysterien, welche die Theorie zum Mystizism[us] veranlassen, finden ihre rationelle Lösung in der menschlichen Praxis und in dem Begreifen dieser Praxis.

엥겔스의 수정본:

Das gesellschafliche Leben ist wesentlich *praktisch.* Alle Mysterien, welche die Theorie zum Mystizismus verleiten, finden ihre rationelle Lösung in der menschlichen Praxis und im Begreifen dieser Praxis.

제9테제

맑스의 수고본:

Das Höchste, wozu der anschauende Materialismus kommt, d.h. der Materialismus, der die Sinnlichkeit nicht als praktische Tätigkeit begreift, ist die Anschauung der einzelnen Individuen und der bürgerlichen Gesellschaft.

엥겔스의 수정본:

Das Höchste, wozu der *anschauende* Materialismus es bringt, d.h. der Materialismus, der die Sinnlichkeit nicht als praktische Tätigkeit begreift, ist die Anschauung der einzelnen Individuuen in der „bürgerlichen Gesellschaft".

제10테제

맑스의 수고본:

Der Standpunkt des alten Materialismus ist die bürgerliche Gesellschaft, der Standpunkt des neuen die menschliche Gesellschaft oder die gesellschaftliche Menschheit.

엥겔스의 수정본:

Der Standpunkt des alten Materialismus ist die „*bürgerliche*" Gesellschaft; der Standpunkt des neuen, die *menschliche* Gesellschaft, oder die vergesellschaftete Menschheit.

제11테제

맑스의 수고본:

Die Philosophen haben die Welt nur verschieden *interpretiert*, es kömmt drauf an, sie zu *verändern*.

엥겔스의 수정본:

Die Philosophen haben die Welt nur verschieden *interpretiert*; es kommt aber darauf an, sie zu *verändern*.

부록 2

칼 맑스와 프리드리히 엥겔스의 1848년 3월까지의 생애 및 활동 연보

부록 2.1.

칼 맑스. 그의 생애 및 활동 연보(1818년부터 1844년 8월까지) / 프리드리히 엥겔스. 그의 생애 및 활동 연보(1820년부터 1844년 8월까지)

MEW 제1권과 제2권, 그리고 제4권에는 맑스와 엥겔스의 출생 이후 1848년 3월까지의 생애 및 활동 연보가 부록으로 실려 있다. 즉, MEW 제1권에는 맑스의 1842년부터 1844년까지의 저술들이, 그리고 엥겔스의 1839년부터 1844년까지의 저술들이 실려 있으며, 따라서 부록으로 실려 있는 그들의 생애 및 활동 연보는 출생부터 1844년 8월까지 맑스의 연보와 엥겔스의 연보가 따로 실려 있다. MEW 제2권은 맑스와 엥겔스의 1844년 9월부터 1846년 2월까지의 저술들을 싣고 있으며, 그들의 생애 및 활동 연보도 1844년 8월부터 1846년 4월까지 함께 실려 있다. 그러나 MEW 제3권은 생애 및 활동 연보가 따로 실려 있지 않고 다만 「포이어바하에 관한 테제들」의 맑스 원본과 엥겔스의 수정본이 실려 있으며, 또한 맑스와 엥겔스의 공동저작인 『독일 이데올로기』와 기타 맑스와 엥겔스의 포이어바하와 관련된 짤막한 글들이 실려 있을 뿐이다. 즉, 연보는 실려 있지 않다. MEW 제4권에는 제2권에 이어 다시 맑스와 엥겔스의 1846년 5월부터 1848년 3월까지의 생애 및 활동 연보가 함께 실려 있다. MEW 제4권에는 맑스의 주요저작인 『철학의 빈곤. 프루동의 „빈곤의 철학"에 대한 응답(*Das Elend der Philosophie. Antwort auf Proudhons „Philosophie des Elends"*)』과 엥겔스와의 공동저작인 『공산당 선언(*Manifest der Kommunistischen Partei*)』 등이 실려 있는 것이다. 따라서 맑스의 「포이어바하에 관한 테제들」에 대한 수고가 쓰이게 된 전후시기의 연보라고 할 수 있으며, 여기 그것을 순서에 따라 번역하여 옮겨 싣는다.

Karl Marx · Friedrich Engels, *Karl Marx(1842～1844) · Friedrich Engels (1839～1844)*, in: MEW, Bd.1(Berlin: Dietz Verlag, 1976), 'Anhang und Register: Karl Marx – Daten seines Lebens und seiner Tätigkeit(1818 bis August 1844)', 626～630쪽/ Friedrich Engels – Daten seines Lebens und seiner Tätigkeit(1820 bis August 1844)', 631～634쪽.

칼 맑스
그의 생애 및 활동 연보
(1818년부터 1844년 8월까지)

1818년

5월 5일: 칼 맑스는 트리어(Trier)의 브뤼켄가쎄(Brückengasse) 664(오늘날 브뤼켄슈트라쎄 <Brückenstraße> 91)에서 법률고문인 하인리히 맑스(Heinrich Marx)와 그의 부인인 프레쓰부르크(Preßburg<Presborck>) 출신의 헨리에테(Henriette) 사이에 아들로 태어난다.

1830년

10월: 트리어 프리드리히 빌헬름 김나지움(das Trierer Friedrich-Wilhelm-Gymnasium)에 입학.

1835년

9월 24일: 맑스는 트리어 김나지움을 졸업하며, 9월 24일 졸업증서(Reifezeugnis)를 획득한다.

10월 15일: 본(Bonn)대학 법학과에서 법학을 공부하기 시작한다.

1836년

10월 중순: 맑스는 베를린(Berlin)으로 이주하며, 10월 22일 베를린대학 법학부에 등록한다.

1836년 말부터 1838년까지: 법학부에서 공부하는 이외에 철학, 역사, 예술사를 청강한다. 또한 고대 작가들의 작품들을 독일어로 번역하며, 영어와 이탈리아어를 공부한다.

1837년

4월 - 8월: 헤겔철학을 열정적으로 공부하며, 청년헤겔학파(Junghegelianer)의 브루노 바우어(Bruno Bauer), 프리드리히 쾨펜(Friedrich Koeppen) 등등과 친교를 맺는다.

11월 10일: 맑스는 아버지에게 베를린에서의 생활과 공부에 대해 상세히 편지를 써 보낸다.

1839년

1839년 초부터 1841년 3월까지: 맑스는 그리스 철학을 연구하며, 주로 유물론 철학자인 에피쿠로스(Epikur)의 자연철학적 관점에 대한 연구에 몰두한다. 맑스는 박사학위 논문으로 「데모크리토스와 에피쿠로스의 자연철학의 차이(Differenz der demokritischen und epikureischen Naturphilosophie)」를 쓴다.

1841년

3월 30일: 맑스는 베를린대학에서 공부를 마친다.

4월 6일: 맑스는 박사학위 논문 「데모크리토스와 에피쿠로스의 자연철학의 차이」를 예나(Jena)대학의 철학과 학과장인 바하만(Bachmann) 교수에게 보낸다.

4월 15일: 맑스는 예나대학 철학과를 통해 박사학위(Doktordiplom)를 취득한다.

4월 중순: 맑스는 7월 초순까지 베를린에서 프랑크푸르트(Frankfurt a.M.)를 경유, 그리고 트리어에 이르는 여행을 한다.

7월 초순: 맑스는 본대학에서 교수직을 얻기 위해 본으로 이주한다.

7월 경: 맑스는 루트비히 포이어바하(Ludwig Feuerbach)의 저서 『기독교의 본질(*Das Wesen des Christentums*)』을 연구한다.

가을: 일련의 진보적인 학자들이 대학의 강의로부터 제외되는 것을 보게 된 맑스는 대학의 교수직에 대한 미련을 접는다. 신문은 이제 맑스의 혁명적이고 민주적인 관점의 전도를 위한 연단으로 된다.

1842년

1월 15일과 2월 10일 사이: 맑스는 청년헤겔학파의 잡지 『독일 연보(Deutsche Jahrbücher)』에 발표하기 위해 「최근 프로이센의 검열지령에 대한 논평(Bemerkungen über die neuesten preußische Zensurinstruktion)」이란 논설문을 쓴다. 그러나 이 논설은 검열의 까다로움 때문에 『독일 연보』에 발표되지 못한다. 이 논설문은 1843년 2월 중순,

스위스에서 출간된 『최근의 독일철학과 시사평론에 대한 일화(*Anekdota zur neuesten deutschen Philosophie und Publicistik*)』 제1권에 비로소 발표된다.

1월 말: 맑스는 「슈트라우쓰와 포이어바하의 중재 재판관으로서 루터(Luther als Schiedsrichter zwischen Strauß und Feuerbach)」란 논설을 쓴다. 그리고 이 논설문은 1843년 위에서 말한 『일화(*Anekdota*)』의 제2권에 발표된다.

4월: 맑스는 라인 지방의 적대적 부르주아지에 대한 신문인 『라인 신문(Rheinische Zeitug)』에 참여하여 일하기 시작한다. 그는 이 신문을 위해 1841년 여름에 있었던 라인 지방의 제6회 주 의회(Landtag)의 의사록에 대하여 그에 의해 계획된 5개의 논문 중 최초의 논문 「언론의 자유와 주 대표의 의사록 공개에 대한 논쟁(Debatten über Preßfreiheit und Publikation der landständischen Verhandlungen)」을 쓴다. 그리고 이 논설문은 1842년 5월 『라인 신문』에 「라인 지방 주민들에 관하여(Vom einem Rheinländer)」라고 표기된 논설문에 6개의 속편으로 이어지며 발표되었다.

6월: 맑스는 『라인 신문』을 위해 제6회 라인 지방 주 의회의 의사록에 대한 두 번째 논설문을 쓴다. 이 논설은 프로이센 정부와 가톨릭교회와의 갈등을 조명한 글이며, 그러나 검열 때문에 인쇄되지 못했다.

6월 29일과 7월 3일 사이: 맑스는 『라인 신문』에 7월 10일, 12일, 14일에 연속해서 「'쾰른 신문' 제179호의 주도적인 논설(Der leitende Artikel in Nr.179 der 'Kölnische Zeitung')」이라는 논문을 쓴다.

8월 9일: 맑스는 「역사적 법률학파의 철학적 선언(Das philosophische Manifest der historischen Rechtsschule)」이란 논설을 『라인 신문』의 부록(Beiblatt)으로 발표하며, 검열에서 허여되지 못한 「결혼에 관한 장(Kapitel von der Ehe)」에서 제외되면서 예외로 발표할 수 있게 된다.

10월 전반기: 맑스는 쾰른(Köln)으로 이주하며, 10월 15일부터 『라인 신문』의 편집장(Chefredakteur)이 된다. 신문은 그의 지도 아래 보다 더 엄격한 혁명적 민주주의의 방향을 견지한다.

10월 15일: 맑스는 「공산주의와 아우크스부르크의 '알게마이네 차이퉁'(Der Kommunismus und die Augsburger 'Allgemeine Zeitung')」이란 논설문을 쓰며, 『라인 신문』 10월 16일 자에 발표한다.

10월: 맑스는 제6회 라인 지방 주 의회의 의사록에 대한 세 번째 논문으로 「산림 도벌법에 대한 논쟁(Debatten über das Holzdiebstahlsgesetz)」을 쓴다. 맑스가 최초로 경제적 문제에 관심을 갖게 된 이 논문은 『라인 신문』에 10월 25일부터 11월 3일까지 5회에 걸쳐 발표된다.

1842년 10월부터 1843년 초까지: 맑스는 프랑스의 공상적 사회주의자인 샤를르 푸리에(Charles Fourier), 에티엔느 카베(Étienne Cabet), 테오도르 데자미(Théodore Dézamy), 피에르 르루(Pierre Leroux), 빅토르 콩시데랑(Victor Considérant) 및 피에르 조세프 프루동(Pierre-Joseph Proudhon)의 저술들에 대해 연구한다.

1842년 11월 후반기: 맑스는, 영국으로 여행하던 중 쾰른의 『라인 신문』 편집국을 방문한 엥겔스를 최초로 만나게 된다.

11월 말: 맑스는 베를린의 청년헤겔학파들(Junghegelianer), 소위 자유로운 자들, 즉 『라인 신문』을 생활과 정치적 투쟁으로부터 무관심한 기구로 전환시키려하는 자들, 그리고 그들의 철학적이고 관념론적인 관점을 선전하고자 하는 기구로 전환시키려는 자들과 결별한다.

12월 18일: 맑스는 「이혼법 초안(Der Ehescheidungsgesetzentwurf)」이란 논설을 쓰며, 『라인 신문』 12월 19일자에 발표한다.

1842년 12월 31일부터 1843년 1월 15일까지: 맑스는 『라이프치히의 알게마이네 차이퉁(Leipziger Allgemeine Zeitung)』의 금지령을 계기로 일련의 논설을 쓰며, 1843년 1월 1일부터 16일까지 『라인 신문』에 발표된다.

1843년

1월 1일과 20일 사이: 맑스는 「모젤 지방의 통신원들에 대한 변론(Rechtfertigung des Korrespondenten von der Mosel)」이란 연속적인 논설을 쓴다. 이와 관련하여 그는 모젤 지방의 포도농장 농부들의 처지를 다루고 있는 자료와 문서들을 연구한다. 그리고 이 논설문들은 『라인 신문』에 1월 15일부터 20일까지 발표된다.

1월 19일: 프로이센 정부는 4월 1일자로 『라인 신문』의 폐간을 결정한다. 그리고 이 잔여기간 동안 특별히 엄격한 금지령이 거기에 적용된다.

2월 10일: 맑스의 연속적인 논설 「모젤 지방의 통신원들에 대한 변론」이 금지령으로 인쇄가 허락되지 않는다.

2월 12일: 맑스는 『라인 신문』 주주들의 비상 총회에 참석한다. 그는 그들의 의도에, 즉 예리한 적대적 방향의 포기를 통해 퇴행적으로 신문의 폐간을 수용하려고 하는 그들의 의도에 단호히 저항한다. 그에 의해 제기된 「정부 칙령의 고발에 대한 비판(die Randglossen zu den Anklagen des Ministerialreskripts)」이 정부에 보내는 주주들의 각서에 수용되지만, 그러나 맑스는 많은 주주들의 오락가락하는 기회주의적 태도 때문에 폐간 이전에 편집실의 포기를 결단한다.

3월 17일: 맑스는 『라인 신문』 편집실을 물러나 떠난다. 탈퇴 선언이 3월 18일자 『라인 신문』에 발표된다.

3월 말: 네덜란드 여행.

3월부터 9월까지: 맑스는 아르놀트 루게(Arnold Ruge)와 함께 외국에서 잡지 『독불 연보(Deutsch-Französische Jahrbücher)』를 발행하고자 교제하게 되며, 같이 일하는 동료로서 독일과 프랑스의 민주주의를 이끄는 대변인이 되기를 바란다. 맑스는 9월 루게에게 보낸 편지에서 잡지의 과제를 공식화한다.

여름: 맑스는 크로이츠나하(Kreuznach)에서 『헤겔 법철학 비판에 대하여(*Zur Kritik der Hegelschen Rechtsphilosophie*)』란 저작을 쓴다.

6월 19일: 제니 폰 베스트팔렌(Jenny von Westphalen)과 결혼한다.

10월 3일: 맑스는 루트비히 포이어바하에게 보낸 한 편지에서 『독불 연보』에서 함께 일할 것을 제안한다.

10월 말: 맑스는 『독불 연보』를 발간하기 위하여 파리로 이주한다.

1843년 가을부터 1844년 1월까지: 맑스는 『독불 연보』를 위하여 두 개의 논문, 즉 「유대인 문제에 대하여(Zur Judenfrage)」와 「헤겔 법철학 비판에 대하여. 서론(Zur Kritik der Hegelschen Rechtsphilosophie. Einleitung)」을 쓴다. 이들 논문은 맑스의 관념론에서 유물론으로, 그리고 혁명적 민주주의에서 공산주의로 나아가는 최종적인 특징을 갖는 글이다.

1843년 11월부터 1845년 1월까지: 맑스는 파리에서 프랑스의 민주주의자들 및 사회주의자들과 결합하며, 의인동맹(der Bund der Gerechten)의 지도자들, 그리고 대부분의 프랑스 비밀 노동자협회를 이끌고 있는 지도자들과도 결속을 다진다. 또한 그는 자주 열리는 독일과 프랑스의 노동자들과 수공업자들의 회합에도 참석한다.

12월 말: 맑스는 하인리히 하이네(Heinrich Heine)를 알게 되고, 그와 곧 깊은 우정을 나누면서 결합된다.

1843년 말부터 1844년 3월까지: 맑스는 18세기 말의 프랑스 부르주아혁명의 역사를 깊이 연구하며, 의회의 역사를 쓰려는 의도 때문이다. 같은 시기에 맑스는 정치경제학에 대한 체계적인 연구를 시작하며, 애덤 스미스(Adam Smith), 장 밥티스트 세이(Jean-Baptiste Say), 프리데릭 샤르벡(Fryderyk Sharbek), 그리고 다른 경제학자들의 저작들을 읽으며 초고를 작성한다.

1844년

1월 말: 맑스는 맨체스터(Manchester)에 있는 엥겔스로부터 『독불 연보』를 위해 두 개의 논문, 즉 「국민경제학 비판 개요(Umrisse zu einer Kritik der Nationalökonomie)」와 「영국의 상황. 토마스 칼라일에 있어 '과거와 현재'(Die Lage Englands. 'Past and Present' by Thomas Carlyle)」라는 논문을 받는다.

2월 말: 파리에서 칼 맑스와 아르놀트 루게에 의하여 2분책의 제1호 『독불 연보』가 발행된다. 그리고 이 잡지에는 맑스의 논문 「유대인 문제에 대하여(Zur Judenfrage)」와 「헤겔 법철학 비판에 대하여. 서론(Zur Kritik der Hegelschen Rechtsphilosophie. Einleitung)」이 실려 있으며, 또한 루게에게 보낸 그의 편지도 실려 출판된다.
엥겔스의 논문 「국민경제학 비판 개요(Umrisse zu einer Kritik der Nationalökonomie)」가 『독불 연보』에 실려 발행된 것과 관련하여 맑스와 엥겔스는 서신을 교환한다.

3월 23일: 맑스는 러시아의 정치가인 미하일 알렉산드로비치 바쿠닌(Michail Alexandrowitch Bakunin), 바실리 페트로비치 보트킨(Wassili Petrowitsch Botkin), 그리고 그리고리 미하일로비치 톨스토이(Grigori Michailowitsch Tolstoi)와 회합하게 되며, 또한 프랑스의 민주주의자이자 사회주의자인 피에르 르루(Pierre Leroux), 루이 블랑(Louis Blanc) 등등과도 회합을 갖는다. 이러한 만남을 통해 일련의 이론적이고도 정치적인 문제에 대한 의견 교환이 이루어진다.

3월 26일: 맑스는 부르주아적 급진주의자 아르놀트 루게와 헤어지게 되며, 맑스가 『독불 연보』에 부여했던 공산주의적 방향에 대한 루게의 부정적 입장 때문이다. 루게와의 결별 때문에, 그리고 더욱 불안한 물질적 상태 때문에, 또한 독일에서 잡지의 보급이 어려움을 겪으면서 잡지 출판도 중지되고 만다.

4월 16일: 『독불 연보』에 발표된 맑스의 논문들과 관련하여 프로이센 정부는 그에게 "대역죄와 불경죄(der Hochverrat und die Majestätsbeleidigung)"를 덮어씌우며, 그가 프로이센 국경선을 넘어 떠나가면 체포영장을 취소하겠다고 한다.

4월부터 8월까지: 맑스는 부르주아적 경제학자들의 저서를 계속 연구하며, 그리고 그의 『경제학-철학 수고(*Ökonomisch-philosophischen Manuskripte*)』를 위한 부르주아적 정치경제학 비판에 대한 최초의 초안을 작성한다.

7월 어느 시기: 맑스는 피에르 조세프 프루동(Pierre-Joseph Proudhon)과 만나 안면을 튼다.

7월 31일: 맑스는 「'프로이센 국왕과 사회개혁. 어느 프로이센인에 대하여'라는 논설에 대한 비판적 주석(Kritische Randglossen zu dem Artikel 'Der König von Preußen und die Sozialreform. Von einem Preußen')」이라는 제목으로 루게에 반대하는 논설을 쓴다. 이 논설문은 1844년 8월 7일과 10일에 파리의 『전진!(Vorwärts)』에 발표된다. 이때부터 『전진!』에서 맑스가 함께 일하게 된다는 것과, 그리고 이 신문의 편집에 그가 참여한다는 날자가 적혀 있다.

8월 28일경: 맑스는, 영국에서 독일로 돌아오는 길에 파리에서 며칠을 머무르게 된 엥겔스와 만나게 된다.

프리드리히 엥겔스
그의 생애 및 활동 연보
(1820년부터 1844년 8월까지)

1820년

11월 28일: 프리드리히 엥겔스는 바르멘(Barmen)에서 태어난다.

1834년

10월 20일: 이때까지 바르멘의 시립학교(die Städtische Schule)에 다녔던 엥겔스는 엘버펠트(Elberfeld)로 가 김나지움에 들어간다.

1837년

9월 15일: 엥겔스는 마지막 학기를 마치기 전 아버지의 강요로 김나지움을 떠나며, 바르멘에 있는 아버지의 무역회사에서 점원으로 일한다.

1838년 – 1841년

1838년 7월 중순부터 1841년 3월 후반기까지: 엥겔스는 한 커다란 상관에서 상인 교육을 받기 위해 브레멘(Bremen)으로 떠난다. 시간이 자유로울 때는 문학에 열중했으며, 특히 청년독일파(das Junge Deutschland)의 작가들에 큰 관심을 갖게 된다. 그는 『독일의 전보(Telegraph für Deutschland)』에 발표된 「부퍼탈에서 온 편지(Briefe aus dem Wuppertal)」란 글을 쓴다. 그의 비평과 단평은 문예 비평적인 잡지들에서 인정을 받는다. 그 이외에 엥겔스는 헤겔철학에 열정적으로 대달리기도 하며, 종교 비판적인 작품, 특히 그 중에서도 청년헤겔학파인 다비드 슈트라우쓰(David Strauß)의 『예수의 생애(*Das Leben Jesu*)』를 읽게 된다. 이 시기 엥겔스의 혁명적이고 민주적인 시각이 형성된다.

1841년

3월 말: 엥겔스는 브레멘을 떠나 바르멘으로 돌아온다.

1841년 9월 후반기부터 1842년 8월 15일까지: 엥겔스는 포병대에서 1년간 지원자로 병역 봉사 의무를 마치기 위하여 베를린으로 간다. 그는 자유로운 시간에는 대학에서 강의를 듣는다. 베를린의 청년헤겔학파 동아리, 즉 브루노 바우어(Bruno Bauer)와 에드가 바우어(Edgar Bauer) 형제, 칼 프리드리히 쾨펜(Karl Friedrich Koeppen) 등등과 긴밀한 관계를 갖는다. 일련의 저술들, 즉 『셸링의 헤겔에 대하여(*Schelling über Hegel*)』, 『셸링과 계시(*Schelling und die Offenbarung*)』, 『그리스도 철학자 셸링(*Schelling, der Philosoph in Christo*)』에서 엥겔스는 셸링의 반동적 견해를 예리하게 비판한다.

1841년 후반기: 엥겔스는 루트비히 포이어바하의 저서 『기독교의 본질(*Das Wesen des Christentums*)』을 연구한다.

1842년

3월: 엥겔스는 『라인 신문』에서 함께 일하기 시작한다. 그 해 동안 그는 신문을 위한 일련의 기고문들을 쓴다.

6월 15일경: 엥겔스는 청년헤겔학파의 잡지 『독일 연보(Deutsche Jahrbücher)』에 「알렉산더 융, 독일 현대문학 강의(Alexander Jung, Vorlesungen über die moderne Literatur der Deutschen)」란 비판적 논문을 쓴다. 이 논문은 7월 7일, 8일, 9일에 실려 발표된다.

10월 10일경: 엥겔스의 병역 봉사 의무가 끝나고 베를린에서 바르멘으로 돌아온다.

10월경: 엥겔스는 「프로이센 국왕, 프리드리히 빌헬름 Ⅳ세(Friedrich Wilhelm Ⅳ., König von Preußen)」라는 논설을 쓴다. 이 논설은 1843년 스위스에서 간행된 『스위스에서의 21 인쇄물 전지들(*Einundzwanzig Bogen aus der Schweiz*)』이라는 저작모음집에 실려 발간된다.

11월 후반기: 엥겔스는 에르멘·엥겔스 방적공장(die Spinnerei von Ermen

& Engels)에서 상인 교육을 마치기 위하여 영국으로 간다. 엥겔스는 영국으로 가는 길에 쾰른의 『라인 신문』 편집실을 방문하며, 그곳에서 맑스를 최초로 만나게 된다.

11월 29일, 30일: 영국에 도착한 후 엥겔스는 「내적 위기에 대한 영국의 견해(Englische Ansichten über die innern Krisen)」와 「내적 위기(Die innern Krisen)」라는 논설문을 쓰게 되며, 그것을 『라인 신문』에 발송한다. 이 논설문들은 이 신문에 12월 8일, 9일, 10일에 실려 발표된다.

12월 19일, 20일, 22일: 엥겔스는 논설문들, 즉 「정치적 정당의 자세(Stellung der politischen Partei)」, 「영국의 노동계급의 상황(Lage der arbeitenden Klasse in England)」, 「곡물법 조례(Die Korngesetze)」를 쓰게 되며, 『라인 신문』 12월 24일, 25일, 27일에 발행된다.

1842년 12월에서 1844년 8월까지: 엥겔스는 영국에서 사회적이고 정치적인 관계들, 즉 영국 노동자들의 생활조건과 노동조건들에 대해 연구하며, 그들의 투쟁과 차티스트운동(Chartistenbewegung)을 알게 된다. 맨체스터의 공장과 노동자들 거주 지역을 방문하며, 노동자들의 대중회합과 집회에 참석한다.
엥겔스는 부르주아 경제학자들, 즉 애덤 스미스(Adam Smith), 데이비드 리카도(David Ricardo), 장 밥티스트 세이(Jean-Baptiste Say), 존 램지 맥컬로크(John Ramsay MacCulloch), 제임스 밀(James Mill) 등등의 저술들을 연구한다. 그는 클라우드 앙리 생시몽(Claude-Henri Saint-Simon), 샤를르 푸리에(Charles Fourier), 로버트 오언(Robert Owen), 프랑소아 뇔(그라쿠스) 바뵈프(François-Noël<Gracchus> Babeuf), 에티엔느 카베(Étienne Cabet), 빌헬름 바이틀링(Wilhelm Weitling)의 저서들과, 그리고 그 이외에 공상적 사회주의와 공상적 공산주의의 대변자들의 저서 및 피에르 조세프 프루동(Pierre-Joseph Proudhon)의 저서들을 깊이 연구한다.
영국에 머무르는 동안 엥겔스는 관념론에서 유물론으로, 그리고 혁명적 민주주의에서 공산주의에로의 이행을 완성한다.

1843년

5월 16일, 23일, 그리고 6월 9일, 27일: 잡지 『스위스의 공화주의자(Schweizerischer Republikaner)』에 엥겔스의 4통의 「런던에서 보낸 편지들(Briefe aus London)」이 발행된다.

5월경부터 6월까지: 엥겔스는 런던에 최초로 머무르면서 독일의 노동자 비밀조직인 "의인동맹(Bund der Gerechten)"의 지도자들, 즉 칼 샤퍼(Karl Schapper), 요세프 몰(Joseph Moll), 하인리히 바우어(Heinrich Bauer)와 결속한다.

가을: 엥겔스는 리즈(Leeds)에 있는 차티스트 신문(Chartisten-Zeitung)인 『북극성(The Northern Star)』의 편집국을 방문하며, 이곳에서 편집국 국원이자 차티스트운동의 혁명적 진영의 탁월한 지도자인 조지 줄리언 하니(George Julian Harney)를 알게 된다.

10월 23일, 11월 초순: 엥겔스는 영국 오언주의자들(Owenisten)의 기관지 『새로운 도덕세계(The New Moral World)』에서 함께 일하기 시작한다. 그는 이 신문을 위해 「대륙의 사회 개혁의 진보(Progress of Social Reform on the Continent[Der Fortschritt der sozialen Reform auf dem Kontinent])」라는 제목의 최초 논문을 쓰게 되며, 11월 4일과 18일에 발표된다. 이 논문은 몇 개를 압축하여 『북극성』의 11월 11일과 25일자에 다시 인쇄되어 발간된다.

12월경: 엥겔스는 혁명적 시인 게오르크 베에르트(Georg Weerth)를 알게 되고, 그와 친분관계를 갖는다.

1843년 말부터 1844년 1월까지: 엥겔스는 「국민경제학 비판 개요(Umrisse zu einer Kritik der Nationalökonomie)」라는 논문을 쓴다.

1844년

1월: 칼 맑스와 아르놀트 루게에 의해 파리에서 출간된 『독불 연보』를 위해 엥겔스는 논문 「영국의 상황. 토마스 칼라일에 있어 '과거와 현재', 런던 1843년(Die Lage Englands. 'Past and Present' by Thomas Carlyle, London 1843)」을 쓰게 된다.
엥겔스는 이 논문으로 영국의 상황에 대하여 계획했었던 연속적인 논설을 쓰기 시작한다.

2월 3일: 『새로운 도덕세계』에 엥겔스의 논설 「대륙의 운동(Continental Movements[Bewegungen auf dem Kontinent])」이 발행된다.

2월: 엥겔스는 논문 「영국의 상황. 18세기(Die Lage Englands. Das achzehnte Jahrhundert)」을 쓰게 되며, 『전진!』에 8월 31일부터 9월 11일까지 발표된다.

2월 말: 『독불 연보』에 엥겔스의 논문 「국민경제학 비판 개요」와 「영국의 상황. 토마스 칼라일에 있어 '과거와 현재'」가 발표된다.
엥겔스의 논문 「국민경제학 비판 개요」의 발행과 관련하여 맑스와 엥겔스는 서신을 교환한다.

3월: 엥겔스는 「영국의 상황. 영국 헌법(Die Lage Englands. Die englische Konstitution)」이란 논문을 쓰며, 이 논문은 『전진!』에 9월 18일부터 10월 19일까지 연속적으로 실려 발간된다.

4월부터 8월까지: 엥겔스는 영국의 경제학과 영국 노동자들의 생활조건 및 노동조건에 대한 연구를 계속한다. 그는 영국의 역사와 영국 노동계급의 상황에 대해 그 자신 계획하고 있던 작업을 위하여 자료를 수집한다.

8월 26일경: 엥겔스는 영국에서 독일로 돌아온다.

8월 28일경: 엥겔스는 파리에 도착하여 곧 맑스를 방문한다.

부록 2.2.

칼 맑스와 프리드리히 엥겔스. 그들 생애 및 활동 연보
(1844년 8월부터 1846년 4월까지)

Karl Marx·Friedrich Engels, *Karl Marx und Friedrich Engels(September 1844～Februar 1846)*, in: MEW, Bd.2(Berlin: Dietz Verlag, 1980), 'Anhang und Register: Karl Marx und Friedrich Engels – Daten aus ihrem Leben und ihrer Tätigkeit(August 1844 bis April 1846)', 690～694쪽.

칼 맑스와 프리드리히 엥겔스
그들 생애 및 활동 연보
(1844년 8월부터 1846년 4월까지)

1844년

8월 말부터 9월 초까지: 파리에서 칼 맑스와 프리드리히 엥겔스의 역사적인 만남. 그들의 창조적인 공동 작업, 곧 공동적인 학문 활동과 프롤레타리아계급의 사태에 대한 혁명적 투쟁이 시작된다.

그들은 "모든 이론적 분야에서 완전히 일치하게"(엥겔스) 되었다고 밝히고 있다. 과학적 사회주의의 창시자로서 그들은 원래 『브루노 바우어와 그 아류들에 대한 비판적 비판의 비판(*Kritik der kritischen Kritik gegen Bruno Bauer und Consorten*)』이라고 부르려고 했던 최초의 공동 작업을 시작하게 된다. 엥겔스는 파리에서 10일 동안 머무르면서 이 책자에서 7개의 조그만 장과 절을 서술한다.

맑스는 그 자신 편집에 적극적으로 참여했던 『전진!』의 동료로서 엥겔스와 함께 하게 된 것이다.

엥겔스는 프랑스의 노동운동과 마주하게 된다. 그는 사회주의자 및 공산주의자들의 모임에 참석하며, 또한 러시아의 정치가들, 곧 미하일 알렉산드로비치 바쿠닌(Michail Alexandrowitsch Bakunin)과 그리고고리 미하일로비치 톨스토이(Grigori Michailowitsch Tolstoi)와도 만난다.

8월 31일부터 10월 19일까지: 엥겔스는 1844년 2월과 3월에 영국에서 썼던 「영국의 상황. 18세기(Die Lage Englands. Das achzente Jahrhundert)」와 「영국의 상황. 영국 헌법(Die Lage Englands. Die englische Konstitution)」이라는 논설을 『전진!』에 발표하며, 그리고 그 무렵 『독불 연보』를 위한 글을 아울러 준비하고 있었다.

9월 6일경: 엥겔스는 파리에서 바르멘(Barmen)으로 여행한다.

9월부터 11월까지: 맑스는 파리에서 『비판적 비판의 비판(*Kritik der kritischen Kritik*)』에 대한 작업을 계속한다. 그는 엥겔스와 함께 처음에 구상했던 계획을 본질적으로 확대하며, 이 저술을 위해 경제학적·철학적인 수고들의 일부를 이용하게 되고, 그리고 18세기 말 프랑스 부르주아혁명의 역사에 대한 개관 및 기록들을 이용한다.

1844년 9월부터 1845년 1월까지: 맑스는 프랑스의 민주주의자들 및 사회주의자들과 결합을 유지하며, 파리의 의인동맹을 이끌고 있는 지도자들, 그리고 대부분의 프랑스 비밀 노동자협회의 지도자들과도 결속을 다진다. 또한 그는 독일과 프랑스의 노동자들과 수공업자들의 회합에도 자주 참석한다.

1844년 9월 후반기부터 1845년 3월까지: 엥겔스는 바르멘에서 그의 저작 『영국 노동계급의 상황(*Die Lage der arbeitenden Klasse in England*)』에 대해 집필한다.

엥겔스는 사회주의 선전활동에 적극적으로 참여하며, 라인 지역의 민주주의적이고 사회주의적인 운동을 조직화하는데 적극적으로 참여한다. 그는 바르멘, 엘버펠트(Elberfeld), 쾰른, 뒤셀도르프(Düsseldorf), 본의, 그리고 기타 다른 도시들의 사회주의자들과 연합하여 활동하며, 또한 그는 그들의 회합에 참석하여 공산주의의 이념을 선전하는데 나서게 되고, 사회주의적 저작들의 출간에도 관여하여 협력한다.

10월 初: 엥겔스는 맑스에게 독일에서의 사회주의 선전활동에 대해, 그리고 두 세권의 책으로 사회주의 운동을 위한 이론적 토대로서의 유물론적·공산주의적 원리를 해설해야 한다는 절박한 필연성에 대해 편지를 써 보낸다.

10월 18일 이후: 바이틀링은 런던에서 맑스에게 편지를 보내며, 그는 편지에서 맑스에게 서로 편지를 교환할 것을 간청한다.

엥겔스는 「근자에 발생한, 그리고 여전히 지속되고 있는 공산주의의 정착지에 대한 소묘(Beschreibung der in neuerer Zeit entstandenen und noch bestehenden kommunistischen Ansiedlungen)」의 저술 작업을 한다. 이 논문은 그 일부가 영국 신문에 발표된 것을 독일어로 번역한 것이다. 이 논문은 1844년 12월 『1845년 독일 시민명부(*Deutsches Bürgerbuch für 1845*)』에 익명으로 발표된다.

1844년 10월부터 1845년 4월 초까지: 엥겔스는 영국의 사회주의적 오언주의자들(sozialistische Owenisten)의 기관지인 『새로운 도덕세계(The New Moral World)』에 계속해서 참여하여 일한다. 그는 그 기관지에 독일에서의 사회주의와 공산주의 이념들의 보급에 대한 통신문들을 발표한다.

11월 19일: 엥겔스는 맑스에게 보낸 한 편지에서 청년헤겔학파인 막스 슈티르너(Max Stirner)의 『유일자와 그의 소유(*Der Einzige und sein Eigenthum*)』라는 책에 대해 비판한다.

11월 후반기: 맑스는 『비판적 비판의 비판』에 대한 작업을 끝마치며, 원고를 프랑크푸르트(Frankfurt am Main)에 있는 출판업자에게 보낸다.

인쇄 작업이 진행되는 동안 맑스는 책의 표제를 『신성가족(*Die heilige Familie*)』이란 말을 부가하여 덧붙인다.

12월: 맑스는 막스 슈티르너(Max Stirner)의 『유일자와 그의 소유』를 읽는다. 그는 그 책에 대한 비판을 『전진!』에 발표하려는 의도에서이다.

1844년 말부터 1845년 1월까지: 맑스는 파리에서 18세기와, 그리고 19세기의 첫 10년에 있어 영국과 프랑스의 경제학자들의 저작들에 대한 연구를 계속한다.

1845년

1월 중순: 프랑스 정부는 프로이센의 압박 하에 칼 맑스와 『전진!』의 다른 참여자들을 프랑스 국외로 추방할 것을 지시한다.

2월 1일: 맑스는 파리에 머무르고 있던 다름슈타트(Darmstadt)의 출판업자 레스케(Leske)와 두 권으로 이루어진 경제학 저서 『정치학 및 국민경제학 비판(*Kritik der Poltik und Natioalökonomie*)』의 출판에 대해 계약을 맺는다.

2월 2일경: 맑스는 파리에서 프랑스의 공상적 공산주의자인 에티엔느 카베(Étienne Cabet)와 만나게 된다.

2월 3일: 맑스는 파리에서 추방되며, 브뤼셀(Brüssel)로 이주한다.

2월부터 7월까지: 맑스는 브뤼셀에서 그의 경제학적 저작에 대한 작업을 계속한다.

2월부터 12월까지: 맑스는 파리에 있는 독일의 민주주의 및 사회주의의 간부들과, 그리고 파리의 의인동맹 동호회의 지도자들과 서신교환을 계속한다.

2월 8일, 15일, 22일: 엥겔스는 엘버펠트에서 여러 회합에 주도적으로 참여하며, 거기에서 사회주의적 및 공산주의적 이념들에 대해 다수의 청중들에게 강연을 한다. 2월 8일과 15일의 엥겔스의 강연은 1845년 8월 『라인 연보(Rheinische Jahrbücher)』 제1권에 발표된다.

2월 24일경: 프리드리히 엥겔스와 칼 맑스의 『신성가족, 또는 비판적 비판의 비판. 브루노 바우어와 그 아류들에 대항하여(*Die heilige Familie, oder Kritik der kritische Kritik. Gegen Bruno Bauer und Consorten*)』가 출간된다.

2월 28일: 엥겔스는 사회주의적 및 공산주의적 주제와 관련을 맺고 있는 그 어떤 회합도 엘버펠트에서 금지한다는 엘버펠트 시장의 공식적인 지시를 통보받게 된다.

3월 15일: 프리드리히 엥겔스는 『영국 노동계급의 상황(*Lage der arbeitenden Klasse in England*)』에 대한 저술 작업을 끝마치며, 원고를 라이프치히(Leipzig)의 출판업자에게 보낸다.

봄: 칼 맑스는 포이어바하에 관한 테제들(die Thesen über Feuerbach)을 쓰게 되며, 이를테면 "거기에는 새로운 세계관의 천재적인 씨앗이 깃들어 있는 최초의 문건(das erste Dokument, worin der geniale Keim der neuen Weltanschauung niedergelegt ist)"(엥겔스)인 것이다.

3월부터 5월까지: 맑스와 엥겔스는 푸리에(Fouier), 오언(Owen), 모렐리(Morelly), 그리고 생시몽주의자들(die Saint-Simonisten) 등등의 최고의 저작들을 번역하여 『외국의 사회주의적 저술가들의 장서(*Bibliothek sozialistischer Schriftsteller des Auslandes*)』라는 이름으로 출간하기 위한 협의를 진행한다.

4월 5일경: 엥겔스는 1845년 5월 10일에 출간될 『새로운 도덕세계』에 발표하기 위해 엘버펠트에 있는 협회들에 대한 보고서를 작성한다. 그것으로 엥겔스는 영국의 오언주의자들의 기관지에 참여하는 작업을 끝마치게 된다.

4월 5일 이후: 이제까지 바르멘에 체류하던 엥겔스는 맑스와 만나기 위해 브뤼셀로 이주한다.

4월부터 12월까지: 맑스와 엥겔스는 벨기에의 민주주의적 및 사회주의적 간부들과, 그리고 폴란드의 혁명적 망명객들의 대표자들과 연대한다.

5월 말: 라이프치히에서 프리드리히 엥겔스의 저작 『영국 노동계급의 상황(*Die Lage der arbeitenden Klasse in England*)』이 출간된다.

7월 12일경: 맑스와 엥겔스는 영국의 경제학적 문헌들을 연구하기 위해, 그리고 영국의 경제적이고 정치적인 생활 및 영국 노등운동을 알아보기 위해 런던과 맨체스터에 함께 여행을 한다.

7월 후반기부터 8월 전반기까지: 맑스와 엥겔스는 맨체스터에 체류하는 동안 공공 도서관을 방문하며, 영국 경제학자들의 저작들을 연구한다.

8월 중순: 맑스와 엥겔스는 런던에서 『북극성(Northern Star, Polarstern)』의 편찬자의 한 사람인 조지 하니(George Harney)를 만나게 되며, 런던의 의인동맹 동호회의 지도자인 칼 샤퍼(Karl Schapper), 요세프 몰(Josef Moll) 등등과 만난다.

8월 20일경: 맑스와 엥겔스는 차티스트주의자들, 의인동맹의 지도자들, 그리고 여러 나라의 혁명적인 민주주의적 운동의 간부들이 참가하여 논의하는 자리에 참석한다. 이때의 논의에서 엥겔스가 제시한 결의안이, 즉 개별 나라들에 있어서 민주주의적 및 혁명적인 운동에 대한 상호적인 정보를 위하여 런던에서 모든 민족의 민주주의자들의 한 협회를 창립하자는 결의안이 채택된다.

8월 24일경: 맑스와 엥겔스는 영국에서 브뤼셀로 되돌아온다.

9월 8일과 11일 사이: 프리드리히 엥겔스는 「라이프치히에서의 최근의 도살 – 독일의 노동운동(Das kürzliche Gemetzel in Leipzig – Die

Deutsche Arbeiterbewegung)」이라는 논설문을 쓴다. 그는 9월 13일에 발표된 이 논설문으로 차티스트주의자들의 중심 기관지인 『북극성』에 참여하여 일하기 시작한다.

9월: 맑스와 엥겔스는 공산당의 이론적이고 철학적인 기초를 가다듬는데 있어 중요한 한 단계인 『독일 이데올로기(*Die Deutsche Ideologie*)』에 대한 공동 작업을 시작한다. 맑스는 그 때문에 『정치학 및 국민경제학 비판(Kritik der Poltik und Nationalökonomie)』의 제1권의 원고를 쓰는 작업을 중단한다.

10월 15일: 프리드리히 엥겔스는 그의 「독일의 정세(Deutsche Zustände)」라는 일련의 논설문에서 그 최초의 논설문을 쓰게 되며, 이 첫 논설문은 『북극성』 10월 25일자에 발표된다.

11월 8일: 프리드리히 엥겔스의 「독일의 정세」란 두 번째 논설문이 『북극성』에 발표된다.

12월 1일: 맑스는 프로이센 정부가 벨기에 정부로부터 그를 추방하도록 했던 것을 경험한 이후부터 그는 프로이센의 국적을 포기한다.

1845년 연말: 『외국의 사회주의 저술가들의 장서(*Bibliothek sozialistischer Schriftsteller des Auslandes*)』에 대한 출판업자를 찾지 못했기 때문에 엥겔스는 『1846년 독일 시민명부(*Das Detsche Bürgerbuch für 1846*)』에서 그에 의해 독일어로 옮겨진 『교역에 대한 푸리에의 단상(*Fragment Fouriers über den Handel*)』에 서론과 후기를 붙여 출간하게 된다. 엥겔스는 이 간행물에서 최초로 '진정' 사회주의(der „wahre" Sozialismus)에 대해 반대의 입장을 취한다. 엥겔스는 「런던의 국민축제 (Das Fest der Nationen in London)」라는 논설문을 쓰게 되며, 그러나 1846년 연말에야 『라인 연보(Rheinische Jahrbücher)』 제2권에 비로소 발표된다.

1846년

1846년 연초: 맑스와 엥겔스는 브뤼셀에서 여러 나라의 사회주의자들과 진보적 노동자들의 이데올로기적인 그리고 조직적인 결속을 후원하기 위하여 공산주의 통신위원회(ein kommunistisches Korrespondenz-Komitee)를 창립한다. 맑스와 엥겔스는 국제 프롤레타리아 정당의 건설을 위해 그 기초를 준비하게 되며, 런던과 파리, 그리고 독일의 몇몇 도시들에 통신위원회를 설치하기 위한 발걸음을 내딛는다.

1월 18일: 맑스는 한 "성명서(Erklärung)"에서 1846년 1월 18일의 『라인 지방의 감시인(Der Rheinische Beobachter)』 제18호에 발표된 보도, 즉 『트리어 신문(Trier'sche Zeitung)』의 협력자일 것이라는 보도를 반박한다.

2월 20일: 엥겔스는 『북극성』에 「독일의 정세」에 대한 세 번째 논설을 써서 발표한다.

3월 30일: 맑스와 엥겔스는 브뤼셀의 공산주의 통신위원회의 회의에서 바이틀링과 기타 다른 사람들의 참석 하에 '진정' 사회주의에 대하여, 그리고 바이틀링의 조야한 평등공산주의(Gleichheitskommunismus)에 대하여 예리한 비판을 하게 된다.

4월 4일: 『북극성』에 프리드리히 엥겔스의 「독일의 정세」의 세 번째 논설문이 발표된다.

4월 말: 맑스와 엥겔스는 독일에서 망명 온 빌헬름 볼프(Wilhelm Wolff)를 알게 되며, 그 전에도 브뤼셀에서 잠깐 마주한 적이 있었다. 맑스와 엥겔스는 그와 곧 절친한 우정을 나누게 되며, 그를 브뤼셀의 공산주의 통신위원회에 끌어들인다. 그리고 볼프는 그곳에서 진실한 협조자가 된다.

맑스와 엥겔스는 『독일 이데올로기』에 대한 작업을 계속해 나간다.

부록 2.3.

칼 맑스와 프리드리히 엥겔스. 그들 생애 및 활동 연보 (1846년 5월부터 1848년 3월까지)

Karl Marx·Friedrich Engels, 'Anhang und Register', Karl Marx und Friedrich Engels – Daten aus ihrem Leben und ihrer Tätigkeit(Mai 1846 – März 1848), in: MEW, Bd.4(Berlin: Dietz Verlag, 1969), 673～680쪽.

칼 맑스와 프리드리히 엥겔스
그들 생애 및 활동 연보
(1846년 5월부터 1848년 3월까지)

1846년

봄: 맑스와 엥겔스는 브뤼셀 공산주의 통신위원회(das Brüsseler kommunistsche Korrespondenz-Komitee)의 수뇌부에서 여러 나라들의 사회주의 운동과 노동운동의 진보적 대표자들의 이데올로기적인 그리고 조직적인 결속을 다지기 위하여, 즉 프롤레타리아 정당의 창립을 위한 그 토대를 준비하기 위하여 투쟁을 이끌어 간다.

5월 5일: 맑스는 프루동(Proudhon)에게 편지를 써 보내며, 맑스는 편지에서 그가 프랑스를 위한 브뤼셀 공산주의 통신위원회의 통신원이 될 것을 요청하게 되고, 또한 노동운동의 이론적이고 전술적인 문제를 논의하는데 참여할 것을 요청한다. 5월 17일의 프루동의 답장은 맑스에게 프루동과의 사이에 근본적인 견해 차이가 있음을 확신하도록 일깨운다. 맑스는 프루동의 도움을 받아 프랑스의 노동운동을 위하여 함께 결속하려는 노력을 포기하고 만다.

5월 11일: 브뤼셀 공산주의 통신위원회의 회의에서 '진정' 사회주의자인 헤르만 크리게(Hermann Kriege)에 대항하여 맑스와 엥겔스에 의해 작성된 통신문을 접수한다. 이 통신문은 모든 공산주의 통신위원회에 발송된다.

여름: 맑스와 엥겔스는 『독일 이데올로기』의 가장 중요한 절들에 대한 작업을 끝마친다. 그러나 독일에서의 그 인쇄는 검열의 제약과 '진정' 사회주의 대표자들의 반발로 실패하고 만다.

6월 15일: 맑스와 엥겔스는 구스타프 아돌프 쾨트겐(Gustav Adolf Köttgen)에게 보낸 편지에서 브뤼셀 공산주의 통신위원회와 부퍼탈(Wuppertal)의 공산주의적이고 사회주의적인 관점을 신봉하는 자들, 이 양자 사이에 정기적인 통신문을 교환할 것을 제안한다.

7월 17일: 맑스와 엥겔스는 「브뤼셀의 독일 민주주의적 공산주의자들이 퍼거스 오코너(Feargus O'Connor) 씨에게 보낸 격려문(Grußadresse der deutschen demokratischen Kommunisten zu Brüssel an Herrn Feargus O'Connor)」을 작성한다. 이 격려문은 7월 25일 차티스트 기관지인 『북극성(The Northern Star)』에 발표된다.

8월 1일: 맑스는 출판인 K.W.레스케(K.W.Leske)에게 『정치학 및 국민경제학 비판(*Kritik der Politik und Nationalökonomie*)』이란 저술을 완성하겠다는 계획을 서면으로 알린다. 그러나 그 작업을 끝마치지 못하고 만다.

8월 15일: 엥겔스는 브뤼셀 공산주의 통신위원회의 위탁을 받고 파리의 의인동맹 동우회(Pariser Gemeinde des Bundes der Gerechten) 회원들에게 공산주의를 보급하기 위하여 파리로 이주한다. 나아가 그는 통신위원회를 조직화하는데 매달리며, 바이틀링과 프루동의, 그리고 '진정' 사회주의의 영향력에 대항하여 투쟁한다.

8월 15일과 19일 사이: 엥겔스는 프랑스의 공상적 공산주의자 에티엔느 카베를 만나 알게 된다.

8월 19일: 엥겔스는 브뤼셀 공산주의 통신위원회에 파리에서의 독일인 노동운동의 상황 및 프랑스의 사회주의 출판물의 상황에 대해 서면으로 보고한다. 또한 엥겔스는 위원회에 정기적으로 프랑스에서의 사회주의 운동 및 노동운동의 전개와 독일 노동자단체의 상황에 대해 보고한다.

9월 1일경: 엥겔스는 프랑스의 상황에 대한 논설문을 작성하며, 이 논설문은 『북극성』 9월 5일자에 발표된다.

9월: 엥겔스는 맑스에게 보낸 편지에서 프루동의 소부르주아적 관점들을 비판한다.

10월: 엥겔스는 파리의 3개 독일 노동자회합에서 프루동의 소부르주아적 공상론(die kleinbürgerlichen Utopien)에 대항하여, 그리고 '진정' 사회주의자 칼 그륀(Karl Grün)의 속물적 부르주아의 이념(die spießbürgerlichen Ideen)에 대항하여 연설을 한다. 엥겔스의 활동은 파리 의인동맹 동우회의 대부분의 회원들이 '진정' 사회주의 및 프루동으로부터 등을 돌리게 되는 방향으로 이끈다.

10월 중순경: 엥겔스는 루트비히 포이어바하(Ludwig Feurbach)의 저서 『종교의 본질(*Das Wesen der Religion*)』에 대해 연구하며, 맑스에게 보낸 한 편지에서 포이어바하의 철학에 대한 간단한 비판적 소견을 밝힌다.

10월 20일경: 브뤼셀 공산주의자들은 맑스 혼자만이 서명을 한 크리게(Kriege)에 대항한 제2차 통신문을 저술한다. 통신문의 원문은 보존되어 남아있지 않다.

12월: 파리의 관청들은 엥겔스를 경찰의 감시 하에서 얽어맨다.

12월 28일: 맑스는 러시아의 문예비평가 P.W.안넨코프(P.W.Annenkow)에게 보낸 한 편지에서 프루동의 저서 『빈곤에 대한 경제적 모순의, 또는 철학의 체계(*Système des contradictions économiques, ou philosophie de la misère*)』를 비판한다. 맑스는 그와 관련하여 역사적 유물론의 가장 중요한 기본원칙을 제시한다.

1847년

1월부터 6월 15일까지: 맑스는 『철학의 빈곤. 프루동의 '빈곤의 철학'에 대한 응답(*Das Elend der Philosophie. Antwort auf Proudhons ‚Philosophie des Elends'*)』을 저술하는 작업을 한다.

1월부터 4월까지: 엥겔스는 『독일 이데올로기(*Die Deutsche Ideologie*)』 제2권의 보완작업으로 「진정 사회주의자들(Die wahren Sozialisten)」이란 작품을 저술한다.

1월 20일: 런던 의인동맹 위원회(das Londoner Komitee des Bundes der Gerechten)는 요세프 몰(Josef Moll)에게 맑스와 엥겔스가 의인동맹에 가입하도록 요청하기 위하여 브뤼셀과 파리로 여행할 것을 권고한다. 맑스와 엥겔스는 몰을 통해 동맹의 지도부가 이미 동맹의 재조직을 관철하게 되고 동맹의 강령으로 과학적 공산주의의 원리를 기초로 삼게 될 것이라는 약속을 들었었기 때문에 곧 동맹에의 가입을 결단하게 된다.

2월 말: 엥겔스는 「프로이센의 헌법(Die Preußische Verfassung)」이란 논설문을 쓰며, 『북극성』 3월 6일자에 발표된다.

3월부터 4월까지: 엥겔스는 『독일의 현재 상태(*Der Status quo in Deutschland*)』란 작품의 저작에 몰두한다.

4월 3일: 맑스는 『트리어 신문(Trier'sche Zeitung)』에 실린 칼 그륀(Karl Grün)의 맑스에 대한 선동적인 비방의 글을 반박하는 글을 쓴다. 그 반박문은 4월 8일자 『브뤼셀의 독일 신문(Deutsche-Brüsseler-Zeitung)』과 4월 9일자 『트리어 신문』에 발표된다.

6월 초: 엥겔스는 런던의 공산주의자동맹(Bund der Kommunisten)의 제1차 대회에 참석하며, 그들 작업에 적극적으로 협력한다. 그 대회에서 새로운 정관에 대해 협의한다. 공산주의자동맹으로 의인동맹의 명칭변경이 결정되고, „모든 인간은 형제들이다(Alle Menschen sind Brüder)" 란 이전의 표어가 „만국의 프롤레타리아여, 단결하라!(Proletarier aller Länder, vereinigt eich!)"란 구호로 대치된다.

대회가 끝난 이후 엥겔스는 파리로 돌아온다.

6월 26일: 엥겔스는 「기조의 몰락과 추락 직전 – 프랑스 부르주아계급의 입장(Der Niedergang und der nahende Sturz vo Guizot – Die Stellung der französischen Bourgeoisie)」이란 논설문을 쓴다. 이 논설문은 『북극성』 7월 3일자에 발표된다.

7월 초: 맑스의 저작 『철학의 빈곤. 프루동의 ‚빈곤의 철학'에 대한 응답』이 브뤼셀에서 프랑스어로 출간된다.

7월 말: 엥겔스는 공산주의자동맹의 업무 차 맑스를 만나러 브뤼셀로 떠난다.

8월 5일: 맑스의 지도하에 브뤼셀에서 공산주의자동맹의 회원 및 그 영역이 구성되기에 이른다. 맑스는 회원들의 의장으로, 그리고 지역사무소의 위원으로 선출된다.

8월 말: 맑스와 엥겔스는 브뤼셀에서 독일 노동자연맹(der Deutsche Arbeiterverein)를 창립하며, 그리고 이 연맹에서 맑스와 엥겔스는 과학적 공산주의의 이념을 선전한다.

8월부터 9월까지: 맑스가 쓴 『독일 이데올로기』의 한 장 – 즉, 「칼 그륀: '프랑스와 벨기에에 있어 사회운동'(Karl Grün: ‚Die soziale Bewegung in Frankreich und Belgien')」 – 이 『베스트팔렌 증기선(Westphälisches Dampfboot)』이란 잡지의 논문으로 출간된다.

9월 12일: 『브뤼셀의 독일 신문(Deutsche-Brüsseler-Zeitung)』은 맑스의 논설문 「'라인 지방 감시인'의 공산주의(Der Kommunismus des ‚Rheinischen Beobachters')」를 출간하며, 엥겔스의 비판적 논문 「시와 산문에 있어서의 독일 사회주의(Deutscher Sozialimus in Versen und Prosa)」를 인쇄하기 시작한다. 이때 이후 맑스와 엥겔스는 함께 『브뤼셀의 독일 신문』의 고정적인 협력자로 일한다. 그들의 영향으로 신문은 공산주의와 민주주의의 홍보기관지로 나아간다.

9월 16일-18일: 맑스와 엥겔스는 브뤼셀의 국제경제인의회(Internationaler Ökonomistenkongreß)(자유무역의회, Freihandelskongreß)에 참석한다. 맑스는 연설을 준비했었지만, 그러나 그에게 아무런 말도 허여되지 못했으며, 그의 연설의 혁명적 내용이 우려되었기 때문이다. 맑스가 하고자 했던 연설문의 원문은 9월 29일자 브뤼셀의 『민주주의 아틀리에(Atelier démocratique)』에 발표되며, 그밖에 엥겔스의 논설문 「브뤼셀에서의 자유무역의회(Der Freihandelskongreß in Brüssel)」가 10월 9일자 『북극성』에 발표된다.

9월 27일: 엥겔스는 브뤼셀의 국제민주주의자연회(das internationalen Bankett der Demokraten)에 참석한다. 이 연회에서 민주주의협회(Association démocratique)의 창설이 결정된다.

10월 3일과 7일: 『브뤼셀의 독일 신문』은 「공산주의자들과 칼 하인첸(Die Kommunisten und Karl Heinzen)」이란 제목으로 엥겔스의 두 논쟁적인 논설문을 출간한다.

10월 중순: 엥겔스는 브뤼셀에서 파리로 돌아온다. 그는 파리의 공산주의자동맹(der Bund der Kommunisten)을 창립하며 조직을 강화해 가기 시작한다. 그는 동맹 지역사무소의 통신문에 대한 작업을 위임받게 된다.

10월 후반기: 엥겔스는 신문 『개혁(La Réforme)』의 주변에 결속해 있는 프랑스 민주주의자들과 연합한다. 그는 영국 및 독일의 상황과 관련하여, 그리고 차티스트운동의 전개와 관련하여 쓰게 될 논설문의 발간을 협의한다. 엥겔스의 『개혁』과의 협력과 함께 10월 26일부터 영국의 통상위기에 대한 그의 논설문의 출간이 시작되지만, 그러나 1848년 1월까지 지연되고 만다.

10월 18일: 런던 공산주의자동맹의 중앙사무소는 브뤼셀 지구에 동맹의 제2차 대회에 대표를 파견해 줄 것을 요청하며, 그리고 맑스는 그 대회에 개인적으로 참석하겠다는 것을 요청한다.

10월 22일: 파리 공산주의자동맹 지역사무소의 회의에서 엥겔스는 '진정' 사회주의자 모제스 헤쓰(Moses Heß)가 저술한 『영적 개선의 신앙고백(*Das gottvoll verbesserte Glaubensbekenntnis*)』에 대해 신랄한 비판을 한다. 동맹 지역사무소는 엥겔스에게 새로운 공산주의의 신조에 대해 그 초안을 작성할 것을 위임한다.

10월 말: 맑스는 하인쩬에 대항하여 「도덕화한 비판과 비판화한 도덕. 독일 문화사에 대한 논문. 칼 맑스의 칼 하인쩬에 대항하여(Die moralisierende Kritik und die kritisierende Moral. Beitrag zur deutschen Kulturgeschichte. Gegen Carl Heinzen von Karl Marx)」란 일련의 논설문을 쓰게 되며, 10월 28일과 11월 25일 사이 『브뤼셀의 독일 신문』에 5회에 걸쳐 발표된다.

10월 말부터 11월까지: 엥겔스는 파리 공산주의자동맹 지역사무소의 위임을 받아 동맹의 강령초안으로 「공산주의의 원칙(Grundsätze des Kommunismus)」을 저술한다.

11월 초: 엥겔스는 「프랑스에서의 개혁운동(Die Reformbewegung in Frankreich)」이란 논설문을 쓰게 되는 작업을 하며, 그리고 『북극성』 11월 20일자에 발표된다.

11월 14일: 파리의 동맹 지역사무소는 엥겔스를 공산주의자동맹의 제2차 대회에 파견할 대표자로 선출한다.

11월 15일: 맑스는 브뤼셀의 민주주의협회(Brüsseler Association démocratique)의 집회에서 협회의 부회장으로 선출된다.

11월 23일 - 24일: 엥겔스는 공산주의자동맹을 위한 공산주의의 신조(kommunistisches Glaubensbekenntnis) 초안에 대해 맑스에게 보낸 편지에서 다음과 같이 쓰고 있다. "그대가 신조에 대해 얼마간 숙고해주게나. 나는 우리가 교리문답서 같은 형식을 버리고 다음과 같은, 즉 공산주의의 **선언**(Kommunistisches *Manifest*)이라는 제목을 붙이는 것이 최상이라고 믿는다네."

11월 27일: 공산주의자동맹의 제2차 대회에 참석하기 위해 맑스는 브뤼셀에서 런던으로, 엥겔스는 파리에서 런던으로 여행을 한다. 그들은 오스트엔데(Ostende)에서 만나 다가오는 대회에서 다룰 모든 문제들을 논의하게 된다.

11월 29일: 맑스와 엥겔스는 런던의 국제회의에 참석하게 되며, 그리고 그 회의는 민주주의동지회(Fraternal Democrats)로부터 1830년의 폴란드 봉기 기념일을 축하하려는 행사를 치르기 위한 모임이었다. 맑스는 민주주의동지회에 브뤼셀의 민주주의협회의 감사장을 전달하며, 그리고 그 감사장에는 두 조직체 사이의 보다 밀접한 결속을 다지기 위한 노력을 표현하고 있는 글인 것이다. 맑스와 엥겔스는 회의 중에 폴란드에 대한 연설을 수행한다. 회의의 보고문과 맑스와 엥겔스의 연설문은 『북극성』 12월 4일자, 『개혁』 12월 5일자, 그리고 『브뤼셀의 독일 신문』 12월 9일자에 발표된다.

11월 29일부터 12월 8일까지: 맑스와 엥겔스는 공산주의자동맹의 제2차 대회의 여러 작업들에 주도적으로 참여한다. 장시간의 열띤 토의 끝에 맑스와 엥겔스의 견해는 전체적인 동의의 갈채를 받는다. 맑스와 엥겔스는 대회로부터 「공공성을 위한 규정적이고도 세밀한 이론과 실천의 당 강령에 대한 초안 작성(mit der Abfassung eines für die Öffentilichkeit bestimmten, ausführlichen theoretischen und praktischen Parteiprogramms)」을 위임 받게 된다. 대회는 공산주의자동맹의 정관을 공식적으로 인정하게 된 것이다.

11월 30일: 맑스와 엥겔스는 런던의 독일 노동자교육연맹(der Deutsche Bildungsverein für Arbeiter in London)의 집회에서 강연을 한다. 맑스는 그의 강연에서 브뤼셀의 독일 노동자연맹(der Deutsche Arbeiterverein in Brüssel)의 활동에 대해 보고한다.

12월 7일: 엥겔스는 런던에 있는 독일 노동자교육연맹의 집회에서 경제문제에 대한 강연을 한다.

12월 9일과 12월 말 사이: 공산주의자동맹의 제2차 대회가 끝난 후 맑스와 엥겔스는 『공산당 선언(*Manifest der Kommunistischen Partei*)』에 대한 저술 작업을 한다.

12월 13일경: 맑스는 런던을 떠나 브뤼셀로 돌아온다.

12월 15일경: 엥겔스는 디종(Dijon)에서의 연회에서 루이 블랑(Louis Blanc)의 연설에 대해 한 논설문에서 비판하며, 그 논설문은 『북극성』 12월 18일자에 발표되고, 『브뤼셀의 독일 신문』 12월 30일자에는 약간 수정하여 발표된다.

12월 17일: 엥겔스는 런던을 떠나서 브뤼셀에 도착한다.

12월 후반기: 맑스는 브뤼셀의 독일 노동자연맹에서 임금노동과 자본에 대해 강연을 한다. 그의 논문 「노동임금(Arbeitslohn)」에 대한 초안 역시 이 강연에 대한 자료의 편성에서 유래한다.

12월 20일경: 런던의 민주주의동지회는 엥겔스에게 파리에서의 동지회의 대표자가 되어줄 것을 부탁한다.

12월 20일: 브뤼셀의 민주주의협회 집회에서 맑스는 1830년의 폴란드혁명 기념일을 찬양하는 런던의 회의에 대해 보고를 하며, 그리고 민주주의동지회가 보낸 환영사를 낭송한다. 이 집회에서 엥겔스는 파리의 민주주의협회 대표자로 선출된다.

12월 말: 엥겔스는 브뤼셀에서 파리로 돌아온다.

12월 31일: 맑스는 브뤼셀의 독일 노동자연맹에서 벌이는 섣달그믐날 축제에 참석한다. 엥겔스는 파리에 있는 독일의 혁명적 망명자들의 섣달그믐날 축제에서 연설을 한다.

1848년

1월 9일: 맑스는 브뤼셀의 민주주의협회의 공개적인 집회에서 프랑스어로 자유무역에 대해 강연을 한다. 이 집회에서는 이 강연문을 가본으로 발행할 것을 결정한다. 이 가본은 1848년 2월 초에 출간된다.

1월 후반기: 맑스는 『공산당 선언』 초고를 완성하며, 그것을 1월 말 인쇄를 위해 런던으로 보낸다.

1월 23일: 엥겔스의 논설문 「1847년의 운동(Die Bewegungen von 1847)」을 『브뤼셀의 독일 신문』에서 출간한다.

1월 27일: 엥겔스의 논설문 「오스트리아에 있어 종말의 시작(Der Anfang des Endes in Österreich)」이 『브뤼셀의 독일 신문』에서 출간된다.

1월 29일: 엥겔스는 프랑스 정부로부터 파리의 노동자들 사이에서 혁명적 활동을 한다는 이유로 프랑스에서 추방된다.

1월 31일: 엥겔스는 브뤼셀에 도착한다.

2월: 맑스는 브뤼셀의 독일 노동자연맹에서 했던 임금노동과 자본에 대한 강연문들을 인쇄하기 위해 준비한다. 이 작업의 일부가 1849년 4월 『신라인 신문(Neue Rheinische Zeitung)』에 「임금노동과 자본(Lohnarbeit und Kapital)」이란 제목으로 발표된다.

2월 13일: 맑스는 브뤼셀의 민주주의협회의 회의에 참석한다. 이 회의에서 국제민주주의자의회(der internationale Demokraten-Kongreß)의 소집에 대해 협의하게 되며, 그리고 부회장들이 공동 서명한 런던의 민주주의동지회에 보내는 맑스가 쓴 협회의 회신이 비준되기에 이른다.

2월 20일: 브뤼셀 민주주의협회의 집회에서 엥겔스는 프랑스 정부로부터 박해를 받고 있는 민주주의자들에 대해 보고하며, 그 자신의 파리에서의 추방에 대해 상세하게 언급한다.

2월 22일: 맑스와 엥겔스는 브뤼셀에서 민주주의협회가 크라카우 봉기(Krakauer Aufstand)의 제2차 기념일을 계기로 소집하게 된 추도식에서 연설을 한다. 맑스와 엥겔스의 연설문은 1848년 3월에 출간된, 크라카우 봉기 제2차 기념일에 헌정된 저술모음집 속에 실려 있다.

2월 24일경: 『공산당 선언』이 런던에서 출간된다.

2월 25일부터 3월 초까지: 맑스와 엥겔스는 프랑스 2월혁명의 영향으로 전개된 벨기에의 공화주의운동에 적극적으로 협력한다. 맑스는 브뤼셀 노동자들의 무장을 위한 자금으로 개인적인 돈을 기부한다.

2월 25일/26일: 엥겔스는 「파리의 혁명(Revolution in Paris)」이란 논설문을 쓰며, 2월 27일자 『브뤼셀의 독일 신문』에 발표된다.

2월 27일경: 프랑스에서의 혁명과 관련하여 공산주의자동맹의 런던 중앙사무소는 그 권한을 맑스가 지도하고 있는 브뤼셀 지역사무소에 위임한다.

2월 27일: 맑스와 엥겔스의 참석 하에 민주주의협회는 브뤼셀 시의회에 보낸 청원서에 브뤼셀 노동자들의 무장이 요구된다는 것을 알리기로 결정한다. 나아가 협회는 매일매일 집회를 열 것과 또한 다른 나라의 민주주의자들과 정규적인 결속을 다질 것을 의결한다.

2월 28일: 맑스와 브뤼셀 민주주의협회의 다른 위원회 동료들은 『북극성』 편집자이자 민주주의동지회의 비서인 조지 줄리언 하니(George Julian Harney)에게 보낸 서신에 함께 서명을 하며, 또한 프랑스공화국의 임시정부에 보내는 격려문에도 함께 서명을 한다.

3월 1일경: 프랑스공화국 임시정부의 위원인 페르디낭 플로콩(Ferdinand Flocon)은 맑스에게 기조(Guizot) 정부로부터 포고된 그에 대한 추방령이 폐기되었다는 것을 서면으로 통보한다. 그는 맑스가 프랑스로 되돌아올 것을 요청한다.

3월 3일: 맑스는 오후 5시경, 24시간 내에 벨기에를 떠나라는 국왕의 명령을 통보받는다.
브뤼셀 공산주의자동맹 중앙사무소는 동맹의 본부를 파리로 이전하기로 결정한다. 맑스는 파리에 새로운 중앙사무소를 개설하도록 그 작업을 위임받는다.

3월 4일 밤: 맑스가 여행을 준비하느라 분주해 있는 동안 경찰이 그의 주거지로 침입하여 그를 체포한다. 3월 4일, 또한 그의 부인도 체포된다. 18시간의 구금 후 맑스와 그의 가족들에게 지체 없이 곧 벨기에를 떠날 것을 강요한다.

3월 5일: 맑스는 파리에 도착한다.
엥겔스는 벨기에에서 벌어지고 있는 맑스와 다른 정치적 망명자들의 박해에 대한 저항투쟁에 적극적으로 참여한다. 그는 『북극성』의 편집실에 서신을 보내며, 그는 거기에서 벨기에 정부의 태도를 범죄자로 낙인을 찍는다. 그 서신은 3월 25일 발표된다.

3월 6일: 맑스는 프랑스의 여러 혁명적 사건들이 계기가 되어 모이게 된 파리의 독일 노동자들의 집회에 참석한다.

3월 6일부터 3월 중순까지: 맑스는 소부르주아적 민주주의자들(헤르벡 Herwehg, 보른슈테트 Bornstedt 등등)에 의해 제기된 모험적인 계획, 즉 파리에서 독일 망명자들로 구성된 무장의용군을 배치하고, 그리고 그와 함께 독일로 진격해 들어간다고 하는 계획에 반대하는 투쟁을 벌인다. 그는 독일 노동자들에게 개별적으로 고향으로 돌아가, 고향에서 혁명적 운동을 위해 활동할 것을 제안한다.

3월 8일: 맑스는『개혁』에다 그의 브뤼셀에서의 추방에 대한 공개장을 공포한다.

맑스는 공산주의자동맹 파리 회원들의 회의에 참석한다. 이 회의에서 공산주의자동맹의 파리 지역의 조직문제와, 그리고 독일 노동자들의 단체인 공적인 노동자연맹을 창설하는 문제가 의결된다. 맑스는 이 단체의 정관 초안을 작성하도록 위임을 받게 된다.

3월 9일: 공산주의자동맹 파리 위원들의 연대회의에서 맑스에 의하여 작성된 독일 노동자들 단체를 위한 정관의 초안이 수용된다.

3월 11일: 공산주의자동맹의 중앙사무소가 파리에서 구성되며, 그리고 맑스가 그 회장으로 선출된다. 여전히 브뤼셀에 체류하고 있던 엥겔스는 부재중에도 중앙사무소의 위원으로 선출된다.

3월 19일: 공산주의자동맹의 런던 지역사무소는『공산당 선언』1000부를 파리의 동맹 중앙사무소로 발송한다.

부록 2.4.

그들 연보에서의 인명, 신문 및 잡지, 그리고 여러 단체에 대한 주석

여기 MEW 제1권, 제2권, 그리고 제4권의 맑스와 엥겔스의 생애와 활동 연보에서 언급하고 있는 그들 주변의 여러 인물들과 또한 여러 지명들에 대한 소개 및 우리말의 표기와 참고할 수 있는 내용들을 정리하는 것이 필요할 것이다. 아울러 맑스와 엥겔스가 관여했거나 또는 관계를 맺게 된 신문이나 잡지들에 대한 명칭과 여러 단체들의 명칭도 일정하게 그 표기가 정리되는 것이 좋을 듯싶다. 물론 아래 우리말의 표기는 연보의 서술순서에 따라 연도순으로 정리한 것이며, 또한 MEW에 부록으로 실려 있는 신문 잡지의 목록, 인명색인, 후기 등등을 참고하여, 그리고 다른 몇몇 참고서를 이용하여 정리한 것이다.(참고: 마토바 아키히로 외, 오석철·이신철 옮김, 『맑스사전』, 도서출판 b, 2011./Hrsg. v. E.Lange u. D.Alexander, *Philosophenlexikon*, Westberlin: Verlag Das Europ. Buch, 1982./Hrsg. v. O.Brunner …, *Geschichtliche Grundbegriff: histor. Lexikon zur poli.-sozialen Sprache in Deutschland*, Stuttgart: Klett-Cotta, 1984./Hrsg. v. K.Löwith, *Die Hegelsche Linke*, Stuttgart-Bad Cannstatt, 1962)

MEW 제1권 연보의 주석

트리어(Trier)의 브뤼켄가쎄(Brückengasse) 664(오늘날의 브뤼켄슈트라쎄 <Brückenstraße> 91): 트리어는 맑스의 출생지로 라인(Rhein)강의 지류이자 포도농장으로 유명한 모젤(Mosel)강 서안에 위치한 독일의 오랜 문화도시이다. 맑스는 오늘날의 거리이름으로 브뤼켄슈트라쎄 91번지에서 출생한 것이다.

하인리히 맑스(Heinrich Marx)와 헨리에테(Henriette): 맑스의 부모.

프레쓰부르크(Preßburg<Presborck>): 슬로바키아의 수도 브라티슬라바(Bratislava)의 독일어 표기로 맑스의 어머니 헨리에테 프레쓰부르크(Henriette Preßburg)는 슬로바키아의 프레쓰부르크 출신인 아버지가 네덜란드로 이주하여 살게 된 후 태어나게 되며, 맑스의 아버지 하인리히와 네덜란드에서 결혼하게 된다. 그리고 곧 독일 트리어로 이사하게 되며, 맑스는 트리어에서 그들 장남으로 태어난 것이다.

본(Bonn)대학: 본은 분단시기 옛 서독의 수도였으며, 맑스가 처음 입학했던 대학. 그는 법학과(die juristische Fakultät)에서 법학(Rechtswissenschaft)을 공부한다.

베를린대학(Berliner Universität): 1810년 10월 창설된 베를린대학의 원래 명칭은 '베를린 프리드리히 빌헬름 왕립대학(Königliche Friedrich-Wilhelm-Universität zu Berlin)'이었으며, 빌헬름 훔볼트(Wilhelm Freiherr von Humboldt, 1767~1835)와 알렉산더 훔볼트(Alexander von Humboldt, 1769~1859)의 형제, 특히 형 빌헬름 훔볼트의 기획에 의해 창설되었기 때문에 그 형제의 이름을 따 1949년 이후 훔볼트대학(Humboldt-Universität)으로도 불린다. 피히테(J.G.Fichte) 또한 대학 창설에 관여하며, 1814년 타계하게 되자 곧 1818년 가을 헤겔은 베를린대학 철학교수로 부임하여 1831년 11월 타계할 때까지 그의 변증법적 논리에 대한 여러 저술의 완성과 더불어 철학적 전성기를 이룬다. 그리고 1820년대부터는 헤겔주의(Hegelianismus), 또는 헤겔학파(Hegelsche Schule)가 형성되어 가게 되며, 특히 현실 및 종교비판과 관련하여 좌파, 즉 청년헤겔학파(Junghegelianer), 또는 청년헤겔주의(Junghegelianismus), 좌파헤겔주의(Linkshegelianismus)와 우파, 즉 노년헤겔학파(Althegelianer), 또는 노년헤겔주의(Althegelianismus), 우파헤겔주의(Rechtshegelianismus)로 분열된다. 우익이나 좌익이란 말도 철학사상적으로는 헤겔철학에서 비롯되는 것도 이 때문이다. 제2차 세계대전 후 독일이 동·서독으로 분단된 것과 마찬가지르 동독에 위치한 수도 베를린 또한 동베를린과 서베를린으로 분단되며, 동독의 수도는 동베를린으로 그대로 유지되지만, 그러나 서독의 수도는 본(Bonn)으로 옮겨가며, 베를린대학은 동베를린에 속했기 때문에 서베를린에서는 베를린 자유대학(Freie Universität)이란 이름으로 1940년대 후반 새로 대학을 세우게 된다. 베를린대학에는 오늘날까지 강의실 및 탁자까지도 헤겔의 자취들이 그대로 보존되어 남아 있으며, 독일에서는 그와 같은 역사적 과정 때문에 공과대학이나 예술대학과 같은 특수한 대학 이외의 일반적인 종합대학(Universität)이 유일하게 베를린에만 두 개의 대학이 존립하고 있는 것이다. 물론 오늘날 베를린의 공과대학은 예전부터 종합대학(Universität)이었으며, 예술대학도 종합대학(Universität)으로 승격되어 있다.

청년헤겔학파(Junghegelianer): 좌파헤겔학파(Linkshegelianer), 또는 좌파헤겔주의자로도 불리며, 브루노 바우어(Bruno Bauer)나 프리드리히 쾨펜(Friedrich Koeppen) 이외에도 맑스와 엥겔스를 포함하여 루트비히 포이어바하(Ludwig Feuerbach), 아르놀트 루게(Arnold Ruge) 등 많은 철학자들이 좌파에 가담하여 활동한다. 시인 하인리히 하이네(Heinrich Heine)도 그 중 한 사람이다. 우파헤겔학파(Rechtshegelianer), 또는 노년헤겔학파(Althegelianer)로는 괴셸(Göschel), 가블러(Gabler), 로젠크란츠(Rosenkranz) 등등이 있다. 이때 청년이나 노년이란 말은 헤겔이 어디에선가 인생을 비유적으로 의식과 사상에 있어 청년기와 노년기를 끌어들여 표현한 것에서 빌려온 말이다.

바우어, 브루노(Bauer, Bruno, 1809～1882): 대표적인 좌파헤겔학파, 또는 청년헤겔주의자의 일원으로 이론적으로는 무신론과 정치적으로는 부르주아적 급진주의를 주장한다. 동생 에드가 바우어(Edgar Bauer, 1820～1886)와 함께 좌파헤겔학파로서 활동하며, 특히 종교사가로서 종교비판에 매진하기도 한다. 주저로는 『무신론자이자 반기독교주의자 헤겔에 대한 최후심판의 나팔(*Die Posaune des jüngsten Gerichts über*

Hegel den Atheisten und Antichristen)』(1841), 『공관복음사가들의 복음주의적 역사에 대한 비판(*Kritik der evangelischen Geschichte der Synoptiker*)』(1841/42) 등등이 있다. 그의 투쟁적 저서로는 『유대인 문제(*Die Judenfrage*)』(1843)와 『까발려진 기독교(*Das entdeckte Christentum*)』(1843)가 있으며, 그는 종교를 인간의 자유를 억압하는 족쇄로 간주한다. 그에 의하면 완성된 종교란 완성된 세계의 불행에 지나지 않는다. 그는 기독교의 이념적 원천을 역사적으로 밝히고자 하면서도 그 사회경제적 근원을 밝히려고 하지는 않는다.

쾨펜, 칼 프리드리히(Koeppen, Karl Friedrich, 1808～1863): 좌파헤겔학파의 일원으로 활동하며, 급진주의적 사상가. 그러나 1850년대 중반 이후에는 동양사상과 불교 연구에 매진하기도 한다.

예나(Jena)대학: 헤겔이 한때 사강사로 연구하던 대학이며, 맑스가 박사학위를 받은 소도시 예나에 있는 대학이 예나대학이다. 맑스는 베를린대학 시절 박사학위 논문「데모크리토스와 에피쿠로스의 자연철학의 차이(Differenz der demokritischen und epikureischen Naturphilosophie)」를 쓰게 되며, 이 논문으로 1841년 예나대학에서 박사학위를 받는다. 이 학위 논문은 MEW 보충판 제1권에 실려 있다.(참고: MEW, EB, 1.Teil, Berlin: Dietz Verlag, 1981)

포이어바하, 루트비히 안드레아스(Feuerbach, Ludwig Andreas, 1804 Landshud～1872 Nürnberg): 고전적인 독일 부르주아 철학의 대표자이며, 유물론자이자 무신론자. 1848/49년 독일 부르주아적 민주주의 혁명의 이데올로기적 선구자의 한 사람이다. 1823/4년 하이델베르크와 베를린에서 신학을 공부하며, 이미 헤겔철학에 대해 깊은 관심을 갖게 되면서는 신학을 떠나 철학 연구에 매달리게 된다. 1828년 에어랑겐(Erlangen)대학에서 철학 박사학위를 취득하며, 1832년까지 사강사로 활동한다. 1830년 익명으로 『사멸과 불멸에 대한 사상(*Gedanken über Tod und Unsterblichkeit*)』이란 책을 출간하며, 그의 종교와 사회에 대한 진보적 비판 때문에 교회와 국가로부터 학문적인 탄압을 받는다. 그 이후 차츰 헤겔의 관념론에서 벗어나 유물론적 경향으로 나아가며, 그의 이와 같은 경향은 청년헤겔학파의 기관지인 『독일 학문과 예술을 위한 할레 연보(*Hallische Jahrbücher für deutsche Wissenschaft und Kunst*)』에 반영되기도 했다. 특히 관념론과는 달리 인간을 새로운 관점에서 바라보려는 그의 유물론을 인간학적 유물론(anthropologischer Materialismus)이라고 부르며, 그럼에도 불구하고 맑스의 표현을 빌리면 그는 '하늘에서 땅으로' 내려오긴 했지만 다시 '땅에서 하늘로' 올라가진 못했다. 즉, 인간을 사회적이고 역사적인 관점에서 바라보지 못했던 것이다. 일찍이 청년헤겔학파의 일원으로 활동하면서 맑스와 엥겔스의 유물론 철학에 많은 영향을 미치며, 그것을 맑스는 1845년 초에 작성한 「포이어바하에 관한 테제들(Thesen über Feuerbach)」이란 자그마한 문건에서 극명하게 드러내고 있는 것이다. 포이어바하가 헤겔의 관념론으로부터 멀어지면서 그에 대한 비판으로 1839년 완성한 논문이 「헤겔철학 비판에 대해서(Zur Kritik der Hegelschen Philosophie)」(1839)이며, 또한 그의 주저로 널리 알려진 책이 『기독교의 본질(*Das Wesen des Christentums*)』(1841)이다. 기타 그의 저서로는 『철학의 개혁에 대한 예비적인 테제들(*Vorläufige Thesen zur Reform der Philosophie*)』(1842), 『미래철학의 근본명제(*Gruindsätze der Philosophie der Zukunft*)』(1843), 『종교의 본질에 대한 강의(*Vorlesungen über das Wesen der Religion*)』(1848-49) 등이 있다.

『독일 연보(Deutsche Jahrbücher)』: 그 원명은 『학문과 예술을 위한 독일 연보(Deutsche Jahrbücher für Wissenschaft und Kunst)』이며, 1841년 7월 아르놀트 루게의 주도하에 라이프치히(Leipzig)에서 출간된 청년헤겔학파의 문학·철학 잡지(die literarisch·philosophische Zeitschrift). 그 이전, 즉 1838년-1841년 『독일의 학문과 예술을 위한 할레 연보(Hallische Jahrbücher für dutsche Wissenschaft und Kunst)』란 이름으로 출간되었었다. 그러나 프로이센의 도시 할레(Halle)에서 작센(Sachsen)으로 이사를 하게 되고, 그리고 『독일 연보』로의 잡지의 명칭

을 변경한 것은 프로이센 지역에서의 『할레 연보』에 대한 위협적인 금지령으로 말미암아 야기되었기 때문이다. 그러나 잡지는 새로운 이름으로도 역시 오래 지속될 수는 없었다. 1843년 1월, 『독일 연보』는 작센 정부에 의해 금지처분을 받게 되며, 연방의회(Bundestag)의 결정으로 이 금지령은 독일 전체로 확대된다.(참고: MEW, Bd.1, 600쪽)

슈트라우쓰, 다비드 프리드리히(Strauß, David Friedrich, 1808～1874): 독일의 철학자이자 시사평론가이다. 그는 루트비히스부르크(Ludwigsburg)에서 상인의 아들로 태어나 일찍이 헤겔철학에 빠져들게 되며, 곧 청년헤겔학파 일원으로 활동한다. 1866년 이후부터는 정치적으로 국민자유당 당원(Nationalliberaler)으로 활동한다. 그의 주저로 유명한 책이 1835년 출간한 『예수의 생애(*Das Leben Jesu*)』이며, 그 원명은 『예수의 생애, 그 비판(*Das Leben Jesu, kritisch bearbeitet*)』이다. 슈트라우쓰의 이 저서는 헤겔학파의 분열과 또한 청년헤겔학파를 이끈 운동을 주도하게 된 계기를 마련하며, 1848/49년 독일 부르주아 혁명의 정신적 방향을 제시하는 역할을 하기도 한다. 그의 마지막 저서로는 『낡은 신앙과 새로운 신앙. 신앙 고백(*Der alte Glaube und der neue Glaube. Ein Bekenntnis*)』(1872)이 있다. 그는 예수와 성서 및 기독교를 역사적이고 학문적 관점에서 비판적으로 바라보며, 이를테면 '역사적으로 고찰했을 때 예수란 누구인가?'란 물음을 통해 예수의 역사적 실존 자체를 문제 삼지는 않으면서도, 그러나 기독교의 역사적 토대를 비판하면서 그 무용성을 주장하는 것이다. 곧 그는 종교를 철학으로 대체해야 한다는 주장을 한 것이다. 물론 맑스와 엥겔스는 이와 같은 슈트라우쓰의 관점을 일정하게는 높이 평가한다. 오늘날까지도 슈트라우쓰의 무신론적 관점에 대해 많은 신학자나 종교인들이 울분을 퍼붓고 있기도 한다.

루터, 마르틴(Luther, Martin, 1483～1546): 아이스레벤(Eisleben)에서 태어난 루터는 에어푸르트(Erfurt)대학에서 자유교양학부에 들어가 법학을 공부하며, 1505년 에어푸르트의 아우구스티누스 수도회(Orden der Augustinereremiten)에 들어가 신학을 공부한다. 그리고 1502년 설립된 비텐베르크(Wittenberg)대학에서 도덕철학 강사로 일하며, 다시 에어푸르트로 돌아와 1512년 박사학위를 받고나서 비텐베르크대학 성서학(die Heilige Schrift) 교수로 일생을 마친다. 1517년 10월 31일, 그는 면죄부에 관한 95개의 테제들(95 Thesen über den Ablaß)을 공개하면서 종교개혁(Reformation)이 시작되며, 1520년 『선행에 관한 설교(*Sermon von den guten Werken*)』, 『기독교의 현실 개선에 대하여 독일 민족의 기독교 귀족들에게 고함(*An den christlichen Adel deutscher Nation von des christlichen Standes Besserung*)』, 『기독교인의 자유에 대하여(*Von der Freiheit eines Christenmenschen*)』 등 종교개혁과 관련된 여러 저서들을 남긴다. 중세적 봉건제도 및 교황권의 청산과 근대적 부르주아 혁명으로 나아가는 길목에서 루터의 종교개혁은 인민대중을 일깨우는 촉진제 역할을 하게 된다. 1525년 그는 카타리나(Katharina von Bora)와 결혼하며, 1520년대 독일 농민전쟁이 격렬하게 확산되어가는 과정에서 무장투쟁을 반대하는 입장을 취하면서 그 지도자의 한 사람인 뮌처(Thomas Müntzer, 1490～1525)와는 다른 길을 가게 된다. 또한 그에 이어 그는 1521년부터 1534년까지 성서 전체를 독일어로 번역하는 일을 마무리하며, 이 작업은 독일어의 문어체를 완성하는 결정적인 역할로 인민들의 자기 언어에 대한 해방을 가져오는 또 다른 의식의 혁명을 완성하게 되는 계기가 된다. 루터의 종교개혁은 프랑스 혁명에도 큰 영향을 미칠 뿐만 아니라 독일의 문학과 철학에 있어서 고전주의(Klassizismus) 시대의 문을 여는 역할을 한다.

『라인 신문(Rheinische Zeitug)』: 그 원명은 『정치, 상업, 영업을 위한 라인 신문(Rheinische Zeitug für Politik, Handel und Gewerbe)』이며, 1842년 1월 1일부터 1843년 3월 31일까지 쾰른에서 출간된 일간지이다. 프러시아의 절대주의에 반대하는 라인 지방의 부르주아계급의 대표자들이 설립한 신문이며, 몇몇 좌파헤겔주의자들도 참여한다. 1842년 4월 이후 맑스도 참여하며, 10월에는 편집장이 된다. 엥겔스도 이 신문에 논설문을 발표한다. 맑스의 편집 하에서 신문은 항상 분명한 혁명적·

민주적인 성격을 지니게 된다. 독일에서 그 명성이 상승하게 되자 정부의 근심과 불만 및 반동적 언론들의 비방을 불러일으키게 된다. 1843년 1월 19일 프로이센 정부는 『라인 신문』을 1843년 4월 1일부로 금지 처분할 것, 그리고 그때까지 엄격한 검열을 받을 것을 포고한다. 신문의 주주들은 정부의 포고령에서 벗어나기 위하여 신문이 좀 더 온화한 목소리로 발간될 것을 바랐기 때문에, 맑스는 더 이상 일하지 못하고 1843년 3월 17일 편집실을 떠나고 만다. 편집실을 떠나면서 맑스는 다음과 같은 간단한 선언문을 남긴다. 그 선언문은 『라인 신문』의 1843년 3월 18일자 77호에 발표된다. "아래 서명인은 **현재의 검열상황**으로 말미암아 오늘부로 『라인 신문』 편집실을 떠난다는 것을 밝히노라. 쾰른, 1843년 3월 17일. 박사 맑스"(참고: MEW, Bd.1, 200쪽/597쪽)

『쾰른 신문(Kölnische Zeitung)』: 1802년부터 쾰른에서 출간된 일간지로 19세기의 30년대와 40년대 초 프로이센의 지배적인 개신교에 대항하여 가톨릭교를 지지한다. 반동적 시사평론가이자 프로이센 정부의 밀정이기도 한 칼 하인리히 헤르메스(Karl Heinrich Hermes)가 1842년 이 신문의 정치부 편집장이 되며, 그 무렵 맑스가 편집 일을 보고 있던 『라인 신문』에 대항하여 격렬한 투쟁을 벌인다.(참고: MEW, Bd.1, 599쪽)

쾰른(Köln): 독일의 오랜 대도시의 하나로 쾰른 대성당이 유명하다. 맑스의 생존 시에도 여러 신문 및 잡지들이 출간되었던 문화도시이며, 맑스가 1842년 10월 이주하여 반년 가까이 편집장으로 일했던 『라인 신문』이 출간된 도시이다.

아우크스부르크의 『알게마이네 차이퉁』(die Augsburger 'Allgemeine Zeitung'): 독일 바이에른 주의 남서쪽에 위치한 고전적인 전통의 도시 아우크스부르크(Augsburg)에서 1810년부터 1882년까지 출간된 일간지이다. 『알게마이네 차이퉁(Allgemeine Zeitung)』이란 정치적인, 또는 경제나 예술적인 분야 등등에만 한정된 신문이 아니라 누구나 읽을 수 있는 내용을 일반적인 기사로 다루게 되는 '일반신문'을 의미한다.

공상적 사회주의(utopischer Sozialismus): 우리가 흔히 알고 있는 토마스 모어(Thomas More, 1478～1535)의 저서 『유토피아(*Utopia*)』는 그 원래 이름은 『최선의 국가상태 및 새로운 섬 유토피아에 대하여(*Über den besten Staatszustand und über die neue Insel Utopia*)』이다. 이 책 초판은 1516년 라틴어로 프랑스의 루뱅(Louvain, Löwen)에서 『최선의 국가 상태와 유토피아라는 새로운 섬에 대한 유익하고 재미있는 저작(Libellus vere aurens nec minus salutaris quam festivus de optimo re publicae statu, deque nova Insula Utopia)』이란 제목으로 출간되었다. 그 후 곧 영국과 독일에서도 번역되어 출간되었으며, 유토피아(utopia)란 말도 널리 퍼지게 되었다. utopia란 그리스어 u와 tópos의 합성어로 현실에서는 '없는 곳(Nicht-Ort, Nirgendwo)'을, 따라서 이상향을 의미한다. 중세를 지배했던 기독교의 신국론(Gottesstaat)이나 천국론(Himmelreich)과는 달리, 그러나 지상적인 현실의 이상을 추구하고 실현하고자 하는 열망을 담아내고 있는 저서인 것이다. 즉, 근대적인 공상적 사회주의나 공상적 공산주의(utopischer Kommunismus)를 함의하고 있는 최초의 저서로서, 이로부터 사회주의 일반의 철학사상이 부단히 발전하면서 18세기 후반기부터 19세기 전반기까지 생시몽, 푸리에, 오언 등등을 중심으로 영국과 프랑스에서 정립된 맑스주의 이전의 사회주의를 공상적 사회주의, 초기 사회주의(Frühsozialismus), 맑스주의 이전 사회주의(vormarxistischer Sozialismus), 또는 공상적 공산주의 등등으로 부르게 된 것이다. 그리고 맑스와 엥겔스에 의해 정립된 사회주의를 과학적 사회주의(wissenschaftlicher Sozialismus)나 과학적 공산주의(wissenschaftlicher Kommunismus), 또는 공산주의라고 부른다. 이에 대한 엥겔스의 상징적인 저서가 『공상에서 과학으로의 사회주의의 발전(*Die Entwicklung des Sozialismus von der Utopie zur Wissenschaft*)』(1880)이다. 엥겔스는 유물론적 역사관을 다음과 같이 정의한다. "유물론적 역사관은 다음과 같은 명제에서 출발한다. 즉, 생산과 그에 이어 그 생산물의 교환이 모든 사회적 질서의 기초라는 것이다. 다시 말해 역사적으로 나타나는 각각의 사회 속에서 생산물의 분배와 그와 더불어 계급이나 신분으로 이루어지는 사회적 구조는 무엇이 어떻게 생산되고 또한 생산된 것이 어떻게 분배되는가에 따라 결정되는 것이다."

푸리에, 샤를르(Fourier, Charles, 1772～1837): 생시몽(Saint-Simon) 등과 함께 프랑스의 공상적 사회주의의 대표자로, 브장송(Besançon)에서 부유한 상인의 아들로 태어났다. 18세기의 계몽주의 영향으로 유물론적 관점을 확립하면서, 동시에 공상적 사회주의 사상을 수용한다. 그의 주저로는 『가족적 및 농업적 조합론(*Abhandlung über die häusliche und ländliche Assoziation*)』(1822), 『산업적 및 조합적 신세계(*Die neue industrielle und sozietäre Welt*)』(1829) 등이 있다. 또한 『두 종파주의자 생시몽과 오원의 함정 및 엉터리 의술(*Fallstricke und Quacksalberei der beiden Seckten Saint-Simon und Owen*)』(1831)에서 그는 생시몽과 오원의 공상적 사회주의를 비판하면서도 유물론적인 범신론의 관점을 견지하면서 그 또한 공상적 사회주의 사상에서 벗어나지는 못했으며, 그 나름의 자연 및 사회의 합법칙적 운동을 관철하고자 노력했다. 이와 같은 운동에는 사회적 운동, 동물적 운동, 유기적 운동, 물질적 운동 등 4가지 운동이 있으며, 이들 운동은 일반적 운동의 일부를 이루면서 서로 밀접한 관계 속에서 교류한다는 것이다. 그는 자본주의에 있어서의 상업의 기생적인 본질을 밝히고자 하며, 또한 여성의 해방을 일반적 해방운동의 척도로 간주하기도 했다. 그에 의하면 금권정치를 통해 단지 귀족들의 분열을 가져왔을 뿐인 혁명의 성과는 자유, 평등, 우애 대신에 모순과 불행을 증진시킬 수도 있는 것이다. 따라서 자본주의 사회의 비인간적인 노동으로부터 벗어나 생산관계의 새로운 조직 속에서 조화와 박애주의(Philanthropismus)를 실현하기 위해 그는 '팔랑스테르(Phalanstères, Phalanstere)'라는 이상사회의 체제를 주장하며, 일종의 평등공산주의(Egalitärkommunismus)를 실현하고자 한다. 이와 같은 그의 이념은 푸리에주의(Fourierismus)를 형성하게 되며, 그 대표자로는 빅토르 콩시데랑(Victor Considérant)이 있다. 1832년부터 1849년까지 파리에서 출간된 푸리에주의자들의 기관지로 『팔랑쥬(La Phalange)』가 있으며, 푸리에가 이상사회로 주장하는 사회주의적 조합으로서의 팔랑쥬(phalange, Phalanx)는 욕구와 노동의 고통으로부터의 해방을 추구하고자 한 철학이기도 한 것이다.

카베, 에티엔느(Cabet, Étienne, 1788~1856): 프랑스 디종(Dijon)에서 수공업자의 아들로 태어났으며, 미국 세인트 루이스(St.Louis)에서 사망한다. 프랑스의 공상적 공산주의자(utopischer Kommunist)이며, 평등주의(Egalitarismus)의 대표자이자, 이른바 이카리아 공산주의(ikarischer Kommunismus) 창시자이다. 그는 1830년의 6월혁명(Julirevolution)에 참여하며, 1831년에는 좌파 부르주아 단체들을 이끄는 위원으로 활동한다. 1832년 『1830년 혁명의 역사(*Geschichte der Revolution von 1830*)』란 책을 출간하며, 또한 그의 주저의 하나로 알려진 저서로는 『1789년부터 1830년까지 프랑스혁명에 있어서 인민의 역사(*Volkstümliche Geschichte der Französischen Revolution von 1789 bis 1830*)』(1849/50)가 있다. 그의 널리 알려진 저서로 공상 소설이자 철학적이고 사회적 소설인 『이카리아 기행(*Voyage en Icarie, Die Reise nach Ikarien*)』(1839/40)이 있으며, 1848년에는 미국으로 건너가 이상적 공산사회로서 이카리아 공동체를 창설하지만 결국 실패하고 만다.

데자미, 테오도르(Dézamy, Théodore, 1808~1850): 프랑스의 시사평론가이며, 공상적 공산주의(utopischer Kommunismus)의 대표자의 한 사람.(참고: MEW, Bd.1, 637쪽)

르루, 피에르(Leroux, Pierre, 1797~1871): 프랑스의 시사평론가이며, 공상적 사회주의자. 생시몽의 추종자이다.(참고: MEW, Bd.1, 641쪽)

콩시데랑, 빅토르(Considérant, Victor, 1808~1893): 프랑스의 시사평론가이며, 공상적 사회주의자. 푸리에의 제자이면서 그 추종자이다.(참고: MEW, Bd.1, 637쪽)

프루동, 피에르 조세프(Proudhon, Pierre-Joseph, 1809～1865): 푸리에와 같은 고향, 즉 브장송(BesanÇon)에서 그보다 37세 연하로 태어나며, 프랑스의 소부르주아적 사회주의자이자 무정부주의 이론가. MEW 제1권 인명색인에서는 '프랑스의 시사평론가, 소부르주아계급의 이데올로그, 무정부주의의 이론적 창시자의 한 사람.'이라고 적고 있다. 그의 최초의 주저로는 『소유란 무엇인가? 또는 법 및 통치의 원리에 대한 탐구(*Was ist das Eigentum? Oder Untersuchungen über das Prinzip des Rechts und der Regierung*)』(1840)가 있고, 맑스의 비판으로 유명한 저술이기도 한 1846년 10월에 2권으로 출간된 책이 『빈곤의 철학(*Philosophie des Elends*)』이며, 그 원제목은 『빈곤에 대한 경제적 모순의 또는 철학의 체계(*System der ökonomischen Widersprüche oder Philosophie des Elends*)』이다. 그리고 기타 많은 저서를 남겼으며, 『어느 혁명가의 고백 - 2월혁명의 역사서술을 위한 기고(*Bekenntnisse eines Revolutionäres - um zur Geschichtsschreibung der Februarrevolution beizutragen*)』(1849), 『사회적 문제의 해결(*Lösung der sozialen Frage*)』(1848), 『19세기의 혁명사상(*Gedanken zur Revolution im 19. Jahrhundert*)』(1851), 『혁명 및 교회에 있어서 정의(*Die Gerechtigkeit in der Revolution und in der Kirche*)』(1858-1860), 『지원의 원칙(*Das Förderationprinzip*)』(1863) 등등이 있다. 맑스가 1847년 브뤼셀에서 프랑어로 출간한 프루동에 대한 비판서로서 『철학의 빈곤. 프루동의 '빈곤의 철학'에 대한 응답(*Das Elend der Philosophie. Antwort auf Proudhons ‚Philosophie des Elends'*)』은 맑스철학에 있어서 최초의 정치경제학적 비판의 저서로 알려져 있으며, 이로부터 맑스의 유물론적 역사관이 확립되어가는 초석이 놓이게 된다.

『라이프치히의 알게마이네 차이퉁(Leipziger Allgemeine Zeitung)』: 1837년 출간된 일간지. 19세기의 40년대 초 진보적 부르주아 신문. 1842년 12월 28일부터 프로이센의 내각칙령을 통해 금지되며, 1843년 4월 1일까지 작센(Sachsen)에서 출간된다.

루게, 아르놀트(Ruge, Arnold, 1802～1880): 독일의 정치적 시사비평가이며, 급진적 부르주아 이데올로그로서 1848년 3월혁명 이전의 사상적 지도자의 한 사람이자 청년헤겔학파의 철학적 운동을 이끌었던 인물이다. 루게는 1821년부터 할레(Halle)와 예나(Jena)에서 고대문헌학과 철학을 공부하며, 1830년대 초부터는 헤겔철학에 대해 철저히 연구하게 된다. 1837년 좌파헤겔주의로 전환하면서 곧 그 실질적인 지도자의 한 사람이 된다. 1838년부터 그는 『독일의 학문과 예술을 위한 할레 연보(Hallische Jahrbücher für deutsche Wissenschaft und Kunst)』의 발행인으로 활동하며, 1841년부터 1843년까지는 『학문과 예술을 위한 독일 연보(Deutsche Jahrbücher für Wissenschaft und Kunst)』를 출간하면서 계속 이어가게 된다. 프로이센 정부의 검열과 금지령을 피해 파리로 이주한 그는 1844년 파리에서 맑스와 함께 독일어로 『독불 연보(Deutsch-Französische Jahrbücher)』를 출간하며, 이 시기부터 그는 주로 맑스와 마찬가지로 헤겔의 역사철학이나 법철학에 대한 비판적 이해를 통해 현실을 극복하고자 한다. 그에 의하면 사회적 현실 속에는 실현된 이성과 자유 뿐만 아니라 부정을 통해 지양된 비이성(Unvernunft)과 부자유(Unfreiheit)도 내포되어 있다. 따라서 비이성과 부자유를 비판적으로 극복하지 않으면 안 된다는 것이다. 루게는 『할레 연보』나 『독일 연보』, 또는 『독불 연보』 등에 꽤 많은 논설문을 썼으며, 저서로는 『우리의 최근 10년(*Unsere letzten zehn Jahre*)』(1845)이 있다.

크로이츠나하(Kreuznach): 맑스와 제니가 결혼했던 고향 트리어에서 멀지 않은 휴양 도시. 맑스는 이곳에서 『헤겔 법철학 비판에 대하여(*Zur Kritik der Hegelschen Rechtsphilosophie*)』를 쓴다.

제니 폰 베스트팔렌(Jenny von Westphalen): 루트비히 베스트팔렌(Ludwig Westphalen)의 장녀로 1814년 태어나며, 4살 연하인 맑스와 7년여의 연애 끝에 1843년 크로이츠나하에서 결혼한다. 1881년 런던에서 세상을 뜬다. 보통 '예니 맑스'로 표기하지만, 오늘날의 표기로는 '제니 맑스'라고 읽을 뿐만 아니라 그렇게 해야 하지 않나 싶다.

『독불 연보(Deutsch-Französische Jahrbücher)』: 아르놀드 루게와 맑스가 1844년 파리에서 독일어로 출간한 잡지. 그리고 이 잡지를 통해 맑스의 『유대인 문제에 대하여(*Zur Judenfrage*)』와 「헤겔 법철학 비판에 대하여. 서문(Zur Kritik der Hegelschen Rechtsphilosophie. Einleitung)」, 그리고 엥겔스의 작품인 『국민경제학 비판의 개요(*Umrisse zu einer Kritik der Nationalökonomie*)』와 『영국의 상황. 토마스 칼라일에 있어 '과거와 현재'(*Die Lage Englands. 'Past und Present' by Thomas Carlyle*)』가 출간되기도 한다. 이와 같은 맑스와 엥겔스의 저술 작업은 유물론과 공산주의로 나아가는 결정적인 과정을 보여주고 있으며, 또한 이 잡지의 출간을 통해 맑스와 루게 사이에 견해 차이가 확연하게 드러나면서 헤어지게 된다.(참고: MEW, Bd.1, 604쪽)

의인동맹(der Bund der Gerechten): 1837년 파리의 독일 망명자들에 의해 결성된 최초의 독일인 공산주의적 비밀 결사체로, 원뜻은 정의를 추구하는 사람들의 단체란 의미에서 정의인동맹이라고도 부를 수 있을 것이다. 그 지도자로는 샤퍼(Schapper, Karl, 1813～1870), 바이틀링(Weitling, Christian Wilhelm, 1808～1871), 에버베크(Ewerbeck, August Hermann, 1816～1860) 등이 활동하며, 특히 바이틀링은 공산주의와 프롤레타리아의 운동을 결합하고 프롤레타리아 해방투쟁의 이론과 실천을 연결시키는 최초의 시도를 했던 인물이다. 의인동맹은 그 이전 1834년 파리에서 독일의 추방된 망명자들을 중심으로 결성된 비밀결사체로서 민주적 공화주의를 추구하는 추방자동맹(der Bund der Geächteten)이 있었으며, 바이틀링도 곧 가입하여 활동한다. 추방자동맹이 그 이념적 갈등 속에서 내부분열을 하게 되고, 그로 말미암아 의인동맹이 출현하게 된 것이다. 1847년 6월 의인동맹은 공산주의자동맹(der Bund der Kommunisten)으로 그 명칭이 변경된다.

하이네, 하인리히(Heine, Heinrich, 1797～1856): 뒤셀도르프에서 상인의 아들로 태어나 본대학과 베를린대학에서 법학과 철학을 공부하며, 특히 베를린대학에서는 헤겔철학에 매료되면서 청년헤겔학파에도 참여한다. 그의 유명한 장시로 「귀향(Die Heimkehr)」 등이 있고, 여러 시집 이외에도 특히 철학적 저서로는 『독일의 종교 및 철학의 역사에 대하여(*Zur Geschichte der Religion und Philosophie in Deutschland*)』(1834)가 있으며, '우리의 철학적 혁명은 끝났다. 헤겔은 그 위대한 영역의 문을 닫아버린 것이다.(Unsere philosophische Revolution ist beendigt. Hegel hat ihren großen Kreis geschlossen)'라고 말한다. 1843년 12월 파리에서 맑스와 만나 친교를 맺게 되며, 만년에는 파리에서 병석에 누워 시달리다 타계한다.

스미스, 애덤(Smith, Adam, 1723～1790): 영국의 고전적 부르주아 정치경제학의 가장 중요한 대표자의 한 사람이며, 미학, 논리학, 도덕철학에 대해 강의한 철학교수로 활동한다. 그의 도덕철학 저서로는 『도덕감정론(*The Theory of Moral Sentiments*)』(1759)이 있으며, 널리 알려진 경제학 저서로는 『국부론(*An Inquiry into the Nature and Causes of the Welth of Nations*)』(1776)이 있다.

세이, 장 밥티스트(Say, Jean-Baptiste, 1767～1832): 프랑스의 경제학자이며 애덤 스미스 경제학의 추종자로 평가되고 있으며, 맑스는 그를 속류 경제학자(Vulgärökonom)로 평가한다.

샤르벡, 프리데릭(Sharbek, Fryderyk): 연보에서는 아담 스미스와 장 밥티스트 세이에 이어 경제학자로 언급하면서도 그 인명색인에서는 언급하고 있지 않다.

바쿠닌, 미하일 알렉산드로비치(Bakunin, Michail Alexandrowitch, 1814～1876): 러시아의 소부르주아적 혁명가이자 정치적 무정부주의의 기초를 놓은 한 사람이며, 철학적으로는 기계론적 유물론의 대변자로 평가된다. 귀족가문 출신으로 일찍이 철학을 공부하며, 1837년 이후 헤겔철학 연구에 몰두한다. 1840년 베를린으로 와서 청년헤겔학파에 얼마간 관여하기도 한다. 그 후 스위스로 건너와 의인동맹에서 일하게 되며, 파리에서는 맑스와 엥겔스를 만나게 되고 프루동과도 만난다. 영국, 이탈리아를 비롯하여 구라파 곳곳을 돌아다니며 사회적 혁명 활동에 참여하며, 『채찍의 제국 독일과 사회적 혁명(*Das Peitschenimperium Deutschland und die soziale Revolution*)』(1871), 『신과 국가(*Gott und Staat*)』(1871), 『국가의 본질과 무정부(*Staatlichkeit und Anarchie*)』(1873) 등의 저서가 있다. 특히 그의 혁명론은 맑스와는 달리 혁명의 목적이 무정부주의를 실현하는 것에 있으며, 따라서 프롤레타리아 독재를 포기하지 않으면 안 된다고 주장한다.

보트킨, 바실리 페트로비치(Botkin, Wassili Petrowitsch): 연보에서는 러시아의 정치가로 언급하고 있지만 인명색인에서는 언급하고 있지 않다.

톨스토이, 그리고리 미하일로비치(Tolstoi, Grigori Michailowitsch): 연보에서는 러시아 정치가로 언급하고 있지만 인명색인에는 나와 있지 않다.

르루, 피에르(Leroux, Pierre, 1797～1871): 프랑스의 시사평론가이며, 공상적 사회주의자. 생시몽의 추종자이다.(참고: MEW, Bd.1, 641쪽)

블랑, 루이(Blanc, Louis, 1811～1882): 프랑스의 소부르주아적 사회주의자. 언론인이자 역사가. 1848년 임시정부의 일원으로 참여하였으며, 계급 및 노동과 자본의 '화해(Versöhnung)'를 촉구한다. 엥겔스는 블랑에 대해 논평문을 쓰며, 엥겔스의 「루이 블랑의 디종 연회에서의 연설(Louis Blancs Rede auf dem Bankett zu Dijong)」이란 논평문은 1847년 12월 18일자 『북극성』에 발표된 서간 통신문이다. 그 원문은 영어로 쓴 「프랑스에서의 개혁운동 - 디종에서의 연회(Reform Movement in France - Banquet of Dijong)」란 글이다.(참고: MEW, Bd.4, 645쪽)

『전진!(Vorwärts!)』: 파리에서 독일어로 출간된 독일인들의 잡지 성격을 띤 신문. 1844년 1월부터 12월까지 주 2회에 걸쳐 출간되었으며, 1844년 여름 이후 신문의 편집실에서 함께 일하게 된 맑스의 영향으로 공산주의적 성격을 띠게 된다. 이 신문은 프러시아의 반동적 상태를 날

카롭게 비판하며, 1845년 1월 프랑스 기조(Guizot) 내각은 프로이센 정부의 요구에 따라 맑스와 몇몇 편찬자들을 프랑스로부터 추방하도록 지시한다. MEW 제1권에는 맑스와 엥겔스의 『전진!』에 발표된 여러 기고문들이 실려 있다.(참고: MEW, Bd.1, 605쪽/MEW, Bd.2, 664쪽)

바르멘(Barmen): 엥겔스가 태어난 도시. 독일 서부의 라인강 지류인 부퍼(Wupper)강 연안의 작은 고전적인 도시로 일찍이 섬유산업이 발달한 곳이다.

브레멘(Bremen): 독일의 서북부 베저(Weser)강 연안의 항구 도시. 엥겔스가 헤겔철학에 열중하면서 혁명적 의식이 형성되던 곳이다.

청년독일파(Das Junge Deutschland): 칼 구츠코(Karl Gutzkow), 하인리히 하이네, 알렉산더 융 등이 참여하여 활동한 독일 문학단체이며, 1830년 프랑스 7월혁명을 계기로 주로 생시몽주의의 영향을 받으면서 고전주의와 낭만주의를 극복하게 되는 사실주의적 경향을 띠게 되었지만, 그러나 1830년대 후반기 들어 독일연방의 탄압으로 시들고 만다.

『독일의 전보(Telegraph für Deutschland)』: 칼 구츠코(Karl Gutzkow)에 의해 창간된 문학잡지로 1838년부터 1848년까지 함부르크(Hamburg)에서 출간된다. 1830년대 말과 1840년대 초에는 청년독일파의 관점을 대변하기도 했다. 그리고 1845년 12월 이 잡지의 제193호에 엥겔스가 젊은 시절 투고한 「영국 곡물조례의 역사(Geschichte der englischen Korngesetze)」란 글이 발표된다.(참고: MEW, Bd.1, 606쪽./MEW, Bd.2, 585쪽)

바우어 형제: 브루노 바우어(Bruno Bauer)와 에드가 바우어(Edgar Bauer, 1820～1886) 형제를 말하며, 앞서 브루노 바우어에 대해서는 언급했으며, 그 동생 에드가 바우어 역시 독일의 시사평론가이며 청년헤겔학파의 일원으로 활동한다. 그는 프로이센 정부로부터 압수된 『교회와 국가에 대한 비판의 투쟁(*Der Streit der Kritik mit Kirche und Staat*)』(1843)

이란 책으로 말미암아 4년의 징역형 언도를 받는다.(참고: MEW, Bd.1, 611쪽)

부퍼탈(Wuppertal): 라인강의 지류인 부퍼(Wupper)강에서 유래한 지명으로, 엥겔스의 고향 바르멘도 거기에 위치한다.

차티스트운동(Chatist Movement, Chartistenbewegung): 1830년대부터 1850년대 전반기에 걸쳐 이루어진 영국의 의회개혁 운동으로 그 지도자는 차티스트운동의 기관지인 『북극성』이란 신문을 창간하여 편찬한 퍼거스 에드워드 오코너(Feargus Edward O'Connor, 1794～1855)였다. 차츰 사회주의적 노동운동의 방향으로 나아가면서 그 일부는 제1인터내셔널에 가담하기도 했다.

셸링(Schelling, Friedrich Wilhelm Joseph von, 1775～1854): 독일의 철학자로 18세기 말에서 19세기 초까지의 독일 관념론 철학의 대표자. (참고: MEW, Bd.1, 644쪽)

융, 알렉산더(Jung, Alexander, 1799～1884): 독일의 저술가이며, 문학사가이자 시사평론가이다. 19세기 독일의 문학 유파의 하나인 청년독일파(das Junge Deutschland)와 가까이 지낸 인물이다.(참고: MEW, Bd.1, 640쪽)

리카도, 데이비드(Ricardo, David, 1772～1823): 영국의 경제학자이며, 고전적 부르주아 정치경제학의 대표자.(참고: MEW, Bd.1, 644쪽)

맥컬로크, 존 램지(MacCulloch, John Ramsay, 1789～1864): 영국의 부르주아적 경제학자이자 자본주의적 법규의 옹호자. 리카도의 학설을 속류화 한다.(참고: MEW, Bd.1, 642쪽)

밀, 제임스(Mill, James, 1773～1836): 영국의 부르주아 경제학자이자 철학자이며, 공리주의적이고 실증주의 철학자인 존 스튜어트 밀(John Stuart Mill, 1808～1873)의 아버지이다.(참고: MEW, Bd.1, 642쪽)

생시몽, 클로드 앙리(Saint-Simon, Claude-Henri, 1760 Paris～1825 Paris): 프랑스의 사회철학자이며 비판적·공상적 사회주의자. 계몽주의 사상의 영향으로 유물론과 사회주의 및 공산주의를 수용하게 되며, 맑스주의 형성에도 큰 영향을 미친다. 특히 그는 자연과학에 있어서 유물론적 원리를 인간 지식의 필연적인 전제로 강조하며, 이 세계를 인식하고 밝히는데 있어 유일한 수단으로 간주한다. 그리하여 자연과 사회의 발전과정이란 고정된 물질과 움직이는 물질 사이의 부단한 투쟁으로 이루어진다는 것이다. 그의 저서로는 『어느 제네바 주민의 동시대인들에게 보낸 편지(*Briefen euines Genfer Einwohners an seine Zeitgenossen*)』(1802)가 있으며, 그는 거기에서 프랑스 혁명에 대한 평가를 귀족 및 시민계급과 무산자 사이의 계급 투쟁적 성격을 띤 것으로 본다. 기타 『인간에 대한 과학의 각서(*Denkschrift über die Wissenschaft vom Menschen*)』(1813)와 『일반 중력에 대한 이론(*Abhandlung über die allgemeine Gravitation*)』(1813)이 있으며, 특히 그는 인간과 사회, 그리고 과학의 역사를 방법론적인 발전과정으로 정리하고자 했다. 그의 사상을 이어받은 생시몽학파(Saint-simonistische Schule)의 후계자로는 티에리(Thierry, Augustin, 1795～1856), 앙팡텡(Enfantin, Barthélemy-Prosper, 1796～1864), 바자르(Bazard, Saint-Armand, 1791～1832) 등이 있다.

오언, 로버트(Owen, Robert, 1771～1858): 프랑스의 생시몽, 푸리에 등과 더불어 영국의 대표적인 비판적·공상적 사회주의자로, 맑스주의 이전의 사회주의적·공산주의적 관점을 제시한 인물이다. 그는 일찍이 맨체스터에서 면방적공장을 운영했으며, 그의 철학사상은 기계론적 유물론의 관점을 토대로 형성되어 갔다. 그는 『래나크 주에 보내는 보고서(*Bericht an die Grafschaft Lanark*)』(1820)에서 사적 소유나 불합리한 종교체계, 그리고 그에 근거하고 있는 부르주아적 결혼 형태 등을 인간성을 망가뜨리는 악으로 보며, 종교나 교회 또한 그에게는 마찬가지였다. 그는 『사회의 합리적 체계 기획(*Entwurf des rationellen Systems der Gesellschaft*)』(1832), 『'새로운 도덕세계'에 관한 교과서(*Buch 'der neuen moralischen Welt'*)』(1835), 『새로운 도덕세계에 관한 문답서(*Der Kathechismus der neuen moralischen Welt*)』(1838), 『사회주의 또는 사회의 합리적 체계(*Sozialismus oder das rationelle System der Gesellschaft*)』(1841), 『인간성의 사유와 행위에 있어서 혁명 또는 비이성으로부터 이성으로의 미래의 이행(*Die Revolution im Denken und Tun der Menschheit oder der künftige Übergang von der Unvernunft zur Vernunft*)』(1849) 등등 많은 저서를 통해 사회주의적, 또는 진화론적 개념들을 정립해가며, 그러나 그의 이상주의적 관점은 자본주의적 부르주아 사회의 결함들을 극복하기에는 결코 만족스럽지는 못했다. 이미 맑스와 엥겔스가 「포이어바하에 관한 테제들」의 제5테제에서 지적하고 있는 것처럼 오언은 인간과 환경, 또는 교육과 피교육 사이의 변증법적 관계를 파악하지 못한 채 이원화하고 있는 결함으로부터 결코 벗어나지 못한 것이다. 그럼에도 불구하고 영국의 사회운동과 노동자들의 이해관계 속에서 이루어지는 모든 현실적 진보는 오언의 사상과 밀접한 관계 속에서 발전해 갔던 것이라고 할 수 있다.

바뵈프, 프랑소아 뇔(그라쿠스)(Babeuf, François-Noël<Gracchus>, 1760~1797): 프랑스의 혁명가이자 공상적 공산주의자. '평등주의자 결사체(Verschwörung der Gleichen)'를 조직하여 이끌었던 인물이다. 가난한 농촌지방인 피카르디(Picardie)에서 농부의 아들로 태어나 하급 관직을 떠돌다, 특히 루소(Rousseau)의 『사회계약론(*Der Gesellschaftsvertrag*)』(1762)의 영향으로 일찍부터 평등사상에 눈을 뜨게 되었으며, 1789년 파리로 가 프랑스 혁명에 뛰어들기도 한다. 그는 프랑스 혁명을 빈자와 부자 사이의 전쟁, 즉 계급투쟁으로 파악하게 된다. 그 후 여러 조직과 결사체를 만들어 투쟁하며, 그리하여 혁명의 여파 속에서 그는 사형을 당한다. 이와 같은 그의 이념, 곧 이론과 혁명적 실천의 통일로서 공산주의를 규정하고자 한 이념과 사상은 그 후 1848년에 이르기까지 유럽의 노동운동에는 물론 여러 사회주의적, 또는 공산주의적 단체들, 이를테면 의인동맹이나 공산주의자동맹 등에 커다란 영향을 미친다.

바이틀링, 크리스티안 빌헬름(Weitling, Christian Wilhelm 1808～1871): 직업은 재단사였으며, 노동자계급 출신의 최초의 작가. 공상적인 무차별주의적 공산주의(der utopische gleichmacherische Kommunismus) 이론가의 한 사람.(참고: MEW, Bd.1, 646쪽) 의인동맹을 이끌었던 이론가이며, 그의 주저의 하나로는 『조화와 자유의 보증(*Garantien der Harmonie und Freiheit*)』(1842)이 있으며, 특히 그는 공산주의를 프롤레타리아 운동과 결부시키면서 프롤레타리아 해방투쟁의 이론과 실천을 결합시킨 최초의 사람으로 높은 평가를 받는다. 그의 저서로는 『인류, 어떻게 존재하고 있으며 어떻게 존재해야 하는가(*Die Menschheit, wie sie ist und wie sie sein sollte*)』(1838)와 『독일 청년들의 절규(*Der Hülferuf der deutschen Jugend*)』(1841/1842), 『젊은 세대(*Die junge Generation*)』(1842/1843), 『사형수의 복음서(*Das Evangelium des armen Sünders*)』(1844) 등등이 있으며, 그의 혁명적 활동과 종교비판이 이유가 되어 체포되며 10개월의 징역형과 스위스로부터 추방령 판결을 받는다. 징역형을 마치고 런던으로 가 저술에 매달리는 생활을 하다 다시 브뤼셀로 돌아와 정치적 활동에서 물러나 조용히 은거한다. 맑스나 엥겔스와도 차츰 갈등 속에서 거리가 멀어지면서 만년에는 미국으로 이민을 가게 되며, 뉴욕에서 타계한다. 기타 유고로는 옥중 생활을 묘사한 『정의, 500일간의 연구(*Gerechtigkeit, ein Studium in 500 Tagen*)』, 『우주의 분류(*Klassifikation des Universums*)』, 『세계 체계의 이론(*Theorie des Weltsystems*)』 등이 있다.

『스위스의 공화주의자(Schweizerischer Republikaner)』: 스위스의 취리히(Zürich)에서 발간된 잡지로, 이 잡지 제39호(1843년 5월 16일), 제41호(1843년 5월 23일), 제46호(1843년 6월 9일), 제51호(1843년 6월 27일)에 엥겔스의 4통의 「런던에서 보낸 편지들(Briefe aus London)」이 발표되며, 엥겔스의 이 글은 MEW 제1권, 468-479쪽에 실려 있다.

샤퍼, 칼(Schapper, Karl, 1813～1870): 의인동맹 지도자의 일원이며, 런던의 독일 노동자교육연맹(der Deutsche Bildungsverein für Arbeiter) 지도자의 한 사람이다. 공산주의자동맹 중앙사무소의 위원이며, 1848년 『신라인 신문(Neue Rheinische Zeitung)』의 교정자로 활동한다. 라인 지방 민주주의자 행정위원회(der Rheinische Kreisausschuß der Demokraten)의 위원이며, 1849년 2월부터 5월까지 쾰른 노동자연맹(Kölner Arbeiterverein)의 대표로 활동한다. 1850년 공산주의자동맹의 분열로 빌리히(Willich)와 함께 맑스에 대항하여 소부르주아적 분파의 지도자가 되며, 곧 자신의 오류를 인정하게 되고, 다시 맑스와 동조하게 된다. 1865년 제1차 인터나치온날러 총평의회(Generalrat der I.Internationale)의, 곧 국제 노동자협회 총평의회(Generalrat der I.Internationalen Arbeiterassoziation) 위원이었다.(참고: MEW, Bd.4, 698-699쪽)

몰, 요세프(Moll, Joseph, 1812～1849): 쾰른 출신의 시계수리공. 의인동맹 지도자의 한 사람이며, 런던의 독일 노동자교육연맹 지도자의 일원이다. 공산주의자동맹 중앙사무소의 위원이며, 1848년 7월부터 9월까지 쾰른 노동자연맹의 대표이다. 라인 지방 민주주의자 행정위원회의 위원이자 쾰른 공안위원회(Kölner Sicherheitsausschuß)의 위원으로 활동한다. 1849년 바덴·팔츠 봉기(der badisch-pfälzische Aufstand)에 참여하며, 무르크(Murg)의 전투에서 사망한다.(참고: MEW, Bd.4, 695쪽)

바우어, 하인리히(Bauer, Heinrich): 프랑켄(Franken) 출신의 제화공. 의인동맹 지도자의 한 사람이며, 공산주의자동맹 중앙사무소의 위원으로 활동한다. 1850년 4월부터 5월까지 독일에서 동맹의 밀사로 활동하다가 1851년 오스트레일리아로 망명한다.(참고: MEW, Bd.4, 682쪽)

『북극성(The Northern Star, Polarstern)』: 영국 리즈(Leeds)에서 발간된 차티스트운동의 기관지이며, 차티스트운동의 좌파를 이끌었던 퍼거스 오코너(Feargus Edward O'Connor, 1794～1855)에 의해 1837년 편찬된 주간 신문이다. 이 신문은 1852년까지 출간되었으며, 1844년 11월부터는 런던에서 출간되었다. 1840년대에는 조지 하니(George Julian Harney, 1817～1897)가 편집을 맡았으며, 엥겔스도 1845년 9월부터 1848년 3월까지 함께 참여하여 일한다.(참고: MEW, Bd.4, 617쪽)

하니, 조지 줄리언(Harney, George Julian, 1817～1897): 영국 노동운동의 영향력이 큰 대표적 인물. 차티스트운동의 좌익의 지도자이며, 차티스트의 중심 기관지인 『북극성』의 편찬자이다. 1850년대 초까지 맑스, 엥겔스와 가까이 결합했었다.(참고: MEW, Bd.4, 689쪽)

『새로운 도덕세계(The New Moral World)』: 1834년 로버트 오언에 의해 창간된 영국의 오언주의자들, 또는 공상적 사회주의자들의 주간 신문으로 1846년까지 출간된다. 처음에는 리즈에서 출간되었지만, 1841년 10월 1일부터는 런던에서 출간되었으며, 엥겔스도 1843년 11월부터 1845년 5월까지 이 주간지의 일원으로 함께 일한다.(참고: MEW, Bd.2, 664쪽)

베에르트, 게오르크(Weerth, Georg, 1822～1856): 독일의 프롤레타리아의 시인이자 시사평론가이다. 공산주의자동맹 위원으로 활동하며, 맑스와 엥겔스의 친구이기도 하다. 1848/49년에는 『신라인 신문』의 문예란 편집자로 활동하며, 혁명 이후에는 대리상으로 일하게 된다.(참고: MEW, Bd.4, 701쪽)

칼라일, 토마스(Carlyle, Thomas, 1795～1881): 영국의 작가이며, 역사가이자 관념론적 철학자. 영웅 숭배론의 옹호자였으며, 1840년대의 봉건적 사회주의에 접근해 갔던 관점들을 대변하였다. 1848년 이후 노동운동의 공공연한 적군이 되고 만다.(참고: MEW, Bd.4, 636쪽)

슈티르너, 막스(Stirner, Max, 1806～1856): 요한 카스파 슈미트(Johann Caspar Schmidt)라는 가명을 사용하였으며, 철학자이자 작가. 부르주아적 개인주의 및 무정부주의의 이데올로그의 한 사람. 청년헤겔학파의 일원이며, 그의 주저로 『유일자와 그의 소유(*Der Einzige und sein Eigenthum*)』(1845)가 있으며, 기타 『반동의 역사(*Geschichte der Reaction*)』(1850)가 있다. 그에 의하면 유일하고 참된 실재성은 자아, 곧 개별적 인간인 것이며, 그리하여 개인의 절대성과 유일성이야말로 자유를 향한 토대가 되는 것이라고 주장한다. 국가란 오히려 개인으로서의 자아를 실현하는데 있어 적과 마찬가지이며, 이와 같은 개인주의는 19세기 중반 이후 허무주의나 염세주의를 낳는 경향을 띠기도 한다.

레스케(Leske): 연보에서 다름슈타트(Darmstadt)의 출판업자로 언급하고 있으며, 인명색인에서는 언급하고 있지 않다.

모렐리(Morelly, 1715?～1755): 연보에서는 언급하고 있지만, 그러나 인명색인에는 나와 있지 않다. 확실하지는 않지만 1715년(?) 프랑스 남부에서 태어난 것으로 알려져 있으며, 18세기 프랑스의 계몽주의자이자 공상적 공산주의자이다. 그의 주저로는 『자연적 사회의 법전(*Gesetzbuch der natürlichen Gesellschaft*)』(1754)이 있으며, 기타 『인간 정신에 대한 연구(*Versuch über den menschlichen Geist*)』(1743), 『인간의 감정에 대한 연구(*Versuch über das menschlichen Herz*)』(1745) 등이 있다. 이와 같은 저서들에서 그는 인간의 행복과 건강이 사회적 질서와 국가의 형태에 의하여 결정되는 것이며, 따라서 사적 소유가 폐기된 공산주의적 이상국가(Idealstaat)를 주장하면서도, 그러한 공산주의 사회가 어떻게 실현될 수 있을 것인지에 대해서는 더 이상 말하고 있지 않다.

'진정' 사회주의(der „wahre" Sozialismus): 모제스 헤쓰(Moses Heß, 1812～1875), 칼 그륀(Karl Grün, 1817～1887), 프리드리히 헤르만 제미히

(Friedrich Hermann Semmig, 1820~1897) 등이 주장한 사회주의를 '진정' 사회주의, 또는 '참된' 사회주의로 부르며, 일종의 공상적, 개량주의적 사회주의를 일컫는 비꼬아 부른 표현이다. 특히 그 대표자라고 할 수 있는 헤쓰에 의하여 1840년대 전반기부터 전개되기 시작한 일종의 '철학적' 공산주의를 말하며, 관념론 철학과 공상주의를 극복하지 못한 사회주의를 의미한다. 맑스와 엥겔스는 1845년 이후부터 차츰 강렬하게 비판해가며, 『공산당 선언(*Manifest der Kommunistschen Partei*)』(1848)에서는 반동적 사회주의의 하나로 독일에서의 사회주의를 '진정' 사회주의라고 그렇게 부르고 있다.

공산주의 통신위원회(das kommunistische Korrespondenz-Komitee): 1846년 초 맑스와 엥겔스에 의해 브뤼셀에서 창립된 조직으로 독일 및 프랑스, 영국 등의 공산주의의 연대와 진전을 위해 서로 정보를 교환하며, 또한 국제 프롤레타리아 정당을 건설하기 위한 조직체이다. 그러나 차츰 의인동맹이나 공산주의자동맹으로 흡수되어 가는 과정을 밟게 된다.

『라인 지방 감시인(Rheinischer Beobachter)』: 1844년부터 1848년 초까지 쾰른에서 출간된 일간지.(참고: MEW, Bd.2, 673쪽)

『트리어 신문(Trier'sche Zeitung)』: 1757년 트리어에서 창립되었으며, 1815년 이후 『트리어 신문』이란 제목으로 출간되었다. 19세기 40년대 초 부르주아적인 급진적 신문이 되었으며, 40년대 중반에는 사회주의에 대하여, 곧 "진정" 사회주의의 지도자가 된 상익위원인 칼 그륀의 기고문 같은 다른 방향의 논설문을 내보내기 시작했다.(참고: MEW, Bd.2, 665쪽)

볼프, 프리드리히 빌헬름(Wolff, <Friedrich> Wilhelm, 1809~1864): 교사이자 저널리스트이며, 슐레지엔 지방의 봉건적 지배하에 있는 소농의 아들로 태어난다. 부르셴샤프트운동(Burschenschaftsbewegung)에도 참여하며, 공산주의자동맹 중앙사무소의 위원. 1848/49년 『신라인 신문(Neue Rheinische Zeitung)』의 편집인이었으며, 라인 지방의 민주주의자위원회(Rheinischer Kreisausschuß der Demokraten)의 위원이자 쾰른 공안위원회(Kölner Sicherheitsausschuß)의 위원으로 활동했다. 그 이후 스위스에서 망명자로 생활하기도 하며, 1851년부터는 영국에서 생활한다. 맑스와 엥겔스의 가장 절친한 친구였다. 맑스는 그의 『자본』 제1권을 바로 이 빌헬름 볼프에게 헌정한다.(참고: MEW, Bd.4, 702쪽)

MEW 제4권 연보의 주석

크리게, 헤르만(Kriege, Hermann, 1820～1850): 독일 저널리스트이며, '진정' 사회주의자. 그는 1840년대 후반기에 미국 뉴욕에서 독일의 '진정' 사회주의자들의 단체를 이끌었다. 또한 그는 『폴크스 트리뷴(Der Volks-Tribun)』을 편집하여 출간하며, 이 주간지는 1846년 1월 5일부터 12월 31일까지 뉴욕에서 출간된 독일의 '진정' 사회주의자들이 설립한 것이다.(참고: MEW, Bd.4, 615쪽/692쪽)

쾨트겐, 구스타프 아돌프(Köttgen<Koettgen>, Gustav Adolph, 1805～1882): 라인 지방의 화가이자 시인. 1840년대에는 노동운동에 참여했다. '진정' 사회주의의 입장에 서 있었다. MEW 제4권 후주에서는 쾨트겐과 관련하여 다음과 같이 말하고 있다. 즉, 쾨트겐에게 보낸 브뤼셀의 공산주의 통신위원회의 편지는 맑스와 엥겔스의 노력으로 창안된 기록물의 하나이며, 곧 국제 프롤레타리아 정당의 결성에 대한 그 지반을 준비하기 위하여 다른 여러 나라들에서의 사회주의 운동에 참여하도록 하는 기록물의 하나이다. 이 편지는 엘버펠트(Elberfeld)의 사회주의자인 쾨트겐이 부퍼탈의 사회주의적 및 공산주의적 관점을 지닌 대표자들을 통합하기 위하여 쓴 1846년 6월 10일자의 편지에 대한 답장이다. 그러나 이 단체의 주도적인 이데올로기적 산만성 때문에 맑스와 엥겔스에 의하여 요구되었던 부터팔(Wuppertal)의 공산주의 통신위원회의 기획이 헛수고가 되고 만다.(참고: MEW, Bd.4, 616쪽/692쪽)

오코너, 퍼거스 에드워드(O'Connor, Feargus Edward, 1794～1854): 차티스트운동의 좌파 지도자의 한 사람이며, 신문『북극성』의 창설자이자 편집위원이다. 1848년 이후에는 개량주의자로 활동한다.(참고: MEW, Bd.4, 696쪽)

레스케, K.W.(Leske, K.W.): 연보에서 출판업자로 언급하고 있지만, 인명 색인에서는 언급하고 있지 않다.

그륀, 칼(Grün, Karl, 1817～1887): 에른스트 폰 데어 하이데(Ernst von der Haide)란 가명을 사용하였으며, 소부르주아적 언론인이자, 1840년대에는 '진정' 사회주의의 대표자의 한 사람이다. 특히 1840년대 중반 이후 그 상임위원의 한 사람이었던 그는 '진정' 사회주의자들의 영향 아래 있었던『트리어 신문(Trier'sche Zeitung)』에 많은 기고문을 발표한다.(참고: MEW, Bd.4, 688쪽)

안넨코프, P.W.(Annenkow, Pawel Wassiljewitsch, 1812～1887): 러시아의 문예 비평가이자 언론인이며 대농장 소유자. 자주 외국 여행을 다녔으며, 그리하여 맑스와도 알게 되었다. 맑스와 안면이 있었을 뿐 사회주의에 대해서는 아무런 관계가 없었다.(참고: MEW, Bd.4, 681쪽)

『브뤼셀의 독일 신문(Deutsche-Brüsseler-Zeitung)』: 1847년 1월, 브뤼셀에 망명해 있던 독일인들을 중심으로 독일어로 출간된 신문이며, 보른슈테트(Bornstedt)에 의해 창간되었다. 그리고 1848년 2월 폐간되고 만다. MEW 제1권, 제2권, 또한 제4권에는 신문 및 잡지의 색인에서 이에 대해 따로 언급하고 있지는 않다.

공산주의자동맹(der Bund der Kommunisten): 1847년 6월 초, 런던에서 의인동맹의 대회가 열리며, 이 대회에서 기존의 의인동맹을 공산주의자동맹으로 그 명칭을 변경하기로 결정한다. 따라서 이때 제1차 공산주의자동맹이 결성되기에 이르렀던 것이며, 그 중앙위원회는 런던에 두었다. 그리하여 특히 1847년 11월 29일부터 12월 8일까지 런던에서 열린 제2차 대회는 맑스와 엥겔스가 주도적으로 참여하여 당 강령(Parteiprogramm)의 초안을 작성하도록 위임을 받게 되고, 이를 바탕으로 그들은 곧 1848년 1월에 초고가 완성된 『공산당 선언(*Manifest der Kommunistischen Partei*)』에 대한 저술 작업에 몰두하게 된 것이다. 그러니까 『공산당 선언』은 공산주의자동맹의 강령으로 저술되었던 것이며, 이른바 맑스주의의 최초의 완결된 유물변증법적 세계관을 제시하고 있다는 점에서 유명할 뿐만 아니라 그 이해를 위한 핵심적 저술인 것이다. 그러나 공산주의자동맹은 그 이후 혁명적 변화에 따른 시의성과 여러 갈등 끝에 1852년 11월을 기점으로 해체되고 만다.

기조, 프랑소아 피에르 기욤(Guizot, François-Pierre-Guillaume, 1787~1874): 프랑스의 역사가이며 정치지도자이자 오를레앙 왕가 지지파. 1840년부터 1848년까지 프랑스의 내외 정치를 이끌었던 인물로 금융부르주아계급의 이해관계를 대변했다.(참고: MEW, Bd.4, 688쪽)

독일 노동자연맹(der Deutsche Arbeiterverein): 1847년 8월 말 브뤼셀에서 창립된 독일 노동자들의 단체로 벨기에에 살고 있는 독일 노동자들을 정치적으로 계몽하고 과학적 공산주의의 이념을 인식하도록 하기 위한 목적으로 맑스와 엥겔스에 의해 창립되었다. 이 연맹은 맑스와 엥겔스 및 그 투쟁동지들의 지도 아래 벨기에의 혁명적 프롤레타리아 세력들이 결집되는 하나의 당당한 중심체로 발전해 가게 되었다. 이 연맹의 중심적 역할은 공산주의자동맹의 브뤼셀 위원회에 참여하는 것이었다. 이 연맹은 브뤼셀의 민주주의협회(Brüsseler Demokratische Gesellschaft)를 창설하는데 발군의 역할을 수행하였다. 독일 노동자연맹은 프랑스의 1848년 2월혁명 이후 곧 벨기에의 경찰이 그들 동지들을 체포하고 추방하자 그 활동을 중단하고 말았다. 그리고 여기서는 Verein과 Gesellschaft를 구별하여 전자는 연맹으로, 후자는 협회로 번역하기로 한다.(참고: MEW, Bd.4, 644-645쪽)

『베스트팔렌 증기선(Das Westphälische Dampfboot)』: '진정' 사회주의자인 오토 뤼닝(Otto Lüning, 1818~1868)에 의해 편찬된 월간잡지로 1845년 1월부터 1846년 12월까지 빌레펠트(Bielefeld)에서 출간되었으며, 1847년 1월부터 1848년 3월까지는 파더보른(Paderborn)에서 출간되었다. 독일의 의사이자 시사평론가인 오토 뤼닝은 1844년 이후 '진정' 사회주의의 대표자로서 활동하며, 또한 『베저 증기선(Weser-Dampfboot)』, 『베스트팔렌 증기선』, 그리고 민주주의적 『신독일 신문(Die Neue Deutsche Zeitung)』의 발행인으로 활동한다. 『베저 증기선』 또한 『베스트팔렌 증기선』의 전신으로 차츰 '진정' 사회주의 기관지로 나아가는 소부르주아적 잡지로 1844년 민덴(Minden)에서 출간되었으며, 1월부터 10월까지는 주 2회, 11월과 12월에는 주 1회 출간되었다. 11월부터 오토 뤼닝이 편집자로 참여하게 되며, 1844년 말 출간이 금지되면서 1845년 초 『베스트팔렌 증기선』이란 새 이름으로 출간되기에 이른 것이다.(참고: MEW, Bd.2, 667쪽/MEW, Bd.4, 632쪽/MEW, Bd.4, 693쪽)

국제경제인의회(Internationaler Ökonomistenkongreß)(자유무역의회, Freihandelskongreß): 연보나 다른 부록에서는 맑스와 엥겔스가 1847년 9월 16일부터 브뤼셀에서 열린 이 의회에 참석한다는 것, 그리고 그 이외에 달리 이 의회에 대해 소개한 글은 없다. 물론 이때 엥겔스가 썼던 「브뤼셀에서의 자유무역의회(Der Freihandelskongreß in Brüssel)」란 글이 MEW 제4권 본문에 실려 있을 뿐이다.(참고: MEW, Bd.4, 299-308쪽)

『민주주의 아틀리에(Atelier démocratique)』: 맑스가 브뤼셀의 국제경제인협회에서 발표하고자 한 연설문이 발표되지 못하고 브뤼셀의 『민주주의 아틀리에』에 발표되기에 이른 것과 관련하여 이 신문, 또는 잡지에 대해서 달리 언급하고 있는 것은 없다. 다만 프랑스 파리에서 출간된 월간잡지 『아틀리에(L'Atelier)』에 대해서만 다음과 같이 말하고 있을 뿐이다. 즉, 『아틀리에』는 1840년부터 1850년까지 파리에서 출간된 프랑스의 월간잡지로 기독교적 사회주의 이념의 영향 아래 있었던 수공업자 및 노동자들의 기관지이며, 3개월 동안 선택받은 노동자 대표들이 잡지의 편집에 참여하였다.(참고: MEW, Bd.4, 638쪽)

민주주의협회(Association démocratique, Demokratische Gesellschaft): 1847년 가을 브뤼셀에서 창립된 이 민주주의협회는 일련의 프롤레타리아 혁명가들을 하나로 결집하여 통합하였으며, 주로 독일의 혁명적 망명자들 및 진보적인 부르주아나 소부르주아의 민주주의자들이 그 구성원을 이루고 있었다. 맑스와 엥겔스도 협회의 창립에 참여하였다. 1847년 11월 15일 맑스는 부회장으로 선출되었고, 벨기에의 민주주의자인 루시엥 조트랑(Lucien Jottrand, 1804～1877)이 회장으로 선출되었다. 맑스의 영향력으로 말미암아 브뤼셀의 민주주의협회는 국제 민주주의운동의 가장 중요한 중심체로 발전하게 되었다. 프랑스의 2월혁명 기간에 브뤼셀 민주주의협회의 프롤레타리아 진영은 벨기에 노동자들의 무장을 돕기 위해 노력하였으며, 민주적 공화제를 향한 폭넓은 투쟁을 위하여 들고 일어났다. 그러나 1848년 3월 초 맑스가 브뤼셀에서 추방되고, 벨기에 지부들이 협회의 가장 혁명적인 원칙들을 추구하고 있을 때 벨기에의 부르주아적 민주주의자들은 근로자들의 반군주제적 운동을 이끌어야 한다는 것을 이해하지 못했다. 민주주의협회는 단지 제한된, 순수한 지역적인 활동만을 수행하기 시작했을 뿐이며, 1849년 들어서는 이미 사실상 아무런 일도 하지 못하고 말았다. 또한 그리고 여기서도 Verein과 Gesellschaft를 구별하여 전자는 연맹으로, 후자는 협회로 번역하기로 한다.(참고: MEW, Bd.4, 644쪽)

하인젠, 칼(Heinzen, Karl, 1809～1880): 독일의 시사평론가이며, 공화주의자이다. 『라이프치히 알게마이네 짜이퉁(Leipziger Allgemeine Zeitung)』

과 『라인 신문(Rheinische Zeitung)』에서 일하기도 했다. 나중에는 독일계 미국인으로서 급진적인 언론인으로 활동한다.(참고: MEW, Bd.4, 689쪽)

『개혁(La Réforme, Die Reform)』: 프랑스의 일간지로 소부르주아적이고 민주주의적인 공화주의자들의 기관지이다. 1843년부터 1850년까지 파리에서 출간되었다. 1847년 10월부터 1848년 1월까지 엥겔스는 이 신문에 일련의 논설문들을 발표했다.(참고: MEW, Bd.1, 605쪽)

헤쓰, 모제스(Heß, Moses, 1812 Bonn～1875 Paris): 독일의 시사평론가이며, 『라인 신문(Rheinische Zeitung)』의 공동 설립자이자 그 직원으로 활동한다. 1840년대 중반 '진정' 사회주의의 대표자가 되며, 그 후에는 라살레주의자(Lassalleaner)로 활동한다.(참고: MEW, Bd.4, 690쪽) 그는 독일의 공상적 사회주의자로 가장 중요한 시사평론가이자 사회주의적 저술가의 한 사람이며, 1848년 3월혁명 이전 시기(Vormärz) 대중운동가로 활동한다. 본에서 태어난 그는 본대학에서 철학을 공부하며, 첫 저서로 종교적이고 관념론적인 『인류의 성스러운 역사. 스피노자의 신봉자에 관하여(*Die heilige Geschichte der Menschheit. Von einem Jünger Spinoza's*)』(1837)를 발표하며, 또한 『유럽의 3두 체제(*Die europäische Triarchie*)』(1841)를 출간한다. 『라인 신문』을 설립하는데 큰 역할을 한 것은 물론 『독불연보』 및 『전진』을 출간하는데도 참여하며, 특히 1845/1846년 그는 엘버펠트에서 엥겔스의 도움을 받으며 『사회의 거울. 무산자 인민계급을 대변하고 현재의 사회 상태를 조명하기 위한 기관지(Gesellschaftsspiegel. Organ zur Vertretung der besitzlosen Volksklassen und zur Beleuchtung der gesellschaftlichen Zustände der Gegenwart)』라는 잡지를 출간한다. 1840년대 전반기 포이어바하의 철학을 이어받아 '철학적' 공산주의를 발전시켜 나갔지만, 그러나 관념론과 공상주의(Utopismus)의 한계를 넘지 못하고 결국은 1844년의 슐레지엔 방직공 봉기(Der Aufstand der schlesischen Weber) 이후 형성된 '진정' 사회주의의 이론적 토대를 마련하는데 그치고 만다. 인간에 있어서 '참된', 또는 '진정한' 본질이란 이웃에 대한 이타주의(Altruismus)에서 비롯되는 인간사랑(Menschenliebe)에 있다는 '진정' 사회주의는 1845년 이후 맑스와 엥겔스에 의하여 더욱 격렬하게 비판되기에 이른다. 즉, 프롤레타리아의 계급의식이나 프롤레타리아의 투쟁조직을 저해할 수 있다는 것이 그 요점이기도 하다. 모제스 헤쓰는 1851년 스위스에서 『낡은 사회의 세계에 대한 최후의 심판(*Das jüngste Gericht über die alte soziale Welt*)』이란 소책자를 출간하며, 이어서 그는 차츰 인류의 역사에 대한 자연과학적 토대를 구명하기 위해 노력한다. 자연과 인간의 역사를 해명하고 사회주의를 과학적으로 구명하기 위해서는 '기계론적 동력론 및 물질론(mechanische Kraft- und Stofftheorie)'을 발전시키지 않으면 안 된다고 말한다. 1863년경부터는 라살레(Lassalle, Ferdinand, 1825~1864)를 신봉하면서 브뤼셀이나 바젤(Basel) 등에서 노동운동에 참여하며, 사회 민주적 노동당에도 가입한다. 파리에서 여생을 마친 그는 1961년 이스라엘로 이장되었다.

「공산주의의 원칙(Grundsätze des Kommunismus)」: 1847년 10월 말부터 11월까지 엥겔스가 공산주의자동맹의 위임을 받아 그 강령 초안으로 저술하게 되며, 25개항의 문답형식으로 이루어진 글이다. 이 강령이 완성되기까지는 의인동맹이 새로 조직되고, 그리고 1847년 6월 공산주의자동맹이란 이름으로 바뀌지게 되는 제1차 대회에 앞서 이미 논의되었던 것이기도 하다. 1847년 9월, 런던 공산주의자동맹 중앙사무소(샤퍼, 바우어, 그리고 몰)는 「공산주의의 신조(Kommunistisches Glaubensbekenntnis)」의 초안을 동맹의 여러 지부와 위원들에게 보낸다. 공상적 사회주의의 영향을 제거하고자 했던 이 문건은 맑스와 엥겔스에게는 만족스럽지 못했으며, 또한 파리에 있는 '진정' 사회주의자인 모제스 헤쓰에 의해 완성되었던 '성스럽게 교정된' 초안도 아니었다. 10월 22일, 공산주의자동맹의 파리 지역 사무소의 회의에서 엥겔스는 그 초안을 매우 상세하면서도 예리하게 비판하며, 그리고 새로운 초안을 작성하도록 위임을 받게 된다. 이렇게 하여 출간된 초안이 곧 엥겔스의 「공산주의의 원칙」인 것이다. 엥겔스는 자신이 작성한 「공산주의의 원칙」을 잠정적인 강령의 개요로만 간주했었는데, 1847년 11월 23/24일 맑스에게 보낸 편지에서 낡은 문답형식으로 표현하는 것이 최상일지, 그리고 또한 강령을 「공산주의 **선언**(Kommunistisches *Manifest*)」의 형식으로 작성하는 것이 최상일 것인지를 묻고 있다. 공산주의자동맹 제2차 대회(1847년 11월 29일-12월 8일)에서 프롤레타리아 당의 강령에 대한 과학적 원칙을 주장하는 맑스와 엥겔스에게 선언문을 완성할 것을 위임하게 된다. 맑스주의의 창시자들은 『공산당선언』과 관련하여 저술할 때 「공산주의의 원칙」에서 전개되었던 몇몇 테제들을 이용하여 그 의미 규정을 서술하기도 한다. 물론 엥겔스의 「공산주의의 원칙」은 MEW 제4권, 361-380쪽에 실려 있다.(참고: MEW, Bd.4, 640쪽)

브뤼셀의 민주주의협회(Brüsseler Association démocratique): 브뤼셀에서 창설된 민주주의 협회로, 맑스는 그 부회장으로 선출된다.

오스트엔데(Ostende): 벨기에의 항구도시.

민주주의동지회(Fraternal Democrats, Brüderliche Demokraten): 1845년 런던에서 차티스트들, 독일 노동자들(의인동맹의 위원들), 그리고 런던에 살고 있는 다른 국적의 혁명적 망명자들, 곧 그들의 좌파 대표자들에 의하여 여러 나라의 민주주의 운동을 결합 통일하기 위한 목적으로 창설된 국제 민주주의협회이다. 맑스와 엥겔스는 1845년 9월 22일 여러 민족의 민주주의자들에 의하여 거행된 이 협회의 초석을 다지기 위한 집회를 준비하는 데에 참여하였지만, 그러나 런던을 벗어나는 여행의 어려움 때문에 거기에 참석할 수는 없었다. 맑스와 엥겔스는 민주주의동지회와 부단한 교섭을 유지하였으며, 그 동지회의 위원들, 특히 1847년 공산주의자동맹에 가입했던 프롤레타리아의 핵심위원들을 프롤레타리아 국제주의 및 과학적 공산주의의 정신으로 교육시키며, 협회를 통해 차티스트주의에 이데올로기적인 영향을 주기 위하여 노력한다. 맑스와 엥겔스는 협회 위원들의 이론적으로 미성숙한 관점들을 비판했다. 1848년 차티스트들의 몰락 후 협회의 활동은 현저히 뒤처지고 말았으며, 1853년 협회는 해체되고 말았다.(참고: MEW, Bd.4, 643쪽)

런던의 독일 노동자교육연맹(der Deutsche Bildungsverein für Arbeiter in London): 1840년대 독일의 노동자들 교육을 위해 설립된 연맹으로, 특히 1844년 슐레지엔 방직공들의 봉기로 여러 도시에 설립되기에 이른다. 런던에서도 1840년 초 주로 의인동맹의 지도자들에 의해 노동자들의 교육을 목적으로 설립된 단체로, 1848년의 혁명 때에는 그 거점의 한 역할을 담당하기도 한다.

브뤼셀의 독일 노동자연맹(der Deutsche Arbeiterverein in Brüssel): 브뤼셀에 설치된 독일 노동자들의 단체.

디종(Dijon): 프랑스 중동부의 고전적인 중심도시.

『신라인 신문(Neue Rheinische Zeitung)』: 1848년 맑스의 편집으로 쾰른에서 출간된 일간지이며, 1년여 동안 출간되다가 1849년 5월 곧 프로이센 당국의 발행금지 처분으로 폐간되고 만다. 칼 샤퍼, 게오르크 베에르트, 빌헬름 볼프 등이 참여하기도 한다. 앞에서도 잠깐 언급한 것처럼 샤퍼는 1848년 교정자로, 베에르트는 1848/49년 문예란 편집자로, 볼프 역시 1848/49년 편집인으로 활동한다. 그러나 MEW 제1권과 제2권, 그리고 제4권에서는 이 신문에 대해 언급하고 있지 않다.

크라카우 봉기(Krakauer Aufstand): 폴란드 남부의 공업도시인 크라쿠프(Kraków)의 독일어 표현은 크라카우(Krakau)이다. 1846년 크라쿠프의 봉기가 일어나며, 이에 대해 2주년을 맞아 1848년 2월 22일 브뤼셀에서 기념하는 자리가 마련되고, 맑스와 엥겔스는 그 축하연설을 한다. 맑스와 엥겔스의 그 연설문은 MEW 제4권에 실려 있다.(참고: MEW, Bd.4, 519-525쪽)

플로콩, 페르디낭(Flocon, Ferdinand, 1800∼1866): 프랑스의 소부르주아적 정치인이며 급진적 시사평론가. 『개혁(La Réforme)』 편집인이며, 1848년 임시정부의 위원으로 활동한다.(참고: MEW, Bd.4, 687쪽)

헤르벡, 게오르크 프리드리히(Herwegh, Georg Friedrich, 1817∼1875): 독일 슈투트가르트(Stuttgart) 출신의 혁명적 시인.(참고: MEW, Bd.4, 689쪽)

보른슈테트, 아달베르트 폰(Bornstedt, Adalbert von, 1808∼1851): 일찍부터 프로이센의 장교로 일했으며, 시사평론가이자 소부르주아적 민주주의자이다. 1847/48년에는 『브뤼셀의 독일 신문(Deutsche-Brüsseler-Zeitung)』의 발행인이자 편집자로 활동하며, 공산주의자동맹의 위원이기도 했다. 파리에서 독일 자유전진부대(der Freischarenzug nach Deutschland)를 조직한 독일 민주주의협회(die Deutsche Demokratische Gesellschaft)의 지도자의 한 사람이었으며, 1848년 3월 그 단체에서 제명된다. 40년대 이래 프로이센 정부의 밀정으로 활동했다.(참고: MEW, Bd.4, 683쪽)

부록 3

프리드리히 엥겔스, 「칼 맑스의 묘지에서의 연설」

참고: Der Verlag(Hrsg.), 『칼 맑스에 대한 추억(*Erinnerungen an Karl Marx*)』(Berlin: Dietz Verlag, 1958), 5~7쪽.

이 엥겔스의 맑스에 대한 추도사이기도 한 「칼 맑스의 묘지에서의 연설(Rede am Grabe von Karl Marx)」은 그 각주에 따르면 1883년 3월 17일, 런던 하이게이트(Highgate) 공동묘지에 묻힌 맑스의 무덤 앞에서 원래 영어로 했던 연설이며, 1883년 3월 22일 스위스의 취리히(Zürich)에서 출간된 『사회민주주의자(Sozialdemokrat)』 제13권에 발표된다. 또한 그 출처는 Karl Marx/Friedrich Engels, 『선집(Ausgewählte Schriften)』(Berlin: Dietz Verlag, 1953) 제2권, 156~158쪽에서 옮긴 것이라고 밝히고 있다.

3월 14일, 오후 3시 15분 전, 가장 위대한 삶을 살아온 사상가가 사유를 멈추게 되었다. 우리는 안락의자에 들어앉아 조용히 잠들어 있는 그를 발견하였을 때, 홀로 내버려둔 지 2분도 채 지나지 않았는데, —그러나 영원히 잠들어버렸다.

유럽과 아메리카의 투쟁적인 프롤레타리아계급은 이 사나이에게서 무엇을 잃었으며, 역사적인 학문은 이 사나이에게서 또 무엇을 잃어버렸는지는 전혀 가늠하지 못할 것이다. 이 거인의 죽음이 찢어 없애버린 결함을 그러나 곧 뼈저리게 느끼게 될 것이다.

다윈(Darwin)이 유기적 자연의 발전법칙을 발견하였던 것처럼, 맑스는 인간 역사의 발전법칙을 발견하였다. 즉, 이제까지 이데올로기적인 무성함으로 뒤덮여 있던 단순한 사실, 곧 인간은 모든 사태에 앞서, 다시 말해 정치, 학문, 예술, 종교 등등을 추구하기 이전에 무엇보다 먼저 먹고, 마시고, 집에 거주하며, 옷을 입지 않으면 안 된다는 단순한 사실을 발견한 것이다. 그리하여 직접적인 물질적 생활수단의 생산과 인민의, 또는 그 시대의 그때마다의 경제적인 발전단계가 토대를 형성하는 것이고, 이 토대에 근거하여 국가의 제도나 법률적인 관점, 예술과 그리고 관련된 인간들의 종교적 표상조차도 발전하게 되었던 것이며, 따라서 또한 이 토대에 근거하여 그것들이 해명되어야만 하는 것이다.—그러나 이제까지 보았던 것과 같이 해명되지 않고 있었던 것이며, 아니 그 반대였던 것이다.

그것으로 물론 다 끝난 것이 아니다. 맑스는 또한 오늘날 자본주의적 생산양식과 그로부터 산출된 부르주아사회의 특수한 운동법칙을 발견하였다. 여기에 이르러 부르주아적 경제학자들 및 사회주의적 비판가들이 어둠 속에서 길을 잃고 있을 때 잉여가치의 발견으로 갑자기 어둠 속의 빛이 창조되기에 이르렀으니 말이다.

한평생 동안 그와 같은 두 가지 것들의 발견으로도 충분한 것이었음에 틀림없다. 그 한 가지 것의 발견만으로도 혜택을 누릴 수 있는 사람은 이미 행복할 것이다. 그러나 맑스가 탐구에 몰두했던 저마다의 개별적인 영역에서, 그리고 이 영역에서 매우 많은 발견들을 이루어냈던 것이며, 그 어떤 영역도 일시적으로 뒤적이며 그친 것이 아니라— 심지어 수학에 이르기까지도 독자적인 발견들을 이루어냈던 것이다.

그처럼 그는 학문의 사나이였다. 그는 결코 일을 중단하는 반쪽짜리 사나이는 아니었다. 맑스에게 있어 학문은 역사적인 동력이었고, 혁명적인 힘이었다. 어떤 이론적인 학문 속에서 그것의 실천적인 적용을 전혀 고려하지 않은 채 새로운 발견에 대해 그토록 순순한 기쁨을 누렸으며,—이를테면 어떤 발견이 곧 혁명적으로 산업에, 다시 말해 역사적인 발전 일반에 개입되어 있는 것이 문제가 될 때는 전혀 또 다른 기쁨을 느끼곤 했다. 더욱이 그는 최근에 마르 드프레(Marc Deprez)가 정밀하게 추구했던 전기(電氣)의 영역에서도 발견하는 작업을 전개하기도 했다.

그것은 특히 맑스가 무엇보다도 혁명가였기 때문이다. 자본주의 사회와 그를 통해 창조된 국가제도의 붕괴에 이런저런 방식으로 참여하는 것, 그리고 무엇보다도 그 고유한 처지와 욕구에 대한 의식 및 그 해방의 조건들의 의식을 **바로 그 자신이** 부여하게 되었던 근대 프롤레타리아계급의 해방을 위해 참여하는 것,— 그것이 그 자신의 현실적인 일생 동안의 사명이었다. 투쟁은 그의 기본적인 원리였다. 그리고 그는 열정적이고도 완강하게 성과를 이루어내면서 투쟁했으며, 그처럼 투쟁했던 사람은 거의 없다. 1842년 최초의 "라인 신문(Rheinische Zeitung)", 1844년 파리의 "전진(Vorwärts)", 1847년의 "브뤼셀의 독일 신문(Brüsseler Deutsche Zeit-ung)", 1848/49년의 "신라인 신문(Neue Rheinische Zeitung)", 1852년에서 1861년까지의 "뉴욕 트리뷴(New York Tribune)",—기타 다수의 투쟁 소책자와 파리, 브뤼셀, 런던에서의 연합 활동, 마지막으로 큰 대관식을 이루게 된 국제노동자대연합 등,— 이와 같은 작업들은 다시금 진실로 발기인으로서의 그의 자랑스러운 결과였던 것이며, 그 이외에 어떤 다른 일도 그는 수행하지 않았었다.

그리고 그 때문에 맑스는 그의 시대에 있어 가장 미움을 받았던, 가장 중상모략을 당했던 사나이였다. 절대적이고 공화적인 정부들은 그를 추방했으며, 보수적이고 극단적 민주주의의 부르주아들은 그에게 앞 다투어 비난을 퍼 부우며 거짓말을 해대고 있었다. 그는 거미줄처럼 얽혀있는 모든 것들을 무시하였고, 그에 대해 주의를 기울이지도 않았으며, 극단적인 압박을 받았을 때만 그에 대해 대답할 뿐이었다. 그리고 그는 죽었고, 시베리아의 광산으로부터 전 유럽과 아메리카, 그리고 캘리포니아에 이르기까지 거주하고 있는 수백만의 혁명적 동지들은 그를 존경했고, 사랑했으며, 또한 애도했던 것이다. 나는 감히 말할 수 있다. 즉, 그에게는 수많은 반대자들이 있을 지라도, 그러나 결코 개인적인 적은 단 한 사람도 없었다는 것을.

그의 이름은 수 세기에 걸쳐 살아남아 계속 이어질 것이며, 그의 업적 또한 마찬가지이리라!

부록 4

칼 맑스와 프리드리히 엥겔스 등을 묘사하여 그린 쥬코프의 11점의 그림

참고: Der Verlag(Hrsg.), 『칼 맑스에 대한 추억(*Erinnerungen an Karl Marx*)』 (Berlin: Dietz Verlag, 1958)

이 책에는 구소련의 '스탈린 상 수상자 N.N.쥬코프(Mit 11 Zeichnungen von Stalinpreisträger N.N.Shukow)'가 묘사하여 그린 맑스와 엥겔스 등등에 대한 유명한 11장의 그림이 첨부되어 있다. 첫 번째 그림은 맑스가 양팔을 뒤로 젖히고 서있는 그림이며, 두 번째는 '1880년대 초의 칼 맑스(Karl Marx zu Beginn der achtziger Jahre)'의 흉상을 그린 그림이고, 세 번째는 거리에서 '『신라인 신문』의 보급(Verbreitung der 『Neuen Rheinischen Zeitung』)'을 그린 그림이다. 네 번째는 '프리드리히 엥겔스(Friedrich Engels)'의 옆모습을 그린 그림이며, 다섯 번째는 함께 '작업하고 있는 맑스와 엥겔스(Marx und Engels bei der Arbeit)'를 그린 그림이다. 여섯 번째는 '1844년 파리에서 칼 맑스·제니 맑스와 얘기를 나누고 있는 하인리히 하이네(Heinrich Heine bei Karl und Jenny Marx Paris 1844)'를 그린 그림이며, 일곱 번째는 '저술 작업을 하고 있는 칼 맑스(Karl Marx bei der Arbeit)'를 그린 그림이고, 여덟 번째는 '프리드리히 엥겔스의 기념일-라파르그, 빌헬름 리프크네히트, 엘레노어 맑스 아벨링(Ein Feiertag bei Friedrich Engels 〈Lafargue, Wilhelm Liebknecht, Eleanor Marx-Aveling〉)'을 그린 그림이다. 아홉 번째는 '런던의 독일 노동자교육연맹에서 강연하고 있는 칼 맑스(Karl Marx hält im Londoner deutschen Arbeiterbildungsverein eine Vorlesung)'를 그린 그림이며, 열 번째는 '런던 - 변두리의 거리(London - Straße in einem Vorort)'를 그린 그림이며, 마지막 열한 번째는 맑스의 흉상을 그린 그림이다.

칼 맑스
Karl Marx

1880년대 초의 칼 맑스
Karl Marx zu Beginn der achtziger Jahre

『신라인 신문』의 보급
Verbreitung der『Neuen Rheinischen Zeitung』

프리드리히 엥겔스
Friedrich Engels

작업하고 있는 맑스와 엥겔스

Marx und Engels bei der Arbeit

1844년 파리에서 칼 맑스·제니 맑스와 얘기를 나누고 있는 하인리히 하이네
Heinrich Heine bei Karl und Jenny Marx Paris 1844

저술 작업을 하고 있는 칼 맑스
Karl Marx bei der Arbeit

프리드리히 엥겔스의 기념일-라파르그, 빌헬름 리프크네히트, 엘레노어 맑스 아벨링

Ein Feiertag bei Friedrich Engels

〈Lafargue, Wilhelm Liebknecht, Eleanor Marx-Aveling〉

런던의 독일 노동자교육연맹에서 강연하고 있는 칼 맑스
Karl Marx hält im Londoner deutschen Arbeiterbildungsverein eine Vorlesung

런던 - 변두리의 거리

London - Straße in einem Vorort

칼 맑스

Karl Marx

참고문헌

Engels, F., *Ludwig Feuerbach und der Ausgang der klassischen deutschen Philosophie*, in: K.Marx · F.Engels Werke, Bd.21(Berlin: Dietz Verlag, 1979)

Engels, F., *Ludwig Feuerbach und der Ausgang der klassischen deutschen Philosophie*, hrsg. von H.Hajek(Leipzig: Verlag von Felix Meiner, 1946)

Engels, F., *Dialektik der Natur*, in: K.Marx · F.Engels Werke, Bd.20(Berlin: Dietz Verlag, 1975)

Engels, F. · Marx, K, *Die heilige Familie*, in: K.Marx · F.Engels Werke, Bd.2 (Berlin: Dietz Verlag, 1980)

Feuerbach, L., *Grundsätze der Philosophie der Zukunft*, in: Werke in sechs Bänden, Bd.3, hrsg. von E.Thies(Frankfurt/M.: Suhrkamp Verlag, 1975)

Feuerbach, L., *Vorläufige Thesen zur Reformation der Philosophie*, in: Werke in sechs Bänden, Bd.3, hrsg. von E.Thies(Frankfurt/M.: Suhrkamp Verlag, 1975)

Feuerbach, L., *Zur Kritik der Hegelschen Philosophie*, in: Werke in sechs Bänden, Bd.3, hrsg. von E.Thies(Frankfurt/M.: Suhrkamp Verlag, 1975)

Feuerbach, L., *Das Wesen des Christentums*, in: Werke in sechs Bänden, Bd.5, hrsg. von E.Thies(Frankfurt/M.: Suhrkamp Verlag, 1975)

Feuerbach, L., *Philosophische Kritiken und Grundsätze,* in: Ludwig Feuerbachs Sämtliche Werke, Bd.2, Neu hrsg. von W.Bolin u. F.Jodl(Stuttgart: Fr. Frommanns Verlag, 1904)

Hegel, G.W.F., *Wissenschaft der Logik I*, hrsg. von G.Lasson(Hamburg: Felix Meiner, 1975)

Hegel, G.W.F., *Wissenschaft der Logik II*, hrsg. von G.Lasson(Hamburg: Felix Meiner Verlag, 1975)

Hegel, G.W.F., *Grundlinien der Philosophie des Rechts*, in: G.W.F.Hegel Werke in zwanzig Bänden, Bd.7, hrsg. v. E.Moldenhauer u. K.M.Michel (Frankfurt a.M.: Suhrkamp Verlag, 1970)

Hegel, G.W.F., *Vorlesungen über die Philosophie der Geschichte*, in: G.W.F. Hegel Werke in zwanzig Bänden, Bd.12, hrsg. v. E.Moldenhauer u. K.M. Michel(Frankfurt a.M.: Suhrkamp Verlag, 1970)

Hegel, G.W.F., *Die Vernunft in der Geschichte*, in: Vorlesungen über die Philosophie der Weltgeschichte, Bd.1(Hamburg: Verlag von Felix Meiner, 1955)

Heine, H., *Gedichte*, Auswahl u. Nachwort von G.Schlocker(Stuttgart: Reclam, 1965)

Korsch, K., *Karl Marx*(Frankfurt a.M.: Europäische Verlagsanstalt, 1967)

Lenin, W.I., Drei Quellen und drei Bestandteile des Marxismus, 『레닌 선집(W.I.Lenin, Ausgewählte Werke)』, Bd.I(Berlin: Dietz Verlag, 1961)

Löwith, K.(ausgewält u. eingeleitet), *Die Hegelsche Linke*(Stuttgart-Bad Cannstatt: Friedrich Frommann Verlag, 1962)

Marx, K., [Thesen über Feuerbach] 1.ad Feuerbach, in: K.Marx・F.Engels Werke, Bd.3(Berlin: Dietz Verlag, 1978)

Marx, K., [Thesen über Feuerbach], in: K.Marx・F.Engels Werke, Bd.3 (Berlin: Dietz Verlag, 1978)

Marx, K., Zur Kritik der Hegelschen Rechtsphilosophie. Einleitung, in: K.Marx・F.Engels Werke, Bd.1(Berlin: Dietz Verlag, 1976)

Marx, K.・Engels, F., *Die deutsche Ideologie*, in: K.Marx・F.Engels Werke, Bd.3 (Berlin: Dietz Verlag, 1978)

Marx, K., *Zur Kritik der politischen Ökonomie*, in: K.Marx・F.Engels Werke, Bd.13 (Berlin: Dietz Verlag, 1974)

Marx, K., *Das Kapital, Kritik der politischen Ökonomie*, Buch I, in: K.Marx・F.Engels Werke, Bd.23(Berlin: Dietz Verlag, 1977)

Marx, K., [Kritik der Hegelschen Dialektik und Philosophie überhaupt], in: K.Marx・F.Engels Werke, EB. Erster Teil(Berlin: Dietz Verlag, 1981)

Marx, K., *Ökonomisch-philosophische Manuskripte aus dem Jahre 1844*, in: K.Marx・F.Engels Werke, EB. Erster Teil(Berlin: Dietz Verlag, 1981)

Wolf, D., *Hegel und Marx, Zur Bewegungsstruktur des absoluten Geistes und des Kapitals*(Hamburg: VSA-Verlag, 2000)

강운빈, 『주체사상 총서 6, 인간개조이론』(서울: 도서출판 조국, 1989)

마토바 아키히로 외 엮음(오석철・이신철 옮김), 『맑스사전』(도서출판 b, 2011)

배영호, 『신학의 주제로서의 맑스주의』(가톨릭대학교 출판부, 2000)

사회과학출판사 편, 『주체사상 총서 1, 주체사상의 철학적 원리』(서울: 백산서당, 1989)

카를 마르크스(강신준 옮김), 『자본 I -1』(도서출판 길, 2008)

칼 맑스・프리드리히 엥겔스, 『칼 맑스・프리드리히 엥겔스 저작선집 1』(김세균 감수, 박종철출판사, 1991)

칼 마르크스・프리드리히 엥겔스(김대웅 역), 『독일 이데올로기 1』(두레출판사, 1989)

프리드리히 엥겔스(김태호 번역), 『루드비히 포이에르바하 그리고 독일 고전철학의 종말』, 『칼 맑스·프리드리히 엥겔스 저작 선집 6』(김세균 감수, 박종철출판사, 1997)

F.헤겔(위상복 옮김), 『김나지움 논리학입문』(용의 숲, 2판: 2017)

기타 참고자료

강대석, 『포이에르바하와 엥겔스』(이론과 실천, 1993)

루드비히 포이에르바하(강대석 역), 『미래철학의 근본원칙』(이문출판사, 1983)

루드비히 포이에르바하(박순경 역), 『기독교의 본질』(종로서적성서출판사, 1991)

루트비히 포이에르바흐(김쾌상 역), 『기독교의 본질』(까치글방, 1992)

루트비히 포이에르바흐(강대석 옮김), 『기독교의 본질』(한길사, 초판: 1992. 재판: 2008)

루트비히 포이에르바흐(강대석 옮김), 『종교의 본질에 대하여』(한길사, 2006)

마르쿠제, H.(김종호 역), 『이성과 혁명: 헤에겔과 사회이론의 융성』(박영사, 초판: 1963. 청구출판사: 1965. 문명사: 1970)/마르쿠제, H.(김현일·윤길순 역), 『이성과 혁명: 헤겔철학의 기초』(중원문화, 1984)/마르쿠제, H.(정항희 역), 『이성과 혁명』(법경출판사, 1991)

안현수, 『인간적 유물론: 포이에르바하의 헤겔 비판과 마르크스에 미친 영향』(서광사, 1990)

정문길, 『한국 마르크스학의 지평』(문학과 지성사, 2004)

칼 마르크스(김태경 옮김), 『경제학-철학 수고』(이론과 실천, 1987)

칼 맑스(최인호 옮김), 『1844년의 경제학-철학 초고』(박종철출판사, 1991)

칼 마르크스(강유원 옮김), 『경제학-철학 수고』(이론과 실천, 2006)

Tom Bottomore 외(임석진 편집 및 책임감수), 『마르크스 사상사전』(청아출판사, 1988)

프리드리히 엥겔스(양재혁 옮김), 『포이에르바하와 독일 고전철학의 종말』(돌베개, 1987)

프리드리히 엥겔스(남상일 옮김), 『루드비히 포이에르바하와 독일 고전철학의 종말』(백산서당, 1989)

프리드리히 엥겔스(백산고전 대역), 『루드비히 포이에르바하와 독일 고전철학의 종말』(백산서당, 1989)

프리드리히 엥겔스(김재용 옮김), 『포이어바흐론』(새날, 1990)

프리드리히 엥겔스(강유원 옮김), 『루트비히 포이어바흐와 독일 고전철학의 종말』(이론과 실천, 2008)

한스 마르틴 자스(정문길 역), 『포이에르바하』(문학과 지성사, 1986)

찾아보기

(ㄱ)

(ㄴ)

(ㄷ)

(ㄹ)

(ㅁ)

(ㅂ)

(ㅅ)

(ㅇ)

(ㅈ)

(ㅊ)

(ㅋ)

(ㅌ)